JN017974

事業とプロダクトに欠かせない
強力で重要なフレームワーク

ネットワーク
エフェクト

アンドリュー・チェン 著
大熊希美 訳

日経BP

ネットワーク・エフェクト

目次

第3章 転換点

THE TIPPING POINT

第4章 脱出速度

ESCAPE VELOCITY

第5章 天井 THE CEILING

序章

２０１５年12月のとある金曜日、ウーバーのサンフランシスコ本社には活気があった。木材、コンクリート、スチールを使ったモノクロ調のオフィスはサッカー場2面分ほどの広さがあり、ＬＥＤの照明で照らされている。夜8時を回ってもたくさんの人が慌ただしく働いていた。机に向かい黙々とメールを打つ人。テレビ会議で熱心に語る人。仕事上の難問を解決しようと急遽メンバーを集め、ホワイトボードに図を描きながら議論する人。通路には、歩きながら１ｏｎ１をする人たちが数組。真剣な眼差しで語る人、カジュアルに情報交換する人、さまざまだ。

事業はグローバルで、チームは国際的。天井からは色とりどりの国旗がぶら下がっている。会議室では遠く離れたジャカルタ、サンパウロ、ドバイの同僚たちとテレビ会議が開催され、遠隔地の同僚全員が同じ会議に参加することもあった。フロアのあちこちに設置されたディスプレイは、社員がいつでも確認できるよう広域のメガリージョン、国、都市ごとの細かな指標を映している。会議室の名前もグローバルで、アブダビ、アムステルダムと始まり、フロアの反対側の会議室はウィーン、ワシントン、チューリッヒと続いているのだ。

ウーバーはとても単純なアプリに見える。それもそのはず、コンセプトは「ボタンひとつでクルマが呼べる」だ。とはいえ、この一見シンプルなアプリが機能するのは世界規模の複雑なオペレーションのおかげだ。アプリの裏には、都市や国ごとに小さなネットワークで構成される巨大ネットワークがある。そしてひとたび小さなネットワークを立ち上げたらウーバーはそれを広げ、24時間体制で競合他社の脅威から守らなければならない。

私はウーバーで初めてネットワーク、需要と供給、ネットワーク効果の本質に触れ、それらがすべて合わさると、ひとつの業界を形づくるほど大きな力になることを知った。読者の想像の通り、ウーバーで過ごした時間はロケットとジェットコースターを足し合わせたような波瀾万丈なものだった。ちょっとしたアイデアから生まれた小さなスタートアップは10年足らずで2万人の従業員を擁する巨大グローバル企業へと成長した。その道のりはまさに「ロケット・コースター」だった。

ウーバーの複雑で緻密なグローバルオペレーションの指揮系統は、基本的にはサンフランシスコ本社に集約されている。そしてそのウーバー本社のメインフロア中央に、ガラスと金属の内装が特徴的な「作戦司令室」がある。社員にとってそこは謎の部屋だった。他の会議室のように都市の名前が付いているわけではないし、予約もできない。警備員が立っていることさえある。普通の会議室ではないのだ。ハイテク企業に限らず他の会社にも「作戦司令室」に相当する部屋はある。けれども大抵は緊急対応時に普段の会議室を一時的に作戦司令室にしているだけだ。事態が収束すればいつもの会議室に戻る。

しかしウーバーの場合、24時間いつでも「作戦司令室」だった。暗い色の板張りの部屋には複数の薄型ディスプレイが並び、十数人が着席できる大きなテーブルと、人数が増えても対応できるようソファーが置かれていた。シンガポール、ドバイ、ロンドン、ニューヨーク、サンフランシスコの現在時刻を表示する赤いデジタル時計も並んでいる。グローバル事業を展開するウーバーではいつでも、どこかで、何かしらの緊急事態が発生していて、この部屋はそれに対応するためにあったのだ。

2015年12月、緊急事態はお膝元のサンフランシスコで起きていた。夜7時から緊急会議が設定されていた。出席者の予定表には「NACS」とあった。「北米チャンピオンシップシリーズ」の略で、ウーバーの最重要市場である米国とカナダでのオペレーション、ロードマップ、競争戦略について話し合う。CEO（最高経営責任者）のトラビス・カラニック（社内では「TK」と呼ばれていた）が都市ごとの数字を見て、事業全体の動向を確認する重要な会議だった。

この会議には財務と製品のそれぞれの部門長、そしてRGM（「Regional General Managers：特定地域のゼネラルマネジャー」）という肩書の重役が十数名集まる。RGMはウーバーのドライバーと乗客に直接関わる現場のオペレーションチームを管轄し、このチームがウーバー最大の部署だ。RGMは各地域のCEOという立場で担当市場の収益と損失、何千人ものオペレーション担当者の管理を担い、現場の問題を真っ先に把握する。

私はというと「ドライバーグロースチーム」を代表して会議に参加していた。ウーバーにとって希少な資産であるドライバーの採用という重要な任務を担うチームだ。ウーバーはドライバーの採用に非常に力を入れていた。ドライバーの紹介制度だけで数億ドル、さらに採用広告に10億ドル近くを費やしている。ドライバーに登録してもらうことが事業の要だからだ。

週次開催のNACSの冒頭では、必ずある表を映し出す。ウーバーの売上トップ20の市場と主要な数値がまとまった表だ。縦に都市名、横に売上、乗車回数、前週比、「サージプライシング」の発生率といったオペレーション関連の数字が並んでいる。「サージプライシング」とはドライバーが足りないときに、運賃が上がる仕組みのことだ。運賃の上昇が多すぎると、乗客は競合他社に流れてしまう。

表にはニューヨーク、ロサンゼルス、サンフランシスコと年間売上が数十億ドルに上るウーバーの最大市場から、サンディエゴやフェニックスといった小さめの都市が順に並んでいる。

グレーのTシャツにジーンズ、赤いスニーカーというカジュアルな出立ちのTKはディスプレイの一番近くの席に座っていた。数字が表れた瞬間にTKは立ち上がり、画面に顔を近づけ、確かめるようにじっと見た。「これは……」と言って言葉が途切れる。

「なんでサンフランシスコのサージがこんなに増えているんだ？　ロサンゼルスはそれよりさらに高いってどうなっているんだ？」

TKは作戦司令室を忙しなく歩き回りながら、参加者に次々と疑問をぶつけた。

「先週の紹介数は減ってなかった？　ファネル内のコンバージョン率はどうなっている？　今週、市内で何か大きなイベントやコンサートはあったか？」

参加者は次々と質問に答えたり、新たな疑問を口にしたりし、議論は熱を帯びていった。

ウーバーでネットワークの立ち上げと拡大を学ぶ

それはウーバーに来て最初の年だった。どの会社にも週次の進捗確認会議はあるが、ウーバーの会議は雰囲気が少し違う。まず驚いたのが、都市ごとに議論の内容がものすごく細かいことだった。サンフランシスコについての議論なら市の中心部を10キロメートル四方に分け、各地域のサージ発生率の話から始まる。経営陣が出席する会議なのに話の粒度が非常に細かいのだ。こうした議論は複雑かつ超ローカルなネットワークを運営するのに必要不可欠だった。マリーナ地区、金融街といった、人出が多く交通手段が乏しい地域の交通量によって、需要と供給のバランスがすぐに崩れてしまうからだ。

週次会議の表には都市ごとの数字が並んでいる。区分は都市だが、各都市のネットワークが大きなグローバルネットワークを形成している。ウーバーはその一つひとつを守り育てなければならない。だからこそ、ウーバーのDNAには超ローカルな視点で数字を見る文化が深く刻み込まれていた。

私は数年間ウーバーにいたが、大きなマイルストーンの達成を祝う全社会議でない限り、乗車回数やアクティブ乗客数の累計値を耳にすることはほとんどなかった。社内ではそんな数字に意味はないと思われていた。議論されるのはいつも個々のネットワークの数値である。マーケティング、ドライバーと乗客へのインセンティブ施策、製品の改良、現場のオペレーションの工夫によって上げ下げできる具体的な数値だ。

「NACS」の狙いは売上の大半を占める二十数都市を中心に、各ネットワークとグローバルネットワークの健康状態を測ることにある。もっと具体的に言うと、ネットワークを乗客側（需要）とドライバー側（供給）で見て、そのバランスが崩れていないかを確認する。サージが多すぎると乗客はウーバーに乗らなくなる。少なすぎるとドライバーは仕事を切り上げてしまうのだ。

スライドが2枚目に移る。ここ数日、他のNACS参加者の何人かと、ある現象について話をしていた。オペレーションチームの報告によると直近数週間で、米国で一番の競合サービス「リフト」のドライバー紹介数が大幅に増加し、まとまった数のドライバーがリフトに乗り換えていた。ドライバー紹介では友人を紹介すると、友人にも紹介者にも250ドルが入る「ギブ／ゲット」の仕組みが広く使われている。

ホリデーシーズンは需要が急増するため、競争の激しい西海岸の主要市場のサンフランシスコ、ロサンゼルス、サンディエゴではドライバー不足が深刻になる。クルマを呼んでも全然来なければ乗客には最悪のユーザー体験となる。20分も待たせたら配車はキャンセルされてしまう。競合の運賃とサービス内容を調べ、そっちでクルマを呼ぼうとするかもしれない。途中まで向かっていたドライバーはキャンセルされていら立つだろう。これが度々起きればドライバーは仕事を切り上げたり、競合サービスの配車依頼を受けたりする。状況はどんどん悪くなるばかりだ。

ＴＫはこの話を聞いて焦りを見せた。「まずいよ」と言って深く息を吐く。この状況では何が正解か？需要と供給のバランスを素早く整える方法がひとつ思い当たる。供給側をなんとかするためにドライバーへの紹介ボーナスを増額するのだ。そうすれば素早くドライバーを増やして迎車の到着予定時刻を早くし、キャンセル率を下げられる。「サンフランシスコ、ロサンゼルス、サンディエゴで、紹介ボーナスを７５０ドル／７５０ドルにするのはどうか？」とＴＫは言った。

いまだかつてない金額だった。とはいえ、サンフランシスコ、ロサンゼルス、サンディエゴの3都市にはそれだけのテコ入れが必要な状況だった。競争が激しいこの地域で勝つには、なるべく早く需給バランスを整えなければならない。ＴＫは会議の参加者を見渡し、しばらく沈黙した後、自分の質問に答える形で言った。

「うん、これだ！　これでみんな注目するはず。目が覚めてこっちに来てくれるさ！」。うなずき、笑みを浮かべていた。

他の参加者はというと、ボーナスの増額には慎重だった。直近1年間、米国市場では黒字化を達成し順風満帆だったが、新しく始めた中国事業では乗客数こそぐんぐん伸びていたものの損失が積み重なっていた。ウーバーは中国のライドシェアの競合であるＤｉＤｉ（ディディ）と激しい競争を繰り広げ、年間10億ドルを投入していたのだ。その大部分はユーザーへのボーナスだ。NACSの面々は到着予定時刻の表示方法を改善したり、キャンセルを減らしたりする別の解決法を模索しようとした。ボーナスは強力な方法だけれど、他にもネットワークのバランスを調整する方法はある。話は堂々巡りが続き、TKは目に見えていら立ちを募らせていった。TKは会議室を歩き回りだした。

「だめだ、だめだ! よく聞いてくれ。ネットワークが破綻しそうなんだ。今すぐ手を打つ! 今すぐに!」。手刀でもう一方の手を打ち、続けた。

「他の施策もロードマップに乗せよう。でも、紹介ボーナスのメールは今週末には出したい。誰かまとめるのを手伝ってくれないか」

ウーバーの迅速な決断力は、フライホイール、サイドカー、ヘイローなど、敗れ去った競合他社との長年に渡る強烈な競争で培われたものだった。都市ネットワークの状態を把握し、迅速かつ的確に対応する。それがウーバーのやり方だ。TKの一声でやることは決まった。

RGMが主導権を持ち、ドライバー紹介の製品・開発を担当する私のチームが紹介ボーナスの金額を更新する。月曜日までに変更してアプリに反映することに決まった。他の重要事項を確認して来週、再び集まることになった。時刻は夜10時近く。この会議のために朝早くから準備していた出席者も多い。私は会社から数ブロック離れたサンフランシスコ、ヘイズ・バレーにある自宅への帰路に着いた。メールとネットフリックスを見ながら帰り、一日を締め括るのである。

これが私の初めて参加した「北米チャンピオンシップシリーズ」の様子で、すぐに毎週参加するようになった。大抵は金曜日の午前中に開催されるが、全員が集まれないと火曜日の午後9時や日曜日の午後2時に設定されることもある。NACSへの出席はウーバーでの私の仕事のほんの一部に過ぎなかったが、ネットワーク効果の立ち上げと拡大の方法を知る上で学びが多かった。ウーバーの運営チームで数年も経験を積めたのは幸運だった。毎週違うことが起き、西海岸での需給バランスの調整から、売上拡大のための機能開発の優先順位付け、新しい地域での事業立ち上げなどさまざまなことを話し合った。

入社時にはすでにウーバーの事業は軌道に乗っていたが、そこから世界800以上の市場で1億人の乗客を獲得し、500億ドルの売上を達成するまでに成長する（図1）。その道のりは簡単なものではなかった。世界中の何百という市場のネットワークの変化に何万人もの人が手を尽くして対応し、独自の強力なネットワーク効果を持つ現地の競合との競争から手厳しい学びを得た。ウーバーの超成長期、いわゆるホッケースティック曲線の始まりの時期に入社し、数年で10倍以上に会社が成長するのを目の当たりにできたのは本当に幸運だった。

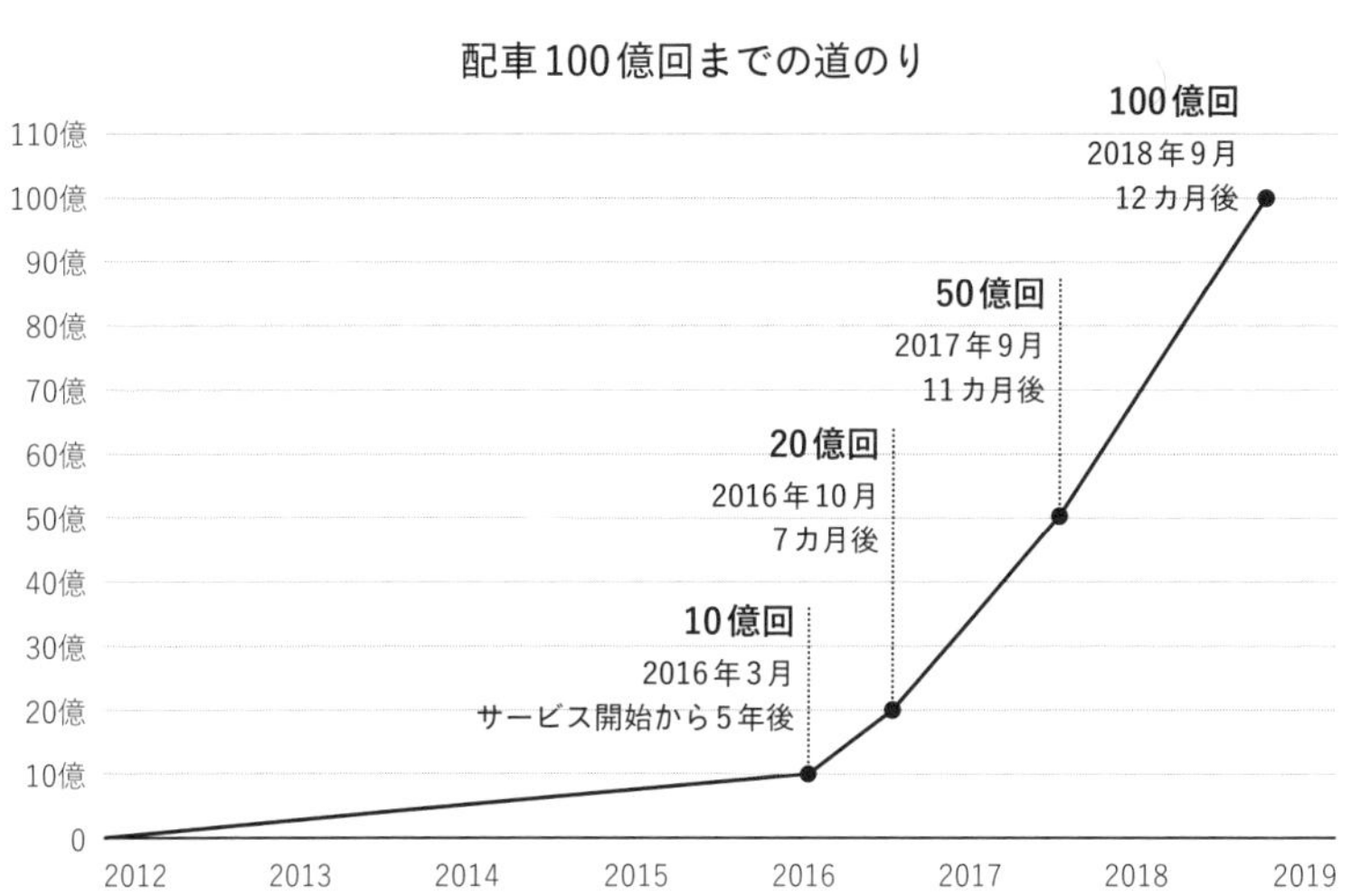

図1　ウーバーの配車回数の推移［1］

ウーバーで過ごした時間は忘れられない。スタートアップ企業が数万人の従業員、数百万人のユーザー、数十億ドルの売上を抱えるまでの過程を間近で見られたのだ。ゼロの状態から製品を急速に拡大させ、市場を独占する様子を見た。学びが多く、今でも毎週のように話をする親友にもたくさん出会えたのである。

けれども2018年になる頃、私は次の道を進もうとしていた。それまでの数年間、会社は波乱づくめだった。経営陣は一新され、起業家精神があふれていたこれまでとは違う優先事項を設定した。私はその逆を望んでいたので、人生の次のステージでは自分のルーツに戻ろうと考えた。再び起業家と大ヒットする製品づくりに関わることにだ。今度はベンチャーキャピタリストとして。

何千回も使われているのに、誰もネットワーク効果の全貌を知らない

2018年にウーバーを去った後、私はアンドリーセン・ホロウィッツに入社し、スタートアップ投資家として新たなスタートを切った。同社は、起業家のベン・ホロウィッツとマーク・アンドリーセンが10年前に創業したときも大きな話題を呼んだが、その後もエアビーアンドビー、コインベース、フェイスブック、ギットハブ、オクタ、レディット、ストライプ、ピンタレスト、インスタグラムなど有望なスタートアップへと次々投資したことで知られている。当初からシリコンバレーで長年活躍してきた創業者や経営者を迎え、スタートアップを手厚く支援する方針を貫き、テック企業の心強い味方という評判を築いてきた。

いつからか社員たちは自社を「a16z」と呼ぶようになった。これは国際化（internationalization）といっ

た長い単語を「i18n」というように、最初と最後のアルファベットとその間の文字数で省略するテックオタクなソフトウェア開発者の書き方に由来している。a16zの文化には馴染みがある。

投資家となった現在、私はこれまでサンフランシスコ・ベイエリアで十数年かけて築いた人脈と知識を活かし、スタートアップ業界と関わっている。ウーバーに入る前にはユーザー獲得や成長指標、バイラルマーケティングといったテーマのブログ記事を1000本近く書いていた。中には「グロースハック」や「バイラルループ」といったテック用語を定義し、広めることになった記事もある。何万人もがブログを読んでくれたおかげで、スタートアップ業界で活躍する多くの起業家や開発者と知り合えた。さらにはドロップボックス、ティンダー、フロント、エンジェルリストをはじめ何十ものスタートアップのアドバイザーやエンジェル投資家にもなれた。こうした過去の経験とウーバーで得た知識が、私のベンチャーキャピタリストとしてのキャリアの土台にある。

投資家の仕事は前職とは何もかもが違った。ウーバーのオフィスはサンフランシスコのカオスな中心街にあったが、a16zのオフィスはスタンフォード大学近くの閑静な場所にある。内装はカルチャーと発明の歴史が融合したデザインだ。廊下にはラウシェンバーグやリキテンシュタインといった現代アーティストの作品が飾られ、会議室の名称はスティーブ・ジョブズやグレース・ホッパー、エイダ・ラブレース、ウィリアム・ヒューレットといった偉大な発明家や起業家から借りている。

毎日の仕事もウーバーとはまるで正反対だ。ライドシェアというひとつの領域を深く追求する代わりに、ものすごく幅広い分野の製品を見るようになった。そしてここでは連日、起業家と会って事業アイデアを聞いている。新しいSNS、コラボレーションツール、マーケットプレイスなど、この本にも関連する事業のピッチを1年に何千と受けるのだ。

「ファーストピッチ」と呼ばれる会議が起業家との最初の接点になる。ここでその起業家の経歴や製品の詳細、事業戦略を聞く。起業家にとっては大事な会議だ。うまくいけば何千万ドル、何億ドルもの投資を受けられるのだから人生の大勝負に違いない。

スタートアップのピッチ（プレゼン）は業界用語であふれている。フライホイール、バイラルループ、規模の経済、ニワトリ卵問題、先行者利益――。矢印がたくさん描かれた図や右肩上がりの表も必ず登場する。

中でも、「ネットワーク・エフェクト」（ネットワーク効果）は決まり文句のように使われている。厳しい質問が来たときの常套句でもある。

「競合他社が後を追ってきたら？」「ネットワーク効果で逃げ切ります」「ハイペースで成長を続けられる根拠は？」「ネットワーク効果で成長が続くでしょう」「競合他社ではなく、あなたの会社に投資する理由は？」「独自のネットワーク効果があるからです」

どのスタートアップもネットワーク効果があると主張するし、成功企業がブレイクした要因としてよく語るのもこれだ。しかし、たくさんのピッチや会議に参加するうちに、よくわからなくなってしまった。これはきっと私だけじゃないと思う。「ネットワーク効果」はよく話題に上るが、どれも深く考えられていないように感じるのだ。

私はこれまで約10年半サンフランシスコ・ベイエリアに住み、スタートアップ業界で数えきれないほど「ネットワーク・エフェクト」という言葉を聞いた。お茶を飲みながらのおしゃべりにも投資検討の会議にも頻繁に登場するが、そのどれもが表面的な使われ方しかされていない。何千回と使っている言葉の意味をさほど理解できていないなんてことがありえるのだろうか。

ネットワーク効果の概念がシンプルなら、どの企業にネットワーク効果があって、どの企業にないのか誰にでもわかるはずだ。またどの数字を見ればネットワーク効果が発生しているのかがわかり、どうやったらネットワーク効果を生み、拡大できるかが解明されていてもおかしくない。しかし、そうはなっていない。ネットワーク効果は現代のテクノロジー業界で非常に大事なテーマなのに、全貌がわかっていないというのは不思議じゃないだろうか。

それならネットワーク効果を解明しようとしたのがこの本である。本書の調査と執筆を始めたのは、テクノロジー業界の中核をなすネットワーク効果について知りたかったからだ。ウーバーで実際に目の当たりにしていても、当時の私はネットワーク効果の意味を的確に表現できるだけの語彙力とフレームワークを持ち合わせていなかった。

ネットワーク効果の実践者とそうでない人とでは認識に差がある。ネットワーク効果のある製品に実際に関わっている人は、ネットワーク効果をいかに高めようかと常に考えている。ライドシェアなら乗客とドライバーの需給バランス、送迎までの時間の短縮やサージプライシングなど、オンデマンドの交通サービスならではの言葉や概念について常に考える。職場向けチャットツールならチャンネル、発見や通知の仕組み、プラグインの開発などだ。どちらの製品も人をつなぎ強いネットワーク効果を発揮するが、この2つは全く違うもののように感じる。それでも「ネットワーク効果」には共通する普遍的な概念と法則があるはずだろう。

まずは基礎から解明しなきゃならない。

いったいネットワーク効果とは何なのか。どうやって実務に応用できるのか。どの製品にあって、どの製品にないと判断するのか。ネットワーク効果をつくるのはなぜ難しいのか。どうすれば生み出せるのか。製品に後から付け加えられるのか。ネットワーク効果はビジネスの指標にどのような影響を与えるのか。メトカーフの法則（ネットワークの価値はそれに接続する端末や利用者の数の2乗に比例するという法則）は本当に正しいのか。他に適切な理論はあるのか。ネットワーク効果の成否はどう分かれるのか。競合他社にネットワーク効果はあるのか。あるなら、どう対策するのが最善か。

よくあるスタートアップ向けのアドバイスは「とにかく素晴らしい製品をつくれ」だ。アップルはそれで成功した。一方で製品の立ち上げ方が大事というのもよく聞く。製品のよし悪ししか関係ないなら、消費者向けサービスならインフルエンサーや高校生に、法人向けサービスなら影響力のあるテクノロジー企業にまず使ってもらうことが大事だ、なんて言われないはずだ。それなら、製品のうまい立ち上げ方とはどんなもので、規模を拡大するには何をしたらいいのだろう。

また、製品にネットワーク効果を持たせるにはどうしたらいいのか。ネットワーク効果が生まれ、それが事業の参入障壁になるほど強力かどうかを判断するにはどうすればいいのか。バイラル成長、エンゲージメント、参入障壁、その他の望ましい効果を最適化するためにはどの指標を見ればいいか。ネットワーク効果を高めるにはどんな機能を追加すればいいのか。

避けようのないスパムや荒らしにはどう対処すればいいか。急拡大する大規模ネットワークの弊害に対処するために成功企業は何をしてきたのか。もっと一般的に、市場の飽和や競争などの課題に直面したときに、ネットワークをさらに拡大するにはどうしたらいいのだろう。

加えて、同じようなネットワーク効果を持つ製品と競合したらどうなるか。何が勝敗を分けるのか。大きなネットワークが小さなネットワークに負けることがあるのはなぜなのか。競争の激しい市場、新しい地域、複数の製品を超えてネットワーク効果を生み出すにはどうすればいいのか。

ネットワーク効果についての基本的な問いはこんなところだろうか。本やネットで調べると、大枠の戦略の話はたくさん見つかるだろう。だが、具体的な打ち手につながる知見はほんのわずかしかない。

重要な知見を持っているのは、スタートアップや大企業で実際にこの問題に取り組んだ経験のある人たちだ。本書を執筆するにあたって、まずはそこから当たることにした。

ドロップボックス、スラック、ズーム、リンクトイン、エアビーアンドビー、ティンダー、ツイッチ、インスタグラム、ウーバーなどの創業者や初期社員100人以上にインタビューをしている。ひと握りの初期メンバーで製品を開発し、勝負に打って出た頃について話を聞いたのだ。この他にもチェーンメール、クレジットカード、電話など数百年にわたる過去の事例を調べ、それがビットコイン、ライブ配信、職場向けコラボレーションツールといった現代のイノベーションとどう関係しているかを考察する。本書はこうした経緯で得た質的にも量的にも十分なデータが基になっている。

たくさんの人の話を聞くうちに、業界をまたいで同じアイデアや概念が度々登場することに気づいた。たとえば、SNSの分野でキャリアを積んできた人から、マーケットプレイスでも応用できる話が聞けた。ウーバーにいた私は、乗客とドライバーという2つの側面のあるネットワークの力学がわかるが、これは動画クリエイターと視聴者のいるユーチューブ、あるいは会議主催者と出席者のいるズームなど、2つの側面のある別分野のネットワークを理解する上で助けになった。法人向け、個人向けにかかわらず業界内で繰り返し登場するテーマはいくつも存在する。

事業分野を超えて使えるネットワーク効果の法則

本書は何百回ものインタビュー、3年にわたる調査と学び、そして20年近くに及ぶ投資家、経営者としての私の経験の集大成である。本書ではテクノロジー業界の知識とコンセプトをネットワークのライフサイクルの初期、中期、終期というフレームワークでまとめた。自社のロードマップに落とし込めるよう、それぞれ事例とともに説明していこうと思う。

ネットワーク効果は非常に重要なテーマだ。いかにネットワーク効果を生み出し拡大するかが、シリコンバレーの隠された鍵なのである。10億人以上のアクティブユーザーを持つソフトウェアはこの世に数十しかない。そしてその多くは専門知識を持つ創業者、経営陣、投資家の系譜を共有している。こうした知識はSNS、開発者プラットフォーム、決済ネットワーク、マーケットプレイス、職場向けアプリを何十年にもわたり開発してきたテックコミュニティで培われてきたものだ。優秀な人材が集まるコミュニティでのコラボレーションや交流により、ひとつの製品から別分野の製品へと知識が伝わっていったのである。私は実際にその様子を見てきた。そして創業者や専門家とのインタビューからも、ネットワーク効果の基本法則は分野を超えて使えることがわかった。

私はa16zでのネットワーク製品への投資を通じて、ネットワーク効果の基本法則を実践に活かしている。コミュニケーション、交流、仕事、モノの売買など、人をつなぐことが根底にあるスタートアップの製品を見るとワクワクが止まらない。投資を始めて2年が経ち、マーケットプレイスやSNS、動画や音声の製品を展開する20社以上のスタートアップに総額4億ドル以上を投資してきた。そして新しい音声SNSを目指す「クラブハウス」から、ライターが会員向けにニュースレターを発行・収益化できる「サブスタック」、ゲーム、食料品のデリバリーサービス、教育事業まで私がネットワーク効果について学んできたことは幅広い業界で通用することがわかったのだ。

本書はどんな製品にも適用できる実用的で具体的な内容を詰め込み、ネットワーク効果を知る上での決定版にしたいと思っている。本書のフレームワークを使えば、自社製品がどの段階にあるのか、製品をさらに前に進めるために何に注力すればよいかがわかるはずだ。ネットワーク効果が生まれるメカニズムから、それを拡大・活用する最善の方法まで、ネットワーク効果のライフサイクルを実践的な視点でまとめている。単なるバズワードや抽象度の高いケーススタディをはるかに超えた深い内容となっているはずだ。

ネットワーク効果の最初のステージは、当然ながらユーザーがひとりもいない状態からどう製品を成長させるかという「コールドスタート問題」から始まる。この名前は察しの通り、外気の気温が低いとクルマのエンジンがかかりづらい現象に由来する。どの製品も必ず「コールドスタート問題」に直面する。ユーザーが少なく、交流する相手のいないSNSは誰も使わない。社員が誰も使っていないチャットツールを会社が導入することはない。買い手と売り手が十分にいないマーケットプレイスでは商品を掲載しても何カ月も売れないままだ。製品の存続は、コールドスタート問題をいかに早く解消するかにかかっている。

ソフトウェア開発者、デザイナー、起業家、投資家にとっても本書はきっと役に立つ。もしかすると読者のあなたは本書で取り上げる企業のパートナーであったり、ネットワーク効果が業界を刷新している様子を目の当たりにしていたりするかもしれない。ネットワーク効果はテック業界で強力かつ重要な力になっている。そしてテクノロジーが経済全体を刷新している現在、これからますます重要になるだろう。

まずは基本から始めよう。そもそもネットワーク・エフェクト、ネットワーク効果とは何なのか。

第1章 ネットワーク効果 NETWORK EFFECTS

ネットワーク効果とは

01

What's a Network Effect, Anyway?

一般的な「ネットワーク効果」の定義は、「多くの人が使えば使うほど製品の価値が高まる」ことだ。後でもっと掘り下げるが、このシンプルな定義は出発点としては悪くない。ウーバーの場合、利用者が多ければ多いほど乗客は目的地に連れて行ってくれるドライバーを見つけやすくなる。ドライバーも効率的に乗客を乗せられ、収入が増える。もっとわかりやすい古くからある事例を紹介しよう。電話だ。100年以上前に登場し、今でも使われているテクノロジーから学べることは多い。

1908年、米国の人口約9000万人に対し、電話の普及数は500万弱だった。そのほとんどをアメリカン・テレフォン・アンド・テレグラフ・カンパニーが運営していた。当時、電話はまだ数十年前に誕生したばかりの最新技術だったが、世界初の実用的な電話を発明して特許を取得したアレクサンダー・グラハム・ベルが創業した同社は急拡大していた。現在ではご存知の通り「AT&T」の名前で知られている。

当時の社長セオドア・ベイルは年次報告書で自社のビジネスについて、洞察に満ちた見解を示している。1900年の同社の年次報告書には「ネットワーク効果」という言葉こそ登場しないものの、その基本概念をベイルはこう説明した。

つながっていない電話は科学機器でもおもちゃでもない。世界で最も役に立たないものだ。電話の価値は他の電話とのつながりにあり、接続数が多いほどその価値は増す。[2]

このネットワーク効果の定義は、電話網やSNS、はたまた職場で使うチャットツールにも通用する。単純な話だ。友人や家族、同僚、好きな有名人が同じアプリを使っていなければ、そのネットワークはさほど役に立たないか、場合によっては全くの無価値になる。写真共有アプリも、最新の書類を確認できるファイル共有サービスも、使ってほしい人が使っていなければ意味がない。シンプルなことだがこれは製品デザインからマーケティング、ビジネス戦略まで、あらゆる分野に大きな影響を与えるのだ。

ベイルは、ネットワーク効果の重要な2つの要素も紹介している。ひとつは物理的な製品である電話機。もうひとつは電話同士をつなぐ物理的な回線がもたらす人のネットワーク。私はこの2つを同一のものとして、あるいはまとめて「ネットワーク製品」と言っているが本来は別物である。ネットワーク効果を発揮させるには製品とネットワークの両方が必要で、これは電話が登場した時代でも今でも同じだ。

ウーバーにとっての「製品」はスマホアプリであり、「ネットワーク」はクルマを呼びたい、あるいは客を乗せたいアクティブユーザーのことだ（ウーバーの「ネットワーク」に物理的な回線はない）。平たく言えば大抵の場合「製品」はソフトウェア、「ネットワーク」は人のつながりを指す。製品とネットワークという2つの要素があること、そしてネットワークが大きいほど価値が増すというベイルの定義は、コンピュータとソフトウェアの今の時代でも通用する。

ビリオンユーザークラブ

ベイルがネットワーク効果を説明してから何十年も経ち、イノベーションの最先端は「電話」から「ソフトウェア」へと移った。この10年間で「ソフトウェアが世界を食いつくし」、世界の数十億人にその影響が及んでいる。

世界有数のSNSのデイリーアクティブユーザーは20億人を超える。何百万人もの個人のクリエイター、企業、メディアがアップロードした動画が1日10億分以上も視聴されている。高層ビルのオフィスから街中のカフェまで、どこでも書類やファイルを共有し、効率よく働くためのソフトウェアが使われている。これらはすべて数千億ドル規模のクラウドソフトウェア産業の上に成り立っている。

世界最大のホテルチェーンとなったエアビーアンドビーは年間数十億件の予約を受け、1億泊以上を提供しているが、物件は1軒も所有していない。代わりに、宿泊先として自宅を提供したい人と泊まりたい旅行者をネットワークでつないでいる。その土台にあるのはソフトウェア開発者が手がけたアプリだ。このアプリが世界中の20億台のスマートフォンを通じて人々をつないでいる。

こうしたソフトウェアを提供する会社は、世界で最も影響力を持つテクノロジー企業であり、ネットワーク効果というテクノロジー産業で最も強力な力を活用しているという点で共通しているのだ。

ネットワーク効果は大成功した多くのテック製品にさまざまな形で組み込まれている。イーベイ、オープンテーブル、ウーバー、エアビーアンドビーは買い手と売り手をつなぐマーケットプレイス型ネットワーク製品の一例である。ドロップボックス、スラック、グーグルスイートといったコラボレーションツールのネットワークは、会社の同僚や部署内のメンバーをつないでいる。インスタグラム、レディット、ティックトック、ユーチューブ、ツイッターはクリエイター、消費者、広告主をつなぐネットワークである。消費者が使いたいアプリを見つけ、開発者に利用料を支払うアンドロイドやｉＯＳのエコシステムもまたネットワークのひとつだ。

ユーザー数十億人超の「ビリオンユーザークラブ」に連なる企業を見てみよう。アップルのｉＯＳは世界で16億台、グーグルのアンドロイドは30億台で使われている。フェイスブックのＳＮＳとメッセージアプリのユーザー数は28億５０００万人。マイクロソフトのウィンドウズ搭載端末は15億台以上、オフィスは10億台以上だ。中国ではウィーチャット、ティックトック、アリペイを提供するテック企業にそれぞれ10億人超のユーザーがいる。ほとんどがネットワーク効果を駆使する製品だ。

ユーザーに提供する価値も対象ユーザーもビジネスモデルも違うが、どれも多くの人が使えば使うほど便利になるというネットワーク効果のＤＮＡを持っている。電話が世界中の何十億人をつないだように、これらの製品もまた商取引や仕事、コミュニケーションの面で人々をつないでいるのだ。

ところで、「ネットワーク効果」は「ネットワーク」と「効果」に分けて説明できる。「ネットワーク」の特徴は誰をつなぐかにある。電話は、各家庭をつないでいた。デジタルの時代には、たとえばユーチューブではソフトウェアが「ネットワーク」となり、クリエイターがアップロードした動画と視聴者をつないでいる。タグやおすすめの表示、フィード機能などで動画を探しやすくして、個々の消費者にぴったりの動画を届けているのだ。

つながりたい人がいるネットワークに参加すれば、ユーザーは最高の体験を得られる。それは欲しい商品やサービスを掲載しているマーケットプレイスかもしれないし、お気に入りのゲームを開発するアプリ開発者、好きな有名人や作家、友人とつながれるSNSかもしれない。作品を投稿する側も、何百万人もの消費者が参加しているネットワークを利用したい。視聴者となるユーザーが必要だからだ。つまり、ネットワークのユーザーは循環していると言える。

ネットワークは人と人をつなぐが、「ネットワーク上の資産を所有していない」という点は少しわかりづらいかもしれない。エアビーアンドビーは物件を所有しておらず、物件の所有者は他のネットワークに掲載しても問題ない。つまり、エアビーの価値はゲストとホストをつなぐことにある。同様にアップルもアプリストアのアプリや開発者を所有しているわけではない。ユーチューブもクリエイターや投稿動画を所有しているわけではない。ネットワーク製品は、流通する資産を所有こそしていないが、資産との「つながり」を提供しているのだ。サービスのエコシステムが維持されるのは、たくさんの人を互いにつないでいるからである。それがネットワークの魔法なのだ。

ネットワーク効果の「効果」の部分は、その製品を使う人が多ければ多いほど価値が増すことを指す。価値の増加は、高いエンゲージメントや成長率の増加として現れる。立ち上げ当初と比較するとわかりやすいかもしれない。サービスを開始したばかりのユーチューブには動画がなく、視聴者にもクリエイターにも価値がなかった。それが今では20億人近いアクティブユーザーがいて、毎日10億分もの動画が視聴されている。するとクリエイターと視聴者、そして視聴者同士のつながりによるエンゲージメントが生まれる。多くのユーザーが利用することで、ますます利用されるようになるのだ。

さて、用語の意味がわかったところで、製品のネットワーク効果の有無とその強度を知るにはどうすればいいだろう。考えるべき問いは簡単だ。

まずは、製品にネットワークがあるかを見てみよう。サービスの中核に人をつなぐユーザー体験はあるだろうか。また、ネットワークが大きくなるほど、新しいユーザーを惹きつけたり、離れづらくしたり、ものが売れやすくなるかを考えてほしい。ユーザーがいないと継続的な利用を見込めない「コールドスタート問題」は発生するだろうか。ただし、これらの問いの答えはイエスかノーという二元論ではなく、グラデーションがあることに注意したい。だからこそネットワーク効果の研究は面白い。

「ビリオンユーザークラブ」の企業リストを見てやる気が出た読者もいるかもしれない。起業家としてネットワーク効果で成長し、競合を跳ねのけ次の偉大なスタートアップをつくろうとしているのかもしれない。あるいは大企業のエコシステム内で働き、運営元の考えや戦略をよく理解したいのかもしれない。もしくは大企業に勤め、ネットワーク効果の重要な分野に参入しようとしているのかもしれない。どのような意図であれ、ネットワーク製品がどのように生まれ、拡大と成長をたどり、競争を繰り広げるのか、その基礎を理解することは非常に役に立つ。

強力なネットワーク効果を理解しようとしない企業は後悔するだろう。インスタグラムは先行していた大量の写真アプリをネットワーク効果で一気に抜き去った。かつて職場向けのソフトウェアは法人営業による人間関係の構築が重要だったが、ウェブエックス対ズーム、グーグルスイート対オフィスなどの競争では、ネットワーク効果が勝敗を分けた。本書の後半でこうした事例を紹介しよう。また、テクノロジー産業が成長するほど、ネットワーク効果の威力も大きくなることを覚えておこう。

新製品の立ち上げはめちゃくちゃ厳しい

巨大テック企業はネットワーク効果で前代未聞の域まで製品を普及させることに成功した。だが、今は新製品を立ち上げるのに最適なタイミングとは言えない。テクノロジー業界が過酷だからだ。競争は激しく、機能はすぐに真似され、マーケティングもあまり効果がない。

だからこそ新製品を立ち上げるチームにはネットワーク効果に関するノウハウが役に立つ。ネットワーク効果の仕組みがわかれば、製品をブレイクさせる突破口が見つかる。口コミやバイラル成長で新規ユーザーを獲得しつつ、エンゲージメントを高め、離脱率を減らせる。ネットワーク効果で広まった製品には大企業でさえ簡単には追いつけない。この成長戦略は古くなることはなく、新製品を世に出すのが厳しい今の時代では特に重要だ。

そもそもなぜ新製品の立ち上げが難しくなったのか。ひとつは、人々のインターネット利用時間を奪い合うゼロサム時代に突入したからで、もうひとつはモバイルアプリ、SaaS（Software as a Service）の多くは参入障壁が低いからだ。

2008年を振り返ってみよう。iPhoneのアプリストアが登場したとき、掲載アプリは500程度で、起業家精神あふれるスタートアップの目の前には無限のチャンスがあった。誰のスマホのホーム画面にもアプリはほとんど入っていない。アップルは新規ユーザーにゲーム、生産性ツール、写真共有アプリのインストールを勧めていた（懐中電灯アプリやおならアプリが流行った時代だ！）。競争は少なく、暇つぶしアプリをつくるだけで人気が出た。

10年経った今、そんな状況はもうない。当初数百のアプリしかなかったアプリストアには現在数百万のアプリが並び、どれもが消費者の注意を引こうと競い合っている。競争は激化した。便利で優れたアプリをつくるだけでは不十分になったのだ。エンゲージメントを最大限得られるよう何年もかけて最適化された中毒性の高いアプリからユーザーを奪わなければならない。トップアプリのランキングを見るとしばらくほとんど変わっていない。上位アプリの多くを大手企業が独占している。

だが、これは少し不可解にも思える。ソフトウェア開発の面では、数年前よりもスタートアップにとって有利な状況になっているはずだからだ。

10年前はプロプライエタリソフトウェア（特定の企業や団体が所有し、ソースコードを公開していないソフトウェア）を開発・販売するのが主流だったが、今はオープンソースのコミュニティが広がり、開発に活用できるようになった。自社でデータセンターを運営しなくてもアマゾン ウェブ サービス（AWS）やマイクロソフトアジュールなどのクラウドサービスが使える。また、テレビ広告のような効果のわからない従来のマーケティング手法の代わりに、効果が確実にわかるクリック課金型広告で新規ユーザーを獲得できる。社内ツールを内製しなくてもすぐに使える既製のSaaS製品はたくさんある。グローバル規模で効率よく配信するアプリストアを使えば、文字通り何十億ものユーザーにアプリを見てもらえるのだ。

すべてスタートアップにとって素晴らしい追い風のように見えるが、これは競合にとっても同じだ。最近の製品のほとんどは技術的なリスクが低いので、製品開発で失敗することはあまりなく、参入障壁が低い。誰でも軌道に乗ったサービスの機能を真似できてしまう。

つまり、ソフトウェアを開発しやすくなったものの、拡大しやすくなったわけではないということだ。この点ネットワーク製品は、既存ユーザーが新規ユーザーを招待して拡大できるので有利である。潜在顧客に製品を知ってもらう施策でも重要な力となる。

スマホが登場した時代に話を戻そう。アプリやアプリ開発者がまだ少なかった頃はモバイル広告や紹介制度などのマーケティングは効果的で手軽に利用できた。グーグルやフェイスブックのようなオークション方式の広告プラットフォームでは、企業は同じターゲット顧客をめぐって入札する。当然、競合が少ないほど有利だが、効果的なマネタイズ手法に気づいた企業にベンチャーキャピタルの資金が流れ込むと、広告の価格競争は激化した。以前はコストパフォーマンスがよかったマーケティングが高額になった。さらに消費者は広告に慣れ、クリック数やレスポンス率は低下する。

競争が激しく参入障壁の低い環境では、ネットワーク効果が数少ない防御策となる。インスタグラムは数カ月もあれば、ストーリーズやスナップチャットのすぐに消える写真メッセージ機能を実装できるが、何百万人もの消費者の習慣を変え、自社サービスに乗り換えてもらうのは難しい。他社製品の機能は真似できても、そのネットワークまでは取り込めないということだ。そして今はアプリのシンプルさが重視されることが多い。シンプルであればコストも抑えられる。

このような流れは、マーケットプレイスやコミュニケーション、SNSといった消費者向け製品から始まったが、今では職場で使うソフトウェアにも波及している。知識労働者はプライベートで使うアプリと同じように、職場向けソフトウェアでも「ちゃんと使える」体験を期待しているのだ。個人で使い始めたサービスが社内ネットワークへと「ネットワーク効果」で普及しており、職場向けソフトウェアの「コンシューマー化」が起きているということでもある。ズーム、スラック、ドロップボックスなど先駆者の事例を後の章で紹介しよう。これらの企業の時価総額は数十億ドル規模と、消費者向けプロダクトと同程度にまで成長している。

ここまで説明したユーザーの利用時間の奪い合い、熾烈な競争環境、新規ユーザー獲得のためのマーケティング効果の低下、他のネットワーク製品との競争は、業界全体に大きな影響を及ぼしている。企業はこれらをすべて跳ねのけないと生き残れない。

一方で、新しい製品がネットワーク効果を活用してエコシステムをつくり上げると、その産業を瞬時に再発明できるかもしれない。そしてテクノロジーが各産業を再発明するたびに、全体のチャンスは広がっている。テクノロジーがますます私たちの日常生活に浸透するからだ。競争激化と広がり続けるチャンスという2つの力が交錯する今の時代、ネットワーク効果を使いこなすことがさらに重要になるだろう。

ここでは1908年のAT&Tの電話とネットワーク効果の概念、そしてそれが現代とどう関係しているかを紹介した。だが、ネットワーク効果について深く理解するにはまだ足りない部分がある。そこで次は、1990年代後半のドットコムブームの話をしたい。ネットワーク効果の存在は20世紀初めに確認されているが、私たちの認識は数十年前、インターネット時代の幕開けに登場したある法則に基づいている。

歴史を振り返る

A Brief History 02

ドットコム時代に広まった誤解

ウェブ黎明期の1995年、ダイヤルアップ接続で数百万人がインターネットを使い始めた。それからまもなく世界初の商用ウェブサイトが登場する。学術研究者だけでなくスタートアップもウェブサイトを開発し始め、テクノロジー主導の時代が幕を開けたのだ。1995年から数年でヤフー、ネットスケープ、イーベイ、アマゾン、プライスラインをはじめ何十社ものスタートアップが上場を果たし、ナスダックは400%上昇した。今でもこれらの会社の多くは生き残り、時価総額はそれぞれ数十億ドル規模になっている。

ドットコムブームに沸く1996年当時、インターネットユーザーは2000万人程度だった。そのほとんどはダイヤルアップモデムを使っていた。セオドア・ベイルが「電話の接続数が多いほどネットワークの価値は増す」と提唱した1900年代初頭にAT&Tの電話網には数百万台の電話機しかなかったが、それはやがて数十億台規模にまで拡大する。

このため当初のユーザー数は少なくとも、ドットコム企業が今後生み出す価値はものすごいものになると期待が寄せられていた。ドットコムブームの時代に「勝者総取り」「先行者利益」「ホッケースティック曲線」といった新たな用語が次々と生まれている。売り手と買い手をつなぐ製品でも、ユーザーとコンテンツをつなぐ製品でも、一番早く最大規模のネットワークになった者が勝ち続けると考えられていた（少なくとも理論上は）。AT&Tが1世紀前にそうであったように、最大規模の製品は他より高い価値を提供でき、競合他社を買収して市場を独占できる。そう考えるとピーク時のAOLの時価総額が2240億ドルに達し、世界で最も価値ある企業だったのもうなずける話だ。

だが、今考えるとやはりちょっとおかしい。「ドットコムバブル」と呼ばれるのには理由がある。実力のないスタートアップは上場しても数年後には資金を使い果たして消えていったのだ。

だが、ドットコム時代にもてはやされた思想は今も残っている。テック業界はいまだに勝者総取りや先行者利益を強調するが、これは都市伝説だ。現実を見ればそれが正しくないことはすぐわかる。よく考えてみてほしい。大成功したスタートアップはたいてい後発企業で、先行者のメリットは少ない。成功した企業もすべてを手に入れたわけではない。異なる地域の市場や顧客層を勝ち取るために、他の多くのネットワーク製品と競い続けている。

ではなぜ、ドットコム時代に人々はネットワーク効果にこんなにも熱狂したのか。少し調べてみると、当時、非常に欠陥のある見方だったにもかかわらず、まるで事実かのように広まったネットワーク効果関連の理論があることがわかる。「メトカーフの法則」だ。

過去の文献を調べてみると、メトカーフの法則がネットワーク効果研究の重要な柱になっていることがわかる。ドットコムブームに乗じて瞬く間に広まり、当時のスタートアップに高い評価額がつく根拠となった。ベイルの説明との違いは、ネットワークのノードが増えれば増えるほどネットワーク価値が高まることを、定量的かつ単純化して説明している点だ。法則の定義は次の通りである。

メトカーフの法則

ネットワーク全体の価値は、ネットワークに接続する通信機器の数の2乗に比例する。[3]

つまり、ネットワークの参加者数が増えると、アプリの価値はユーザー数の2乗になる。たとえば、ネットワークのノードが100から200に増えると、ネットワークの価値は2倍ではなく4倍になる。1980年代にコンピュータネットワークのパイオニアであるロバート・メトカーフが初めて提唱し、ネットワークの価値を接続する機器（FAXや電話など）の数にもとづいて表したのだ。インターネット以前から使われてきたネットワークプロトコル、イーサネットを発明・販売していたメトカーフ自身の経験則によるものだった。

1990年代後半になると、インターネット関連ビジネス、いわゆるドットコム企業が次々と登場し、企業評価と業界の「先行者」としての付加価値を算出するためにメトカーフの法則が使われるようになる。これは経済に大きな影響を与えた。法則に従えば、1990年代のドットコム企業はやがて地球最大のネットワークを形成し、その価値は指数関数的に増大する。だからネット企業の価値は爆発的に高まると予想し、早く投資しようと大勢の人が殺到した。

今にして思うと、なぜメトカーフの法則をインターネットサービスに適用したのか疑問だ。たとえば、イーベイの買い手と売り手は「ネットワークに接続する通信機器」と同じ扱いでいいのだろうか。イーベイはイーサネットのようなネットワーク技術と同じなのか。ドットコムブームの高揚感の中、そうした細かい点を気に留める人はいなかったようだ。メトカーフの法則は、ウェブサイトのユーザーが増えるにつれ、ネットワークの価値が指数関数的に上昇するという意味で使われ、ネットワークの価値を説明する中心的な理論になった。

メトカーフの法則の穴

ここでこの本を閉じても、ネットワーク効果のよくある戦略の大部分は吸収できたことだろう。過去の出来事をざっと振り返り、専門用語の定義やメトカーフの法則について説明した。しかし、どうやってネットワーク効果という強力な力を生み、拡大させ、他社と競争するか知りたい人たちにとっては、これだけでは意味がない。特にネットワーク効果の戦略を四半期ごとの事業計画に落とし込みたいプロダクトマネジャー、開発者、デザイナー、経営陣にとっては何の役にも立たない。

ネットワーク製品をゼロから開発したことがある人なら、メトカーフの法則は全く現実的でないと知っているだろう。メトカーフの法則は、ネットワークを構築し始める重要な時期、つまり誰もその製品を使っていないときに何をすべきかを示していないのだ。ユーザーのエンゲージメントの質や、ネットワークの多面性（たとえば、買い手と売り手）も考慮されていない。アクティブユーザーと登録しただけの人との違いや、ユーザーが増えすぎて過密状態になると製品の体験が悪化することも考慮されていない。「ノードが多ければ多いほど価値が高まる」という単純なモデルではこうしたことを説明しきれない。メトカーフの法則は学術的でシンプルなモデルだが、ごちゃごちゃした現実世界を正確に表せるものではないのだ。

動物の群れにもネットワーク効果がある

メトカーフの法則がダメなら、もっとよい法則はあるだろうか。実はこれにぴったりの法則がある。それは動物の個体数の理論に基づく法則だ。

ミーアキャットの研究がすべての始まりだった。ミーアキャットを知らないって？ 映画「ライオンキング」でイボイノシシのプンバァと共に登場するティモンがミーアキャットを代表する有名キャラクターだ。

ヒントは、私が受講していたシアトルにあるワシントン大学の講義にあった。生態学の講義で動植物の個体数を表す数理モデルを学んだ。ミーアキャット、イワシ、ミツバチ、ペンギンといった群れで暮らす社会性動物の個体数を表すそのモデルは、ネットワークの動きにとても似ている。

狩り、つがい探し、天敵から身を守るといった目的のため、群れで暮らす社会性動物は多い。群れの個体数は多ければ多いほどよい。しかし、何らかの理由で個体数が減少すると、群れで暮らす恩恵はすぐに失われ崩壊の危機に晒される。かといって、個体数が急増し特定の地域が過密になっても群れの恩恵は低減し、個体数は頭打ちになる。だんだん見えてきたのではないだろうか。そう、動物の群れにもネットワーク効果が起きているのだ。

ミーアキャットの法則

ミーアキャットがこの説明にぴったりだ。アフリカ南部に生息するこの社会性動物は30~50匹からなる「モブ」や「ギャング」と呼ばれる群れで生活している。ミーアキャットが群れるのは天敵から身を守るためだ。天敵を見つけると2本の小さな後ろ足で立ち上がり、複雑な鳴き声で仲間に危険を知らせる。吠えたり、口笛のような音を発したりすることで、迫り来る天敵が地上にいるのか上空にいるのか、さらには危険度を伝えて群れの安全を守るのだ。

シカゴ大学アメリカ生態学のパイオニアであるウォーダー・クライド・アリー教授がこのような群れをつくる動物の生態を初めて発表したのは1930年代のことだ。論文「動物の集合体に関する研究：コロイド銀に対する金魚の集団防御作用」[4]で、群れの中にいる金魚は他の金魚より早く成長し、水質汚染に対しても強くなると説明した。

この論文が生物学で重要なのは、「アリー効果の閾値(しきいち)」と呼ばれる、群れの安全が守られて個体が増えやすくなる転換点の存在が明らかになったからだ。アリー効果による個体数の変化を示す曲線は、生態学版のネットワーク効果だと言える（図2）。

互いに危険を知らせるミーアキャットがある程度いないと、天敵に捕食されるリスクは下がらない。個体数が減ると身を守りにくくなり、さらに個体数が減るという悪循環に陥る。「アリー効果の閾値」を下回ると個体数はゼロに向かいやすくなるのだ。

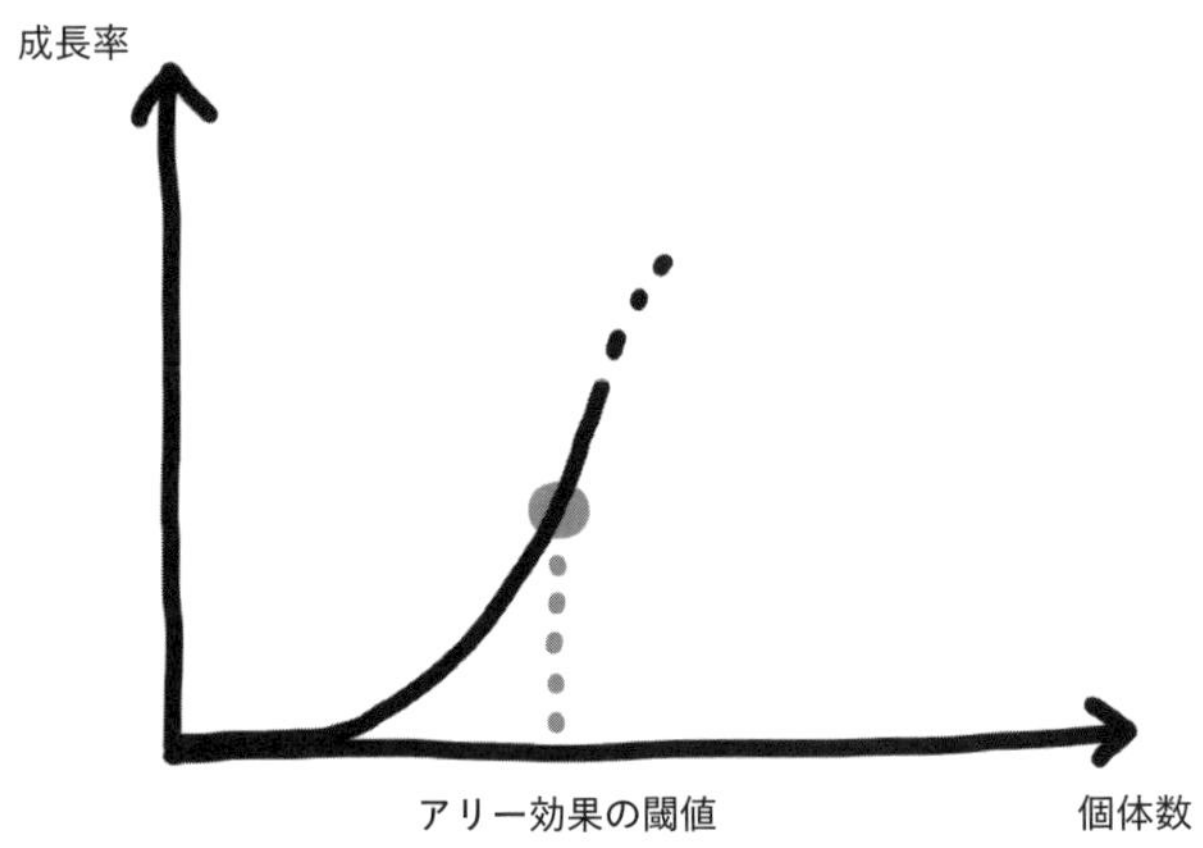

図2　アリー効果の閾値

アリー効果がテック製品にどう当てはまるかは明白だ。メッセージアプリのユーザーが少ないと、アプリを削除するユーザーが出てくる。ユーザー数が減れば、他のユーザーも離脱する可能性が高くなり、最終的には使われなくなってネットワークが崩壊するというわけだ。フェイスブックにユーザーを奪われたマイスペースや、グーグルやアップルのスマートフォンに消費者やアプリ開発者を奪われたブラックベリーでこれが起きた（図3）。

では逆に、ミーアキャットの数が多く、群れの状態がよいと何が起きるのか。ミーアキャットは繁殖し、群れは大きくなり、さらに複数の群れができる。アリー効果の閾値を超えると、群れを守りやすい環境を保てるのでミーアキャットの個体数は増えていく。天敵に1、2匹襲われても、全体の個体数は高水準を維持できるというわけだ（図4）。

とはいえ、永遠に増え続けられるわけではな

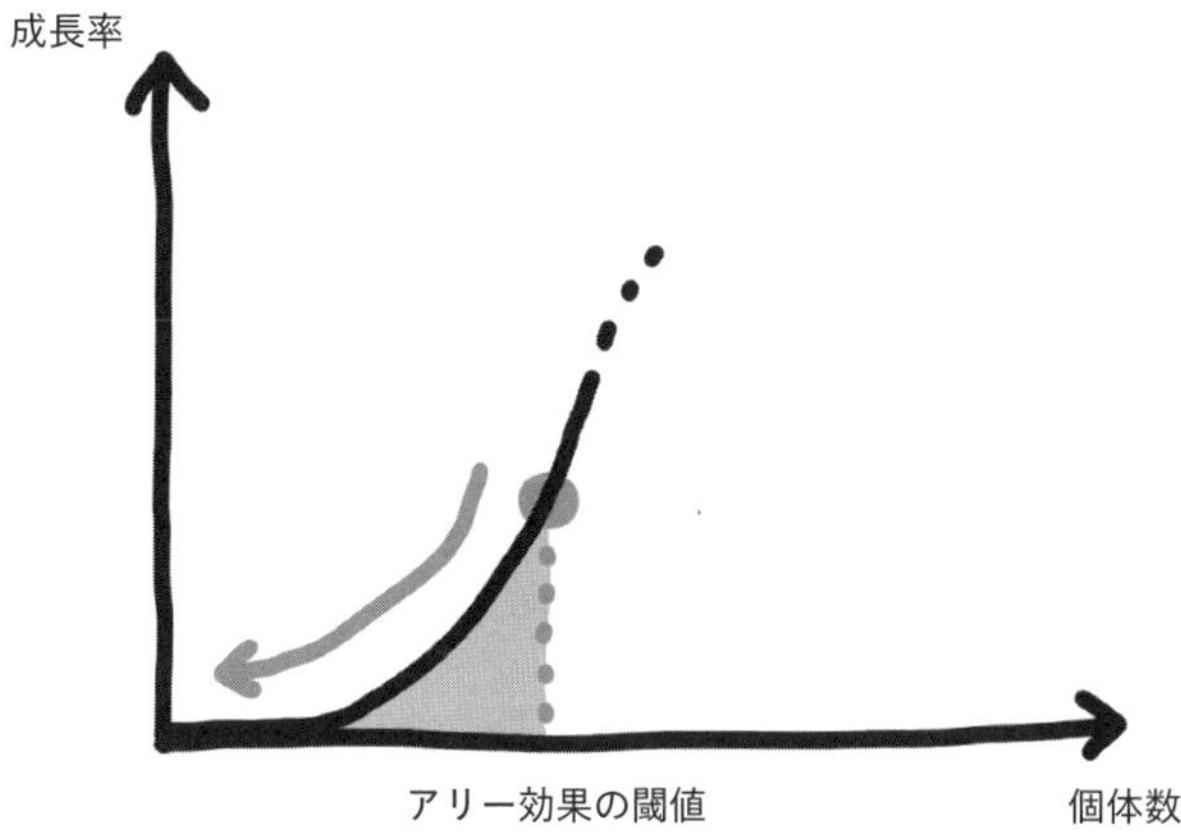

図3　アリー効果の閾値を下回ると群れは崩壊する

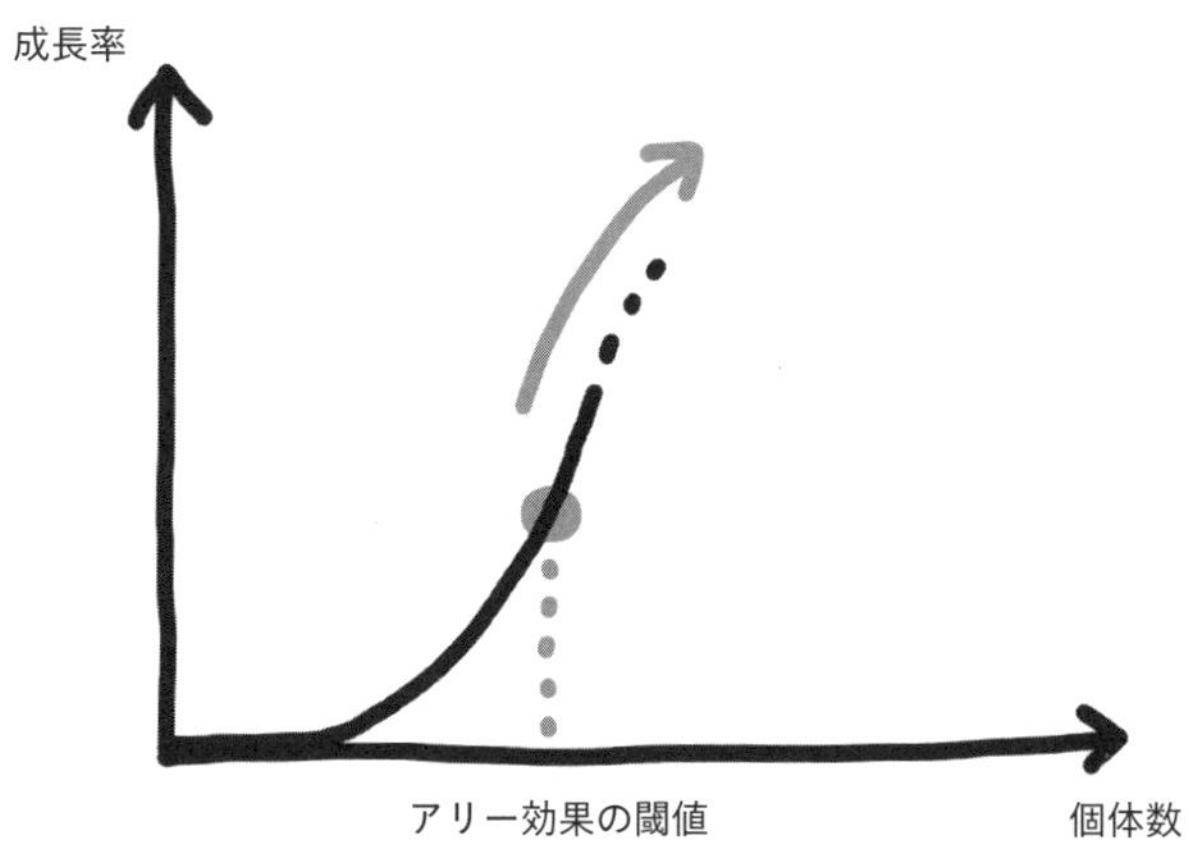

図4　アリー効果の閾値を上回ると個体数は増える

い。ミーアキャットの好物である虫や果物といった資源が限られているため、特定地域では一定数しか生きられないからだ。個体数が増え続けるといずれ「環境収容力」と呼ばれる、その環境下で存在できる個体数の上限に突き当たる。

まとめると、ミーアキャットや金魚のような社会性動物の個体数の変化は図5のようになる。最初は横ばいだが、閾値を超えると急速に増え始め、飽和状態になると再び減少に転じる。

テック業界の飽和状態とは、ユーザーが多すぎたり、メッセージアプリにあまりに多くのメッセージが届いたり、SNSのフィードに流れる投稿が多すぎたり、マーケットプレイスの出品数が多すぎて目的の商品を探しにくくなったりすることだ。スパムの検出、アルゴリズムによるフィードの制御といった工夫をしないと、すぐに使い物にならなくなる。しかし、ぴったりのコンテンツに出合える機能やスパムに対抗する機能の開発、UIを改善することでユーザーの収容力は高めら

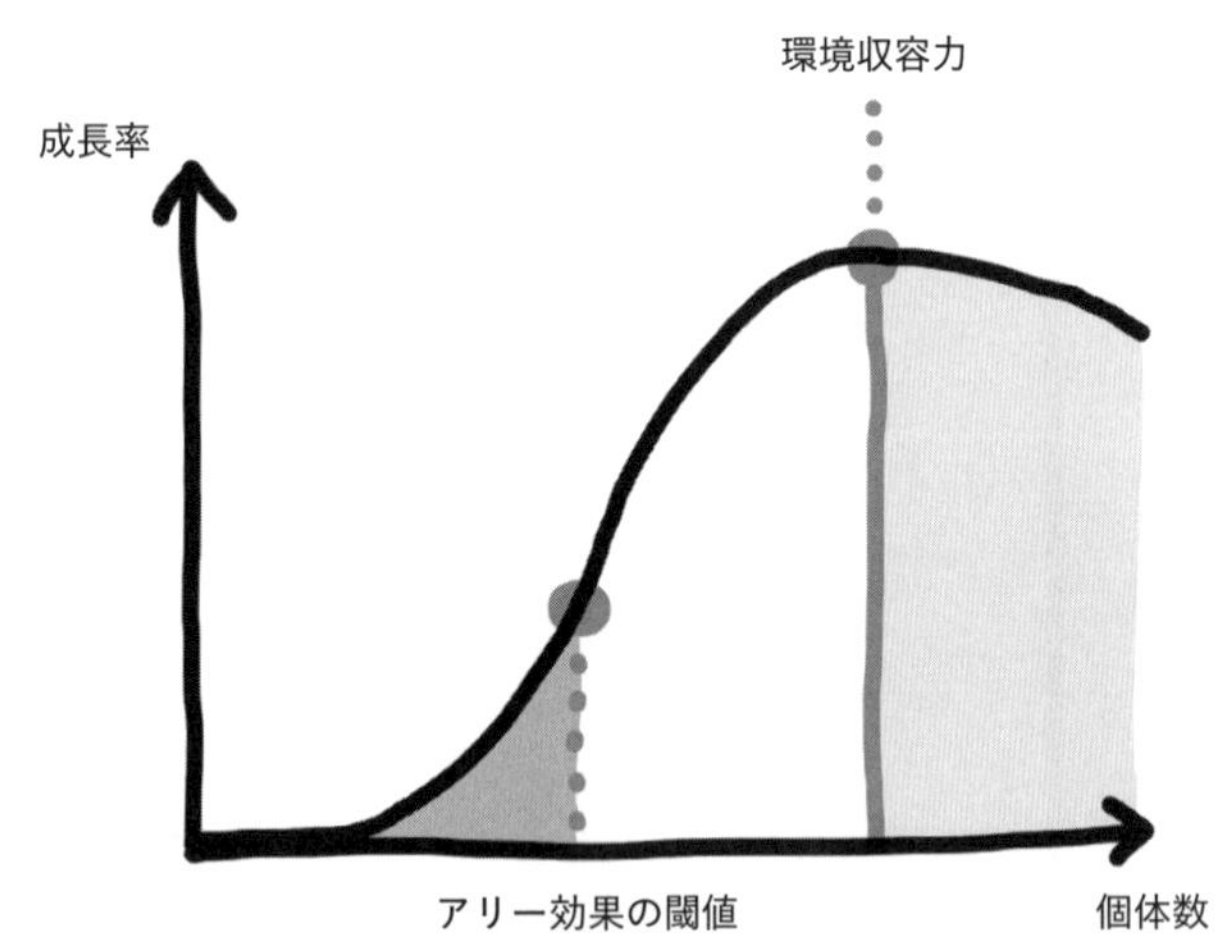

図5　環境収容力によって個体数は頭打ちとなる

れる。

群れやネットワークが崩壊し始める転換点

アリー効果の閾値を下回るほど乱獲すると、ほんの数年でイワシやマグロの個体数が激減してしまうことがある。ネットワーク製品でも似たようなことが起きる。友人がひとり辞めるとそのアプリを使う魅力が少し減る。さらにユーザーが減って転換点となる閾値を下回るとネットワークは本格的に崩壊し始めるのだ。

私の住むサンフランシスコから1時間ほど南に下ったところにモントレーという美しい町があるが、ここで起きたことがこの現象をよく表している。モントレーは米国を代表する作家のジョン・スタインベックの故郷であると同時に、豊かな漁場として知られていた。１９００年代初頭に漁業が工業化されると、イワシの缶詰工場が軒を連ね、メイン通りは「キャナリーロウ」と呼ばれるようになった。モントレーは毎年数十万トンのイワシを揚げていた。１匹の重さは数十グラムほどだから、最盛期には年間50億匹ものイワシを捕っていたことになる。

漁業は繁栄を極め、町に住む何万人もの生活を支えた。ところが、１９５０年代のある年、イワシは忽然と姿を消した。翌年には漁獲量が戻ると期待されたが、そうはならなかった。その翌年も不漁。イワシはいなくなり、ピーク時には8億トン近くあったイワシの漁獲量が、数十年後には17トンにまで落ち込んでしまった。[5]

乱獲と複雑な個体群動態の影響でモントレーの漁業は終焉を迎えた。閉鎖された缶詰工場は海洋生物を研究するモントレー・ベイ水族館とともに、スタインベックの作品を称える観光地を彩る存在になった。缶詰工場は今でも見学でき、古い看板や海図からモントレーのイワシ漁業の栄枯衰退が見て取れる。

イワシにはネットワーク効果があり、ネットワークがどのように縮小、崩壊するかを考える上で「アリー曲線」が助けになる。「アリー効果の閾値」を超えたイワシの群れは低成長・マイナス成長から抜け出して持続可能な集団になれるが、あまりに捕りすぎて閾値を下回ると今度は数が減ってしまうのだ（図6）。

イワシの群れが激減するのと同じように、テック製品のネットワークも破綻する。友人が誰も使っていないメッセージアプリなんて誰も使わないだろう。メッセージが来ないアプリは使われなくなってしまう。そうなればいずれネットワーク効果は完全に失われ、崩壊に向かって突き進むことになるのだ。

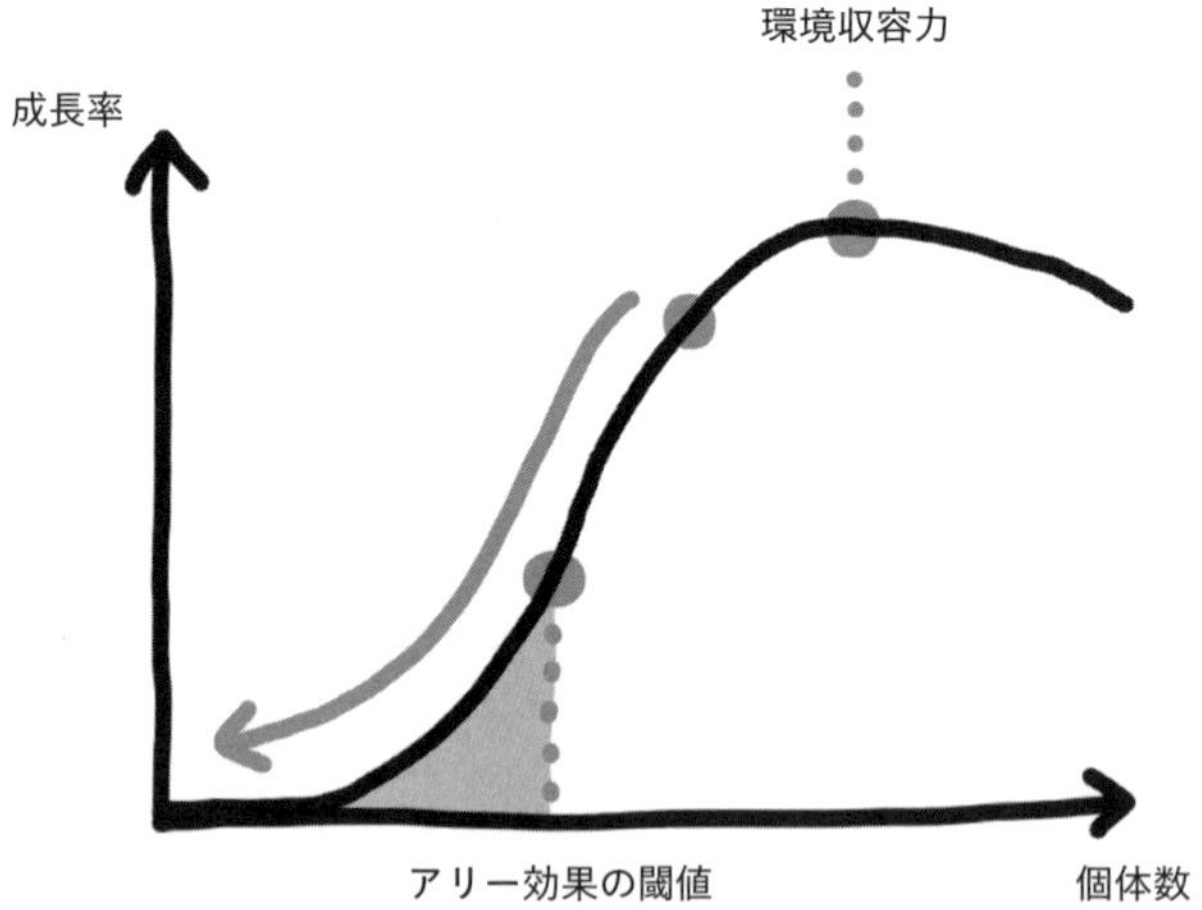

環境収容力
成長率
アリー効果の閾値
個体数

図6　アリー効果の閾値を再び下回る

ウーバーにもアリー曲線があった

ワシントン大学で動物の生態を数字で表すアリー教授の理論を学んだのに、私は卒業と同時に、大学で学んだ他の知識もろともすっかり忘れてしまっていた。それから何年か経ち、サンフランシスコにあるウーバー本社でホワイトボードに向かいながらドライバーが増えると乗客の体験がどう変わるかを図で表そうとしていたときのことだ。いくつか試しに図を描いていたところ、見覚えのある曲線が現れた。ドライバーが少ない都市では、クルマが来るまでに時間がかかる。これはETA（到着予定時刻）が遅い状態だ。すると、コンバージョン率が低くなる。30分も待てる人なんてそういない。つまり、ドライバーが50人くらいにならないと、乗客にとってサービスの価値はほぼゼロということになる。乗客はアプリを頻繁に使わないし、ドライバーも定着しない。このままではネットワークは破綻してしまう。

ところが、ある転換点を過ぎるとアプリが機能し始める。15分でクルマに乗れるようになると、まだ不便だが使えないことはない。待ち時間が10分、5分に短縮できればもっといい。ドライバーのネットワークが広がれば広がるほど乗客の利便性は高まる。つまり、その都市のライドシェアネットワークが典型的なネットワーク効果を発揮し始めたということだ。

しかし、やがてネットワークの価値は頭打ちになり、ドライバーの密度が高まっても利便性は上がらなくなる。待ち時間が4分、2分、さらには0分となりクルマがすぐ玄関先に来るようになっても、利便性は変わらない。出かける準備をしてクルマに向かうまで少し時間がかかるので、むしろちょっと不便だ。

これを図にすると図7のようになる。アリー曲線と同じだ。

メトカーフの法則 vs ミーアキャットの法則

社会性動物の生態に影響を与えるミーアキャットの法則は、私たち人間にも当てはまる。人間もまた社会的な生き物であり、写真を共有したり、コレクション用のスニーカーを売買したり、仕事を分担したり、食事代を割り勘したりしてつながっている。もちろん、ネットワークで便利になるのは狩りや交配ではなく、食料品の購入やデートの約束などだ。

人間のグループでもミーアキャットの群れでも、同じように個々を結びつけているので共通点は多い。ユーザーがSNSを使いたくなるには最低限の人数が必要なように、ミーアキャットの群れが機能するのにも最低限の個体数が必要になる。

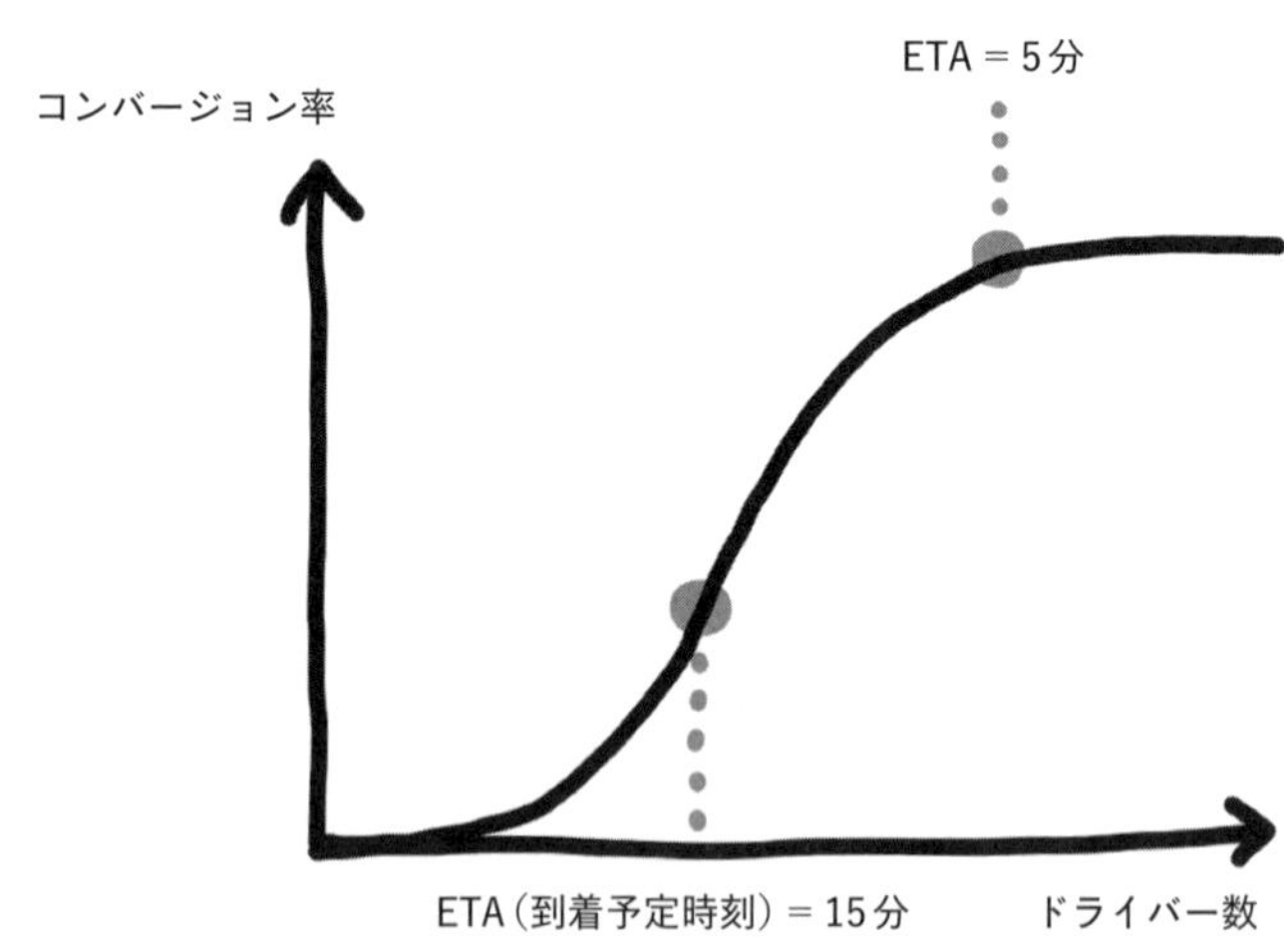

図7　ドライバー数とウーバーのコンバージョン率の関係

メッセージアプリが成長し続けると市場が飽和状態となるように、その地域の群れの個体数は増えすぎると頭打ちになる。使う用語は違っても、根本にある法則は一緒だ。

アリー効果 ↓ ネットワーク効果
アリー効果の閾値 ↓ 転換点
環境収容力の上限 ↓ 市場の飽和

この後は「ネットワーク効果」「転換点」「市場の飽和」といったビジネス用語を使うが、基本法則はアリー教授の生態数理モデルから借りている。生態学者は何世紀にもわたって繁殖速度や過密になる時期、複雑な動態を予測しようと生物の個体数モデルを構築してきた。私はこのモデルを借りて、いかにテック製品がネットワークを立ち上げ、拡大し、事業を防御するかを説明していこうと思う。

これはテック製品にネットワーク効果があるかないかといった二元論的な既存の考え方よりも、盤石な戦略の土台となってくれるだろう。解像度の高い正確な用語があれば、製品戦略を固めるための深い分析ができるようになる。テック業界に必要なのは、関連する概念と語彙を結びつける確固たるフレームワークであり、このフレームワークこそが「コールドスタート理論」の核心にあるのだ。

コールドスタート理論

Cold Start Theory 03

「コールドスタート理論」のフレームワーク

本書で紹介するフレームワークは、ネットワーク効果を5つのステージに分けている。各章でステージごとの課題、目標、ベストプラクティスを説明する。ネットワークが成長して進化する際に起きることだけでなく、次のステージに進むための具体的な施策も載せるつもりだ。

このフレームワークは、ネットワーク効果を生む上で最も重要な最初のステージにちなんで「コールドスタート理論」と名づけた。

ネットワークの価値の変化を図で表すと、初期は時間の経過とともに高まり、中盤は横ばいになって、最後は減少に転じるS字カーブを描く（図8）。ネットワーク効果をフル活用するチームは成長の過程で次の5つのステージを通ることになる。

1　コールドスタート問題
2　転換点
3　脱出速度
4　天井
5　参入障壁

それぞれのステージについては各章で詳しく説明するが、まずはコールドスタート理論の概要を簡単に紹介しよう。

1　コールドスタート問題

新しいネットワークのほとんどは破綻する。動画共有アプリを立ち上げても動画コンテンツが集まらなければユーザーは定着しない。マーケットプレイス、SNSをはじめあらゆる消費者向け製品（法人向け製品にも）に同じことが言える。期待するコンテンツを見つけられなければユーザーは離脱する。そして負の連鎖を生む。多くのスタート

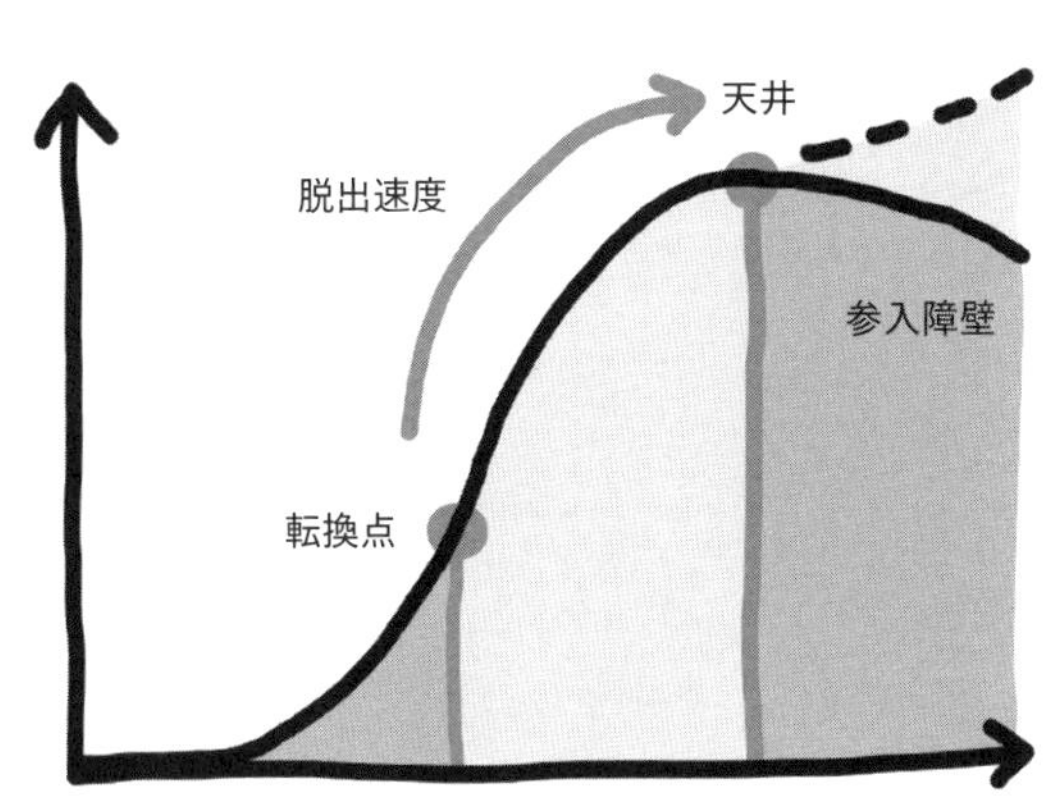

図8　コールドスタート理論の5ステージ

アップが十八番とするネットワーク効果は、実のところ成長の足枷（かせ）となっているのだ。私はこれを「アンチネットワーク効果」と呼んでいる。軌道に乗ろうと奮闘するスタートアップの初期段階で非常に破壊的な作用をもたらす。コールドスタート問題を解消するには、望ましいユーザーとコンテンツを同時に集めなければならない。だが、それをサービス開始直後に実現するのはそう簡単ではない。

これが「コールドスタート問題」だ。第2章では、解決の糸口を示そう。ウィキペディアで最も記事を書いているのはどんなユーザーか、クレジットカードはどうやって普及したか、ズームはいかにキラープロダクトを立ち上げたのか。これらの事例から「アトミックネットワーク」、つまり安定的に機能し、自律して成長できる最小限のネットワークをつくることが解決策になる理由を説明する。たとえばズームの場合、2人いればオンライン会議は成立する。一方エアビーアンドビーの場合、ある市場でサービスが安定して機能するには数百件の掲載物件が必要となる。

また、成功しているネットワーク製品のアイデアと機能開発の共通点についても取り上げる。できたばかりのネットワークに参加してもらうユーザー選びやネットワークを思い通りに成長させるための環境づくりも重要だ。

2 転換点

アトミックネットワークはひとつ立ち上げるだけでも大変だが、それだけでは十分ではない。製品を軌道に乗せるには、さらに多くのネットワークを立ち上げ、市場を広げなければならないのだ。ではどうしたらいいのだろう。幸いなことに、ネットワークを広げていくと、ある時点から追い風が吹くようになる。ネットワークごとの拡大ペースがどんどん速まり、市場を広げやすくなるのだ。これがフレームワークの第2ステージ「転換点」である。

第3章ではティンダーを例に挙げ、サービスを開始した南カリフォルニア大学での成功から、いかに近くの大学の学生も素早く取り込んだかを紹介する。それからまもなくティンダーはロサンゼルスなどの都市へと広まり、どんどん対応地域を拡大して、最終的にはインドや欧州といった広域市場をも飲み込んだ。

ネットワークの広がり方はドミノ倒しに似ている。ネットワークをひとつ立ち上げる度に近接ネットワークの立ち上げが楽になって拡大の勢いが増すのだ。最初の小さな勝利が鍵になる。ライドシェア、職場向けアプリ、SNSなどうまく機能したネットワークの多くは、都市ごと、会社ごと、大学ごとに規模を広げた。SaaSでは、まずは社内で広まり、社員が提携先や取引先に紹介することで企業の垣根を越えて広まっていく。これは転換点を迎えた製品でよく見られるパターンだ。

3 脱出速度

会社が拡大しネットワーク効果が生まれると、次のステージの攻略は簡単に思えるかもしれないが、実際はそうではない。この段階になると高い成長率を維持しようと企業は何千人もの従業員を雇い、野心的なプロジェクトを次々と立ち上げるようになる。脱出速度のステージではネットワーク効果を強化し、成長を持続させるために猛烈に働く必要があるのだ。

第4章では、「ネットワーク効果」の絡み合う3つの効果を解説する。ひとつは「**ユーザー獲得効果**」。

ネットワークが広がるほど、口コミと紹介によるバイラル成長よって、低コストで効率よくユーザーを獲得できるようになる。2つ目は「**エンゲージメント効果**」。ネットワークが広がると、ユーザー間の交流が促進される。そして3つ目が「**経済効果**」だ。ネットワークが広がると、収益を得やすくなり、コンバージョン率も高まる。

それぞれの効果に何が影響しているのかを理解できると、その高め方もわかる。

「ユーザー獲得効果」は、バイラル成長やネットワークに知り合いを招待したくなるような素晴らしい体験を提供すると加速する。たとえばペイパルのユーザー紹介制度やリンクトインの知り合いレコメンド機能などだ。

「エンゲージメント効果」はネットワークの拡大と共に高まる。さらに効果を上げるには、ユーザーの「エンゲージメントの度合い」を高めるのがよい。具体策としては、ボーナスの提供、マーケティング、ユーザーとのコミュニケーションの改善、新しい使い方の紹介などだ。ウーバーの場合、空港への送迎以外に外食時の移動や毎日の通勤といった使い方を提示した。

そしてビジネスモデルに直接影響するのが「経済効果」だ。これはネットワークの拡大と共に高まり、収益化につながるコンバージョン率やユーザーあたりの収益が上がりやすくなる。たとえばスラックでは、ある会社の社員が使えば使うほど、その会社が有料顧客になる可能性が高まる。アバターのカスタマイズ用の衣装や武器を提供している「フォートナイト」のようなゲームでは、一緒にプレイする友人が多いユーザーほど課金する傾向にある。

これら3つの効果がすべて合わさると、ユーザー数十億人の獲得に向けて勢いがつく。

4　天井

ネットワーク製品の最大の目標は、２つ目の「転換点」を超えることであり、達成した後は幸せな結末が約束されているように言われる。しかし、ネットワーク製品を運用する人の話を聞くと、どうも現実は違うようだ。急拡大する製品では、ネットワークをもっと拡大させようとする力と、自らをバラバラに引き裂こうとする力が強烈にせめぎ合っているという。

製品の成長はやがて「天井」にぶつかり、停滞する時期がやって来る。市場が飽和状態に近づき顧客獲得コストが高騰したり、バイラル成長が鈍化したりすることなどが原因だ。「クリック率低下の法則」も影響している。マーケティング手法が古くなるとユーザーは離れ、時間とともにエンゲージメントとユーザー獲得の効率が低下する。他にもネットワークが成熟する過程でスパムや荒らしの横行、過密状態、想定される利用法からの逸脱といった問題が生じる。ネットワークが成長するにつれて、これらの問題もまた大きく強くなっていく。

つまり、製品の成長はやがて鈍化し、天井にぶつかる。問題に対処すると再び成長は加速するが、そのうち次の天井が現れる。そして時間が経つにつれて対処しなければならない問題は強大になり、打ち破るのが難しくなるのだ。

第5章では、成長鈍化の対策をインターネット黎明期に台頭したユーズネットの崩壊、イーベイの米国事業の減速、詐欺メールなどの事例を通して紹介する。簡単に解決できたものと、ネットワークを崩壊へと追いやったものがある。天井を打ち破るのは簡単ではない。成功している製品には程度は違ってもスパムや荒らしが付き物だ。完全に解消できるものではないが、いかに抑えるかが重要である。

5　参入障壁

最終ステージでは、ネットワーク効果を駆使して競合他社から自社を守れるようになる。ネットワークと製品が成熟した段階だ。ブランド、独自技術、パートナーシップなども参入障壁となるが、テック業界ではネットワーク効果が特に重要である。

ただし、他社製品も同じようにネットワーク効果を活用できるため、話はそう簡単ではない。競合の職場向けのコラボレーションツール、マーケットプレイス、メッセージアプリも、ユーザーの増加と共にネットワーク効果によってバイラル成長、定着しやすさ、収益率が向上する。

ネットワーク製品同士の競争では、他の競争とは違う「ネットワークの競争」が繰り広げられている。機能や戦略の差だけでなく、製品のエコシステムの差が勝敗を分ける。たとえば、エアビーアンドビーは欧州市場でウィムドゥという現地の強力な競合と戦うことになった。ウィムドゥは多額の資金を調達して多くの従業員を雇い、エアビーの本拠地の米国市場をも超えるトラクションを得ていた。それでもエアビーは従来の競争の要だった価格や機能ではなく、ネットワークの質と規模で競合を撃退できたのである。

同じ分野の製品はどれも似たようなネットワーク効果を持つ傾向にあるが、競争の仕方は同じではない。どの市場でも、大規模なネットワークと小規模なネットワークとでは戦略が異なるのだ。ダビデとゴリアテとでは戦い方が違うのと同じである。

小さなスタートアップは、ニッチな領域に狙いを定め、他社が真似しにくい主要機能を開発し、競合より高い経済効果とエンゲージメント効果を発揮するアトミックネットワークを築こうとする。一方、既存企業はネットワークの規模を利用し、最重要ユーザーに価値を提供して収益率を伸ばし、急成長するニッチな製品を素早く追随する。第6章ではウーバー対リフト、イーベイの市場拡大戦略、マイクロソフトの製品をまとめて販売するバンドル戦略などを例に挙げ、ネットワーク製品の競争について掘り下げていく。

ネットワーク効果の5つのステージ

「コールドスタート理論」には、ネットワークの立ち上げから成熟まで、5つのステージがある。各ステージを説明する第2章〜第6章で、スタートアップでも大企業でも製品戦略で利用できる具体的な施策を紹介する。

起業家には第1ステージの第2章から順に読み進めることをおすすめしたい。製品の立ち上げ時に直面するコールドスタート問題を深く理解できる。一方、製品を運営しているチームにとって最も参考になるのは第3章かもしれない。製品の成長を脱出速度まで加速させるヒントを掲載している。

コールドスタート理論は動画プラットフォーム、マーケットプレイス、職場向けコラボレーションツール、ボトムアップ型SaaS、SNS、メッセージアプリなど、テクノロジー業界の多くのサービスに適用できるものだ。また、本書ではクーポン、クレジットカード、初期のインターネットプロトコルなど、過去の事例も取り上げる。何百年も前に使われていたコミュニケーションと現代の私たちが使っている最新アプリは、同じ法則の下で動いているのだ。

テック製品以外のネットワークにも共通するパターンが見えてくるだろう。私の友人で著名な投資家、起業家として活躍しているナバル・ラビカントはこう話していた。

人類こそネットワークの生き物である。ネットワークがあるから、人は協力してひとつの物事に取り組める。みんなで手にした成果はネットワークを通じて全員に分けられる。金はネットワークだ。宗教もネットワークだ。会社も道路も電気もネットワークなんだ。[6]

うまく機能するネットワークをつくり、管理する重要性をラビカントはこう指摘する。

ネットワークを管理するにはルールが必要だ。そしてそのルールを敷く管理者が要る。不正を働く者に対抗するために。そして、そうしたネットワークの管理人が、社会で多大な力を持つことになる。

「コールドスタート理論」は、ネットワーク製品の運用チームが具体的な戦略を立てる上で土台となるフレームワークである。各章ではステージごとの課題と目標を明らかにする。用語の説明に加え、代表的な製品の事例やインタビュー、研究も合わせて紹介しよう。

では、さっそく始めよう。まずは最初のステージ「コールドスタート問題」からだ。製品を立ち上げたらすぐに解消しなければならない重大な問題である。

第2章

コールドスタート問題

THE COLD START PROBLEM

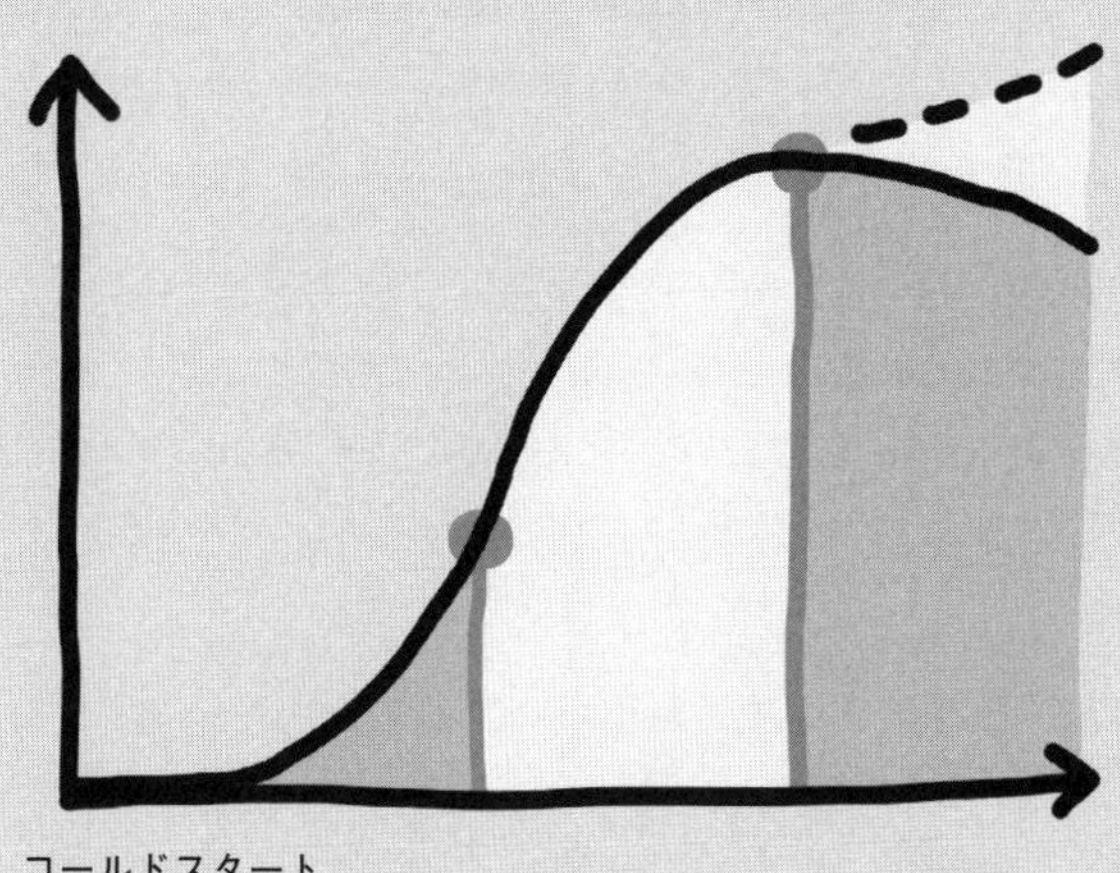

失敗からの大逆転

Tiny Speck

04

ネットワーク製品の最初のステップでは、自律する最小のネットワークをつくる。機能するネットワークがひとつあればいい。もっとも、たったひとつでさえ立ち上げるのは難しいものだ。まずは失敗例から見てみよう。

そのスタートアップは4年10カ月で会社設立から主力製品の閉鎖に至った。数千万ドルで会社を売却した経験のある優秀なチームが描いた戦略は間違っていなかった。会社設立から2年後に製品のベータ版を華々しく発表し、ユーザーと密接に関わりながら適切な機能開発やバグ修正を進めて順調だった。サービス開始後すぐに一流投資家から1700万ドルの資金調達を実施している。その資金で45人の優秀な人材を雇い、風変わりで面白い製品を開発していた。そのスタートアップの名は「タイニースペック」。主力製品はマルチプレイヤーゲーム「グリッチ」だった。

ブラウザで遊べる「グリッチ」の設定はぶっ飛んでいた。ゲームの舞台は「ハンバダ」「レム」「フレンドリー」などと呼ばれる11人の巨人の空想の世界。キャラクターや背景はポップで毒々しいデザインだった。ユーザーはゲームの世界を歩き回り、さまざまなものをクリックしながらキツネのブラッシング、ポーションづくり、ガーデニング、テレポーテーションなどのスキルを習得していく。

サービス開始後の評判はあまりよくなかった。「11人の巨人の空想の世界という舞台設定がばかばかしい」と、ポップカルチャーのウェブメディア「AVクラブ」は酷評した。ユーザーの評価も芳しくなかった。「サービス開始前は『これまでのゲームの印象を一新する』と大々的に宣伝していたけれど、内容は恐ろしく退屈。基本は歩き回って、周囲をクリックするだけ。友人には『自分の農場を持てないファームビルみたい』と説明している」と、投稿型ニュースサイト「ハッカーニュース」にハンドルネーム「dgreensp」というユーザーが書き込んでいた。

結局、ユーザーは定着しなかった。数年後のインタビューで同社のCEOはリテンション（顧客の維持率）の低さについてこう語っている。「登録した97％くらいの人が5分もしないうちに退会してしまっていた。まるで穴の空いたバケツで、それが敗因だった。典型的な失敗だ。エクセルで計算したら5分でうまくいかないことがわかる」

マルチプレイヤーゲームであるグリッチは多くの人がプレイし、交流するほど楽しくなるはずだったが、そもそもそんなソーシャルな体験が生まれるほどの規模に達することができなかったのだ。

グリッチの事例は、スタートアップの結末としては珍しくもないし、意外でもない。多くの製品は長い道のりの末に失敗する。しかし、この会社がたどった道のりはちょっと違った。数年後、タイニースペックは2つ目の製品を立ち上げる。それが「スラック」だ。

スラックの輝かしい成功を知っている人は多いだろう。この原稿を書いている時点でのデイリーアクティブユーザーは2000万人以上、導入企業は100万社近い。タイニースペックという大失敗スタートアップは「スラックテクノロジーズ」に名前を変え、やがて8億ドル以上の収益を上げるようになり、最終的に260億ドルでセールスフォースに買収されたのである。CEOのスチュワート・バターフィールドと共同創業者のエリック・コステロ、カル・ヘンダーソン、セルゲイ・ムラチョフは大逆転を果たしたのだ。

スラックのような超有名製品は一夜にして成功したと思われがちだが、現実は違う。スラックの場合、グリッチを立ち上げてから諦めるまでに4年の月日が経っていた。資金をほぼすべて使い果たし、社員を解雇した。そこからまたゼロイチで製品を開発する苦しい道を進み始めたのである。新製品を開発してベータ版でユーザーを募り、正式にサービス開始を発表してから再び社員を採用し、社名を変え、新しい事業戦略のもと資金調達を実施するまでにさらに2年かかった。一夜にして成功したのとは対極にあることがわかるだろう。ネットワーク製品の開発は難しい上に時間がかかる。それを示す事例を後でいくつか紹介しよう。とはいえ、成功事例には共通パターンがある。本格的にスラックに取り組むようになってから、それが軌道に乗るまでに、いったい何が起きたのか。そこに新しいスタートアップが学び、応用できることがあるはずだ。

タイニースペックとつながりがあったのは幸運だった。同社は設立当初、アンドリーセン・ホロウィッツから出資を受けていた。担当は同僚のジョン・オファレルで、今回彼にスチュワート・バターフィールドとスラックの初期社員であったアリ・レイルを紹介してもらい、話を聞かせてもらった。

まずは2009年、チームがグリッチをつくっていた頃について尋ねた。同社はサンフランシスコやバンクーバー（設立当初の拠点）をはじめ世界各地で開発者を数十人雇っていた。今にして思えば、リモートワークの先駆けだ。しかし、当時はまだそうした働き方を支えるツールは存在しなかった。

リモートでもうまく仕事を進めるために、タイニースペックは社員同士がチャットできるツールを使っていた。このツールは、今の私たちが使っているような洗練されたものではない。フィンランドの大学職員だったヤルコ・オイカリネンが開発したＩＲＣ（インターネット・リレー・チャット）という古い技術をもとにしており、文字が並び、機能も「／」で始まる使いづらいコマンドがあるだけだった。ＩＲＣは１９８８年、インターネットができたばかりの頃に登場したので、利便性は乏しく、誰でもすぐに使えるようなものではなかった。バターフィールドはこう説明している。

ＩＲＣはウェブが登場する何年か前からあった。けれど、あまりに古く、今では標準装備となった機能の多くが欠けていた。[7]

ＩＲＣには検索機能も過去のメッセージを保存する機能もない。話したい相手を探すのも大変だ。たくさんあるＩＲＣアプリをひとつダウンロードしてサーバーに接続し、お目当てのチャンネルに参加しなければならない。

そこでタイニースペックは、ＩＲＣの技術をもとに過去のメッセージや画像を保存したり、会話を簡単に検索できたりするチャットツールを開発したのである。社内の仕事用に使っていたが、名前さえ付けられていなかった。重要なのはirc.tinyspeck.comにつながる社内チャットをＩＲＣになじみのない非技術系の社員でもすぐに使いこなせたことだ。そうして名もなきツール（初期の従業員アリ・レイルによると、さまざまなことができたことから社内では「フランケンツール」と呼ばれていた）は、社内の業務フローに欠かせないものになった。

グリッチが失敗し、新しい事業アイデアを模索していたとき、バターフィールドらはこの社内ツールに目を向ける。地味だが機能的なツールを、世界中の人が使えるようつくりかえようと考えたのだ。サービス名は定まらず「ラインフィード」「ハニカム」「チャットリー・アイオー」などさまざまなコードネームが付いていたという。ともあれ、後にスラックとなるこの製品はどの会社の社員も使えるよう再設計されたのだ。バックエンドもＩＲＣではなく、独自システムを構築した。過去の発言を検索でき、画像などの各種ファイルも簡単に取り込め、メッセージは自動で保存される。ＩＲＣの問題点をすべて解消する製品に仕上がった。そしてサービス名は「Searchable Log of All Conversation and Knowledge（すべてのチャットと知識を検索可能なログ）」を略して「スラック」に決まる。ユーザーを「スラッカー」［訳注：怠け者］と呼ぶことになる製品名は変じゃないかと反対する取締役もいたという。

次にやるべきことはベータ版テストの協力者を募ることだ。バターフィールドらは友人にスラックを使うよう頼み、ユーザー体験を改善する機能開発を繰り返した。ユーザー層の選び方について、バターフィールドはこう話している。

全く気にしなかったね。別の会社に勤める友人にスラックを使ってもらえるよう説得して回っただけ。当時は見込み客の発掘や法人営業に専任チームなんてなかったから、私がひとりでやっていたんだ。スラックのよさを伝えるために、何十回とミーティングすることもあった。[8]

バターフィールドの友人の多くがスタートアップで働いていて、やがて45社がスラックを使うようになったという。導入企業にはスタートアップが多く、それには理由があった。

テック系スタートアップが早くから導入してくれた大きな理由は、ある意味純粋すぎるかもしれないけれど、みんなソフトウェアが世界をよりよくすると信じているからなんだ。どのチームも私たちと同じく結成したばかりで、メンバーは10人以下だった。スラックとよく似ていたんだ。

バターフィールドとカスタマー体験を担当していたアリ・レイルの2人が率先して、SNSで投稿された意見やカスタマーサポートに来た問い合わせに対応していた。スラックの開始後もバターフィールドは、SNSに月1万件、カスタマーサポートに月8000件届く大量の問い合わせに返信していたという。

法人営業チームを組織した後は、社内で複数チームがスラックを導入している企業に営業をかけるようになる。こうした法人顧客には、全社員が加入でき、より強固なセキュリティ対策や法人向け機能を備えたプランを提案した。しばらくすると会社設立から数年後には法人営業が事業の要になった。

口コミで導入先を増やす施策の多くは、消費者向け製品で使われる施策をヒントにしている。これはスラックだけでなくズームやドロップボックスといったこの時期に立ち上がった新しいタイプの法人向け製品にも共通していることだ。こうして製品を使い始めた個人が社内に広め、やがて法人契約に至るボトムアップ型の営業モデルが確立した。スラックはこのような法人営業の変革の先駆けであり、新しい売り方を発明したのである。

スラックは必要な施策を熟知していた。スチュワート・バターフィールドは前の会社フリッカー（ウェブ2・0時代を代表する写真共有サイト）で、写真のタグ付けや、トピックやイベントに合わせてコンテンツをフィード形式で提供する方法を普及させた。また大学時代からSNSの先駆けとなる投稿フォーラムのユーズネット、マルチプレイヤーのテキストベースのゲームMUDあるいはMOO、そしてもちろんIRCもよく使っていた。

タイニースペックはスラックテクノロジーズに社名を変更し、2013年8月に主力製品を世に送り出す。新製品を試そうと8000社が待機リストに登録した。2週間後の登録数は1万5000社、翌年の有料会員数は135万人となり、毎日1万人が新規登録するようになった。デイリーアクティブユーザーも100万人を超え、すぐに200万人、300万人と急増する。同社はすぐにスラックの開発だけに注力するようになり、2014年4月には資金調達を実施している。

スラックの成功は華々しく、多くのことを学べる。本書では、適切な製品の立ち上げ方を探るため、無名のIRCツールからスラックへと至った道のりに注目したい。どうキラープロダクトをつくり、社内チームが抱えていた重要な問題を解決したのか。どう安定したネットワークを築いたのか。法人営業ではどう製品を売り込んだのか。そこにコールドスタート問題を解く重要なヒントがある。

コールドスタートから始まる

ネットワーク効果では、最初のステージが一番重要だ。多くの製品は立ち上げに失敗し、ネットワークが成立する前に消滅する。

あらゆるネットワーク製品はひとつのネットワークを築くところから始まる。第2章のここからは、ウィキペディア、クレジットカード、ティンダー、ズームの立ち上げの事例をもとに、最初のネットワークのつくり方を説明しようと思う。

まずは「アンチネットワーク効果」と呼ばれる、ネットワーク効果のジレンマから説明したい。「ネットワーク効果は事業の追い風となる強力な力だ」というのは、実は誤解である。むしろ逆だ。規模の小さいネットワークでは、ネットワークを破綻に向かわせる。製品を使い始めても友人や同僚が誰も使っていなかったら、ユーザーは離れてしまう。解決するには、ネットワークの参加者全員が定着する最小のネットワーク「アトミックネットワーク」を構築するしかない。

ネットワークには買い手と売り手、あるいはコンテンツのクリエイターと視聴者など、性質の違うユーザーがいる場合が多い。ネットワークを立ち上げるときに重要なのは、惹きつけるのが難しい「ハードサイド」のユーザーの獲得だ。つまり、重要な活動を担う希少なユーザーをいかにネットワークに惹きつけ、維持するかが大事なのである。たとえばウィキペディアの場合、少数の編集者が記事の大部分を執筆している。ウーバーでもドライバーの約5%にあたる少数のドライバーが迎車依頼の大部分を引き受けている。だが、このハードサイドのユーザーを惹きつけることは難しい。希少なユーザーを獲得するには、彼らが使いたくなる魅力的な製品を提供しなければならない。この点については、ティンダーの事例が参考になる。

ハードサイドのユーザー獲得に加えて、キラープロダクトの開発も重要だ。ネットワーク効果の成功例には極めてシンプルなアプリもある。そうしたアプリは多機能性ではなく、ユーザー同士の交流を軸にしている場合が多い。たとえば、ズームがこれに当てはまる。ズームの機能はシンプルすぎると懐疑的だった投資家や識者もいたが、今の成功を見ればネットワーク効果を活用したキラープロダクトであることは疑いようがない。

コールドスタート問題が解消されると、ユーザーが「魔法を感じる瞬間」（マジックモーメント）を継続的につくり出せるようになる。製品を使い始めたときにはすでにネットワークがあり、探している人やものが見つけられるということだ。そうなればネットワーク効果がさらに高まり、やがて転換点を超え、ユーザーの方からサービスにやって来る。

アンチネットワーク効果

破滅に向かわせるマイナスの力

Anti-Network Effects 05

スラックのような成功譚(たん)には夢がある。ゲームの開発に失敗しながらも、その後277億ドルで事業を売却した話にはワクワクする。もっとも、成功したスタートアップの影には失敗した数多のスタートアップがあり、その多くはローンチ直後でつまずいている。

アンチネットワーク効果は、ネットワークをゼロに収束させようとするマイナスの力だ。ネットワーク効果はよい面ばかりが注目されがちだが、立ち上がったばかりのネットワークには破壊的な作用をもたらす。既存ユーザーが少ないから新規ユーザーが定着しないという、好循環とは真逆の作用が発生するのだ。スラックの場合、同僚が使っていないチャットツールを使う意味はないだろう。ウーバーの場合、ドライバーが少ないと乗客はアプリを使わないし、ドライバーもまた乗客がいないと稼げないので運転しない。ネットワークづくりは最初の部分が最も難しい。「ニワトリ卵問題」にたとえられたり、コミュニティの「ブートストラップ」課題と呼ばれたりするが、私は「コールドスタート問題」と呼んでいる。

よくあるスタートアップの成功譚はこんな感じだ。クールなテック企業が集まる沿岸都市の倉庫の一角で、数名の若い創業メンバーがひたすら開発に没頭している。手がけるのは、これまでとは違う形でユーザー同士が交流できるキラープロダクトだ。開発チームが知ってか知らずか、その製品にはネットワークがあり、製品を世に送り出した途端、ホッケースティック曲線型の成長を果たす。テック系メディアに取り上げられ、ネットで爆発的にバズり、やがて世界中の人々に使われるようになるのだ。

ただし、こうした成功譚では、ネットワークの規模が小さく、ユーザーがいない時代の話が都合よく省かれている。実際の立ち上げ時には次のようなことが起きる。

サービス開始直後にユーザーはある程度増えるが、目新しさがなくなると徐々に新規登録者数は減っていく。ユーザー登録をもう一押し増やす施策を打てるかもしれないが、サービスが軌道に乗るほどではない。多くの人は知り合いが使っていない製品をわざわざ使わないのだ。急いで機能を追加し、マーケティング予算を2倍にするが、ネットワークは成長せずに、やがて資金を使い果たしてしまう。コールドスタート問題を解消できないスタートアップはこうして失敗するのだ。

どのネットワークも必ず、最初にコールドスタート問題に直面する。ここを乗り越えるのは本当に難しい。数字を見れば明らかだ。SNS、コミュニケーションアプリ、マーケットプレイスを提供するスタートアップは何万社とあるが、独立した大企業になれたのはたった数十社。事業を始めるだけでも難しいのに、勝者総取りの分野で成功するのは、なおのこと難しいのである。

マーケットプレイスアプリはどうか。マーケットプレイス系スタートアップの上位１１００社を分析したアンドリーセン・ホロウィッツの調査によると、上位4社の製品が総収益の76%を占めていた。どれだけ人気アプリに集中しているかがわかる。ＳＮＳや職場向けコラボレーションツールといった他の分野も同じで、ほんの一握りの製品だけが10億人を超えるユーザーを獲得できる。

けれども、こうした分野から世界で最も価値のある企業が生まれており、挑戦しがいがある分野なのだ。

必要最小限のネットワークの大きさはどれくらい？

職場で初めてスラックを使う人にとって、チャットできる人が誰もいなければサービス体験は最悪だ。では、同僚がひとりいれば十分なのだろうか。それとも2人のほうがいいのか。必要最小限の人数は何人なのか。スラックのＣＥＯ、スチュワート・バターフィールドはこう説明している。

スラックは2人でも使えるけれど、3人いるとちゃんと機能する。長く安定して使ってくれている3人のチームは多い。そこが顧客と呼べる最小単位だ。

また、ユーザー同士の交流も重要だという。登録するだけではダメで、実際にチャットする必要がある。そしてある閾値（しきい）、スラックの場合はおよそ２０００通のメッセージをやりとりすると、ユーザーは定着して製品を使い続けるようになるという。

どういう企業が定着し、どういう企業が定着しなかったかを調べたところ、２０００通のメッセージをやりとりしたチームはスラックをしっかり試してくれたと言える。

50人のチームなら、およそ10時間分のメッセージ。10人程度のチームであれば、およそ1週間分。意外なことに、他の要素は継続率にはあまり関係なかった。２０００通のメッセージをやりとりした顧客の93％は今でもずっとスラックを使い続けてくれている。[9]

この考え方は、スラック以外の製品にも適用できる。ユーザーがよい体験をするにはどれくらいの規模のネットワークが必要か。ネットワークの規模をX軸に、重要なエンゲージメント指標をY軸にしたグラフを描いてみるといい。ウーバーの体験を図式化すると、基本的にはドライバーの数が多ければ多いほど、待ち時間は短くなって乗客の体験は向上する。ただし、ドライバーの数があるレベルを超え、到着予定時間が2分、1分になっても乗客の体験はそれ以上よくならない。

フェイスブックの有名なグロースハックの法則、「新規登録から7日間で10人の友達とつなげる」も同じ考え方だ。たくさんの友人と素早くつながるとユーザーの定着率は高くなるが、一定数を超えると、体験はよくならなくなる。この法則は、定着率が十分となる友人の最小人数を数値化しているのだ。

定着率を分析すると曲線の傾きが緩くなるところがあるだろう。そこがユーザーの利用を高めるために必要最小限のネットワークの密度である。どの製品にもこの閾値が存在する。だが、程度はさまざまだ。職場向けツールのズームもスラックも、ネットワークが成立するユーザー数は非常に少ない。ズームのCEO、エリック・ユアンはこう話している。

2人だけで十分なんだ。誰かが誰かとビデオ通話したい。それだけでズームは双方にとって利便性があり、ずっと使い続けてくれるようになる。[10]

一方、エアビーアンドビーやウーバーなど異なる種類のユーザーが存在するマーケットプレイスは地域性が強く、ネットワークの必要最小限の数はひとりや2人では足りない。数を揃えてユーザーに選択肢を提供することが重要になるからだ。エアビーなら何十軒か見てから宿泊先を予約したいだろうし、ウーバーでは町中の色んな場所から配車を依頼したい。だから、よい体験を提供するための必要最小限の数はずっと多くなる。エアビーの初期社員であるジョナサン・ゴールデンはこう話している。

エアビーアンドビー共同創業者のネイサン・ブレチャージクは物件数をとても気にしていた。掲載数が300件、レビュー済みが100件になると、その市場の成長は軌道に乗る。これがマジックナンバーだ。だから私たちはそれだけの数を揃えるのに注力した。[11]

ウーバーの場合はETA（到着予定時刻）をもとに、いかに早く配車するかを重視していた。ウーバーの初期のゼネラルマネジャーのひとり、クリス・ナクティス・テイラーは次のように話している。

立ち上がったばかりの市場のETAはひどい。特に郊外では配車に15分以上かかってしまう地域もある。それともうひとつ重要な指標がある。市内全域で、できる限り早くETAを平均3分以内にすることだ。短期間でETAを短縮し、配車できない依頼をなくす。加えて、サージを減らせればその市場は成長の軌道に乗る。[12]

もうひとり、初期にゼネラルマネジャーを務めたウェイリアム・バーンズは最初のネットワークの規模についてこう話している。バーンズはウーバーの最初の50人に入る社員で、ロサンゼルスでのサービス立ち上げに関わっていた。

ウーバーの戦略は「とにかくクルマが走っている状態にしよう」で、結果としてETAと配車依頼の達成率を改善しようとした。ロサンゼルスなどの大都市では15〜20台が常に走っている状態を目指した。ロサンゼルスの立ち上げ時には、ウェストハリウッド地区でその状態を実現しようと莫大な資金を投じたことが広く知られている。[13]

必要最小限の数が多いほどネットワークの構築は難しくなるが、長い目で見れば他社を跳ねのける防御壁にもなる。ウーバーは参入障壁やネットワーク効果がないという批判を受けてきたが、この防御壁のおかげで、コールドスタート問題を解決できないスタートアップに優勢を保っているのだ。

さて、サービスを成立させるのに必要最小数があることはわかったが、この数字はどう使えばいいのだろうか。新製品の立ち上げを考えているなら、必要最小限のネットワーク規模について予想を立てておこう。コミュニケーションアプリなら他にユーザーがひとりいれば十分かもしれない。必要最小限の数が2人とわかればそれに見合った戦略を立てられる。一方、コンテンツクリエイターと視聴者のいるSNS、あるいは買い手と売り手のいるマーケットプレイスなど非対称性の高い製品では、閾値はずっと高くなる。このように必要最小限の規模は立ち上げ戦略の要になる。

コールドスタート問題の解決法

コールドスタート問題を解決するには、ネットワークを立ち上げたら十分な密度と規模を素早く確保し、ユーザー体験をどんどん改善するしかない。スラックなら、ユーザーが連絡したい同僚がまだスラックを使っていない場合はどうするか、相手がメッセージに返信する確率を高めるにはどうすればいいかを考えるだろう。ネットワークが小さくまばらな場合、相手にメッセージを送れなかったり、相手があまり使っていないためすぐに返信が来なかったりする。

また、ユーザーを増やしても、それが適切なユーザーでなければネットワークは機能しない。スラックなら同じ10人でも、同じ部署のメンバー10人が使っていなければ価値はあまりない。

適切なユーザーが参加すると、連絡手段としてスラックが定着する。そしてゆくゆくは1対1のメッセージだけでなく、ビデオ会議での議題や議事録の共有といった別の使われ方も進むようになる。そうなればエンゲージメント、ユーザーの維持率、収益率の向上を見込める。とはいえ、スイッチひとつで突然機能するようになるわけではなく、徐々に主要な指標が改善していくというイメージだ。

コールドスタート問題の解消は、製品を正しく利用してくれる人に使ってもらう方法を見つけることから始まる。最初のネットワークを軌道に乗せる鍵は、「アトミックネットワーク」にある。安定した最小限のネットワークを構築するのだ。

06 アトミックネットワーク

クレジットカードで起きたこと

The Atomic Network — Credit Cards

さまざまなネットワーク製品の立ち上げ事例を調べると、都市ごと、大学ごと、企業ごとのように、小さなネットワークを対象としていることが多い。

ユーザーが積極的に交流する自律的なネットワーク、つまりアトミックネットワークをひとつ立ち上げられれば、近接するネットワークを取り込みやすくなる。そして同じ手法で繰り返し立ち上げれば、やがて市場全体を内包する巨大な相互接続ネットワークになるというわけだ。

ウーバーのようにオフラインとオンラインの両方に関わる製品では、都市ごとにネットワークを立ち上げるのが自明の戦略に思える。ティンダーやフェイスブックは大学という密なコミュニティに根づいて広がり、スラックのような法人向け製品は大企業の社内チームに根づいて広まった。ネットワークがこのように成長する理由を前世紀の重要な発明品を例に説明しよう。

世界初のクレジットカード

アトミックネットワークを説明するのにテクノロジー業界の製品ではなく、消費者向け金融サービスの事例を取り上げたい。1958年に発明された世界初のクレジットカードである。

クレジットカードの発明については、アンドリーセン・ホロウィッツでフィンテック領域を見ている同僚のアレックス・ランペルから初めて聞いた。ランペルは記事でこう説明している。

クレジットカードなどの決済機能付きカードは、世界で最も価値の高いネットワークである。この業界の時価総額は1兆ドルを超える。1958年9月18日、すべてはカリフォルニア州フレズノという小さな町から始まった。

当時、ダイナースクラブのような「チャージカード」はあったが、後払いできる「クレジット(信用)」はなかった。消費者にとってクレジットライン(信用枠)は、大手百貨店シアーズのような特定の商店だけで使えるもの、あるいは面倒な手続きを経て初めて利用できるものだった。融資が必要なら銀行に足を運ばなければならなかったのである。[14]

クレジットカードには、消費者、加盟店、金融機関が参加するネットワークがあり、マーケットプレイスと同様にネットワーク効果がある。加盟店にも金融機関にもメリットがあるが、特に消費者にとっては現金を持ち歩かずに買い物ができるので利便性が高い。そしてネットワークが大きくなればなるほど、つまり消費者とクレジットカードを受け付ける店舗が増えるほど、ネットワークの利便性は高まり、ますます加盟店や消費者が参加したくなる。
クレジットカードを発明したバンク・オブ・アメリカは、カリフォルニア州フレズノを最初のテスト地に選んだ。なぜひとつの町だけを対象としたのだろうか。

バンク・オブ・アメリカがフレズノをテスト地に選んだのは、クレジットカードが機能するのに必要な規模である人口25万人を満たしていたことと、なんと45%もの家庭が何らかの形で同銀行との取引があったからだった。[15]

クレジットカードを消費者に届けるため、バンク・オブ・アメリカのプロジェクトを主導していたジョセフ・ウィリアムズはクレジットカードを消費者にばら撒く作戦を決行し、見事成功した。ランベルはこう説明している。

9月18日、バンク・オブ・アメリカはフレズノの住民6万人に「バンカメリカード」を郵送した。申込手続きは必要なく、郵便受けにすぐに使える状態のカードが届いたのだ。加盟店の手数料は6%、消費者の信用枠は300ドルから500ドルに設定してあった。6万人へのばら撒きは賢い作戦だった。送付したその日からカード会員がいるので、銀行は未加盟の商店と交渉しやすくなったのである。シアーズのような巨大商店ではなく、靴屋のフローシャイム・シューズのような意思決定の速い小規模商店にターゲットを絞っていた。そしてまもなくフレズノでは300店以上が加盟店になったのだ。

そしてバンク・オブ・アメリカはわずか3カ月で北はモデストから南はベーカーズフィールドまで顧客基盤を拡大する。1年後にはサンフランシスコ、サクラメント、ロサンゼルスにも進出した。フレズノでクレジットカードを配ってから13カ月で200万枚のカードを発行し、2万の加盟店を獲得したのだ。

この事例のアトミックネットワークは何か。バンク・オブ・アメリカはカリフォルニア州全域で営業していたが、クレジットカード事業は州全域ではなく、シェアが高いフレズノに絞って立ち上げた。短期で決行したことも重要だった。クレジットカードを同日に町の全世帯に郵送した。この方法でネットワークの閾値を超えるほどの利用者を一気に創出したのである。

バンク・オブ・アメリカはクレジットカードを消費者に配り、繁華街の小規模商店というネットワークのもう一方のユーザーを取り込んだ。こうした施策によって、やがて史上最も価値のあるネットワークに成長するクレジットカードの最初のアトミックネットワークが成立したのである。

アトミックネットワークをつくる

「アトミックネットワーク」とは自律するのに必要な最小単位のネットワークだ。アトミックネットワークが成立するには、立ち上げ当初に発生するアンチネットワーク効果に打ち勝ち、自律的に成長できるだけの密度と安定性がなければならない。「原子」にたとえてアトミックネットワークと呼んでいるのは、それが大きなネットワークを構成する最小単位だからだ。アトミックネットワークをひとつ2つ、つくれれば、そこからネットワークを大きくできる。この最小単位のネットワークがすべての原点となるのだ。

スラックのアトミックネットワークは非常に小さい。閾値を超えるのに数人参加するだけでいいからだ。10人以下のチームでも、ユーザーのエンゲージメントを維持できる十分な交流ができる。一方、クレジットカードの場合、ネットワークが機能するには町ごと参加してもらう必要があった。

アトミックネットワークをつくるのは難しく、実現にはあらゆる手を尽くさなければならない。スラックの優れた事例や、マーケットプレイス、SNS、開発者向けプラットフォームなどの成功事例を見ると共通点がある。その多くは直感に反するものだ。ひとつは、あれこれ機能を揃えず、限りなくシンプルに立ち上げていたこと。次は市場規模が小さいといった批判はいったん無視して、最小限のアトミックネットワークを築いていたこと。そして当初はたとえ反復できないほどコストがかかっても、勢いをつけるために「どんな施策もやり尽くした」ことだ。

多くのネットワーク製品は初期の成長戦略に、アトミックネットワークをつくるために重要な短期ブースト施策（「グロースハック」とも呼ばれる）を組み込んでいる。スラックの場合、それは立ち上げ時の新規会員登録を招待制にしたことと、スタートアップコミュニティのアーリーアダプター間でバズらせたことだった。他にも有名な事例にはペイパルによる5ドルの友人紹介キャンペーンや、ドロップボックスのデモ動画などがある。このデモ動画がニュースサイト「ハッカーニュース」で掲載されると、魔法のようなクラウドストレージサービスを試そうと多くの人が殺到した。ウーバーではライドシェアアプリでソフトクリームを注文できる「ウーバーアイスクリーム」というプロモーション施策を実施している。このキャンペーンは地元の新聞やSNSで取り上げられ、ネットワークの拡大に役立った。こうしたグロースハック施策が製品を成長軌道に乗せるきっかけとなった。

アトミックネットワークをひとつつくれれば、後は繰り返しで拡大できる。スラックでは、新しもの好きの部門が社内で定期的に使い始めると、口コミで他の部門にも広がっていった。やがて社員全員が利用するようになると会社が正式な社内ツールとして導入し、有料顧客となる。スラックはこのサイクルを繰り返せばいい。スラックの最初期の顧客はスタートアップ企業だったが、やがてＩＢＭや他の大企業でもアトミックネットワークが形成されはじめた。密度の高いネットワークが社内にできれば、後にその会社は顧客になるのである。

ニッチな市場から始めよ

アトミックネットワークはクレイトン・クリステンセンが提唱した「ディスラプション理論」を補完する概念である。小さなネットワークはニッチな市場から成長し始め、いずれ全体を覆うようになるのだ。a16zの同僚クリス・ディクソンは「次にビッグになる製品は、初めはおもちゃのように見える」というキレッキキレの題名の記事でこう説明している。

革新的なテクノロジーは、初めはユーザーの期待を大きく「下回る」ので、おもちゃだと思われ軽視される。当初の電話は2、3キロ先までしか音声を届けられなかった。それでは主要顧客の企業や鉄道会社の役に立つとは思えなかったので、当時の大手通信会社であるウエスタンユニオンは電話の買収を見送った。ウエスタンユニオンは電話技術とインフラの改善スピードを見誤ったのだ（いわゆる「補完的ネットワーク効果」により、新技術の普及ペースは線形ではない）。大型コンピュータ（メインフレーム）メーカーがパーソナルコンピュータ（マイクロコンピュータ）で見誤ったこと、現代の通信会社がスカイプで見誤ったことと同じである。[16]

ディクソンの主張は正しいが、ターゲットについても付け加えておきたい。初めのターゲットは劇的に絞った方がいい。ニッチな市場をがっちり押さえたアトミックネットワークを確立し、そこから成長させるということだ。言葉を換えるとこうなる。

次にビッグになる製品は、初めはニッチ市場向けに見える。

初期のネットワーク製品はおもちゃ、それもニッチ向けのおもちゃに見えるのだ。だからこそネットワーク製品は過小評価されやすい。初めは10代の若者やゲーマーといったニッチユーザーの間でアトミックネットワークが形成され、徐々に話題になる。この段階ではメインストリームに受け入れられるかは不透明だ。しかしネットワークがさらに広がると認識が変わる。多くの人は自分が最初のターゲット層ではないから、当初はその価値に気づけないのである。

このように新製品を過小評価する間違いがテック業界ではよく起きる。これは成功しない、ウケない、市場規模が小さいと業界人は批判するかもしれないが、数年後に間違っていたのは批判した方だったと判明することがよくある。自分自身、友人、同僚と接点のない製品は理解しづらい。だから、間違った判断をしてしまうのだ。実際、製品の当初の市場規模は小さいだろうし、知り合いが使っていない限り、どう使うのかをうまく想像できない。成長過程で製品が変わるのではなく、自分と関わりのあるところまでネットワークが広がると、製品の見え方が変わるということなのだ。

アトミックネットワークの選び方

アトミックネットワークを立ち上げる際は、どんなネットワークから始めるべきか見当をつけよう。最初のアトミックネットワークは、おそらくあなたが思うよりずっと小さい。大規模なユーザー層、特定の顧客セグメント、都市などではなく、ある瞬間的なニーズを抱える数百人といったピンポイントの対象である。

ウーバーもそうだった。今では「サンフランシスコ」や「ニューヨーク」など都市単位の市場の話をすることが多くなったが、最初期は「午後5時、通勤列車カルトレインの5番ストリートとキングストリートの駅前でタクシーに乗りたい人」と、かなり細かい瞬間的なニーズを狙っていた。ウーバーのゼネラルマネジャーとドライバーオペレーション部門はこうしたニーズを捉えるために、当時流行っていたリアルタイムストラテジーゲームにちなんで名付けた「スタークラフト」という社内ツールを活用していた。このツールで、登録ドライバーのグループを選択し、「駅前に向かって！　お客さんがたくさんいる」とリアルタイムでメッセージを送って誘導する。

そうして乗客の依頼を満たせるようになったら、次は都市を10キロメートル四方で区切ったひと区画にネットワークを広げた。それもできたら今度はイーストベイやシリコンバレーの郊外などにもネットワークを広げる。こうして市場を広げ続けると数年後にはEMEA（欧州、中東、アフリカ）やAPAC（アジア太平洋地域）のような広域市場や国単位の話になるというわけだ。初期の段階では的を絞ってできる限り小さなネットワークを成立させることが重要である。

ビジネスで「市場」「セグメント」「人口統計」といえばたいてい数百万人規模の話になる。だが、新しいネットワークの立ち上げで大事なのは、特定のニーズ、状況、タイミングに当てはまるひと握りの人たちに的を絞ることだ。これはマッチングアプリにもマーケットプレイスにも、職場向けプロダクトにも共通して言える。たとえば、「チェース銀行で第2四半期の計画を立てる部門向け」くらいの粒度で的を絞ることが重要なのだ。

アトミックネットワークの成立に必要な人数が多い製品ほど、立ち上げは難しくなる。電話、スナップチャット、ビデオ会議のズームといったネットワーク製品が必要とするユーザー数は非常に少ない。だから他の製品より立ち上げはずっと簡単だ。新規登録ユーザーがネットワーク内に友人を見つけられる、あるいは友人を招待できればサービスは機能する。ユーザーが離れづらく、素早く成長するのも当然だろう。しかし、よいことばかりでもない。立ち上げが簡単ということは、競合他社も似たサービスを立ち上げたり、既存製品に組み込んだりしやすいというわけだ。大規模製品がどれもチャットやメッセージ機能を備えているのは、これが理由だ。

では、アトミックネットワークに必要なユーザー数が多い製品はどうすべきだろうか。正式に企業に導入されないと価値を発揮できない財務人事管理ツール「ワークデイ」など法人向け製品はどうしているのか。このような製品がバイラルで成長するのは極めて難しい。数人が同時に参加しても機能しないからだ。数百人の社員に一斉にプラットフォームを使い始めてもらわなければならない。全社的な調整が必要となるだろう。そのような場合はトップダウン型の法人営業を展開し、導入企業に社員全員に利用を義務付けてもらうのが効果的かもしれない。

都市ごと、キャンパスごと、チームごとにネットワークを広げるのは驚くほど強力な戦略になる。口コミで成長したサービスではユーザー同士が密につながっているので、ネットワーク効果が強く現れる。新規登録したユーザーは既存ユーザーから知り合いを見つけられる可能性が高まり、エンゲージメントが向上する。すでに友人や同僚が使っていたら、新規登録のハードルは低く、バイラル成長が促進されるのだ。

バンク・オブ・アメリカのクレジットカードの例では、都市ごとにネットワークを築いた。そのおかげで消費者は地元の店舗で新しい決済方法をすぐに利用できた。逆に特定の業界や地域全域でクレジットカードを普及させようとしたら、焦点が分散し、アンチネットワーク効果が働いて失敗していたかもしれない。1000人の無関係の人たちが使うネットワークの継続率は、同じ会社の社員1000人が使っているスラックのネットワークの継続率より低くなるのと同じだ。

アトミックネットワークの力

アトミックネットワークをつくるという手法が強力なのは、ひとつつくれれば同じ施策を繰り返して規模を拡大できるからだ。そして機能しているネットワークと隣接するネットワークは取り込みやすくなるため、どんどん広げやすくなる。ある会社がスラックを導入すると他の会社でも導入されやすくなるのは、接点のある社員同士が便利なツールを教え合うからだ。初期のフェイスブックによる大学ごとのサービス立ち上げが回数を重ねるごとに簡単になったのは、他大学の学生が友人からフェイスブックについて聞き、使いたがったからだ。いくつかアトミックネットワークをつくれれば、同じ手法でネットワークをコピペするように広げられるのである。

とはいえ、そもそも最初のアトミックネットワークをつくるにはどうすればよいのだろうか。なぜアトミックネットワークの構築はこんなに難しいのか。これの疑問に答えるためにまずは、ネットワークが機能するために満足させなくてはならない重要なユーザー層について説明しよう。

07 ハードサイド ウィキペディアの事例

The Hard Side — Wikipedia

ネットワークの最初期から、重要な法則が働いている。ごく一部のユーザーが大きな価値を生み出し、力を持つようになるというものだ。そして時間の経過とともに、この傾向は強まっていく。

そのユーザーとは、ネットワークの「ハードサイド」のユーザーだ。多くの労力を割いてネットワークに貢献してくれるが、彼らを集め、定着させるのは難しい。SNSのハードサイドのユーザーとは、コンテンツを生み出すクリエイターのことだ。アプリストアなら実際に配信されるアプリを制作する開発者、職場向けアプリなら同僚と共有できるよう書類やプロジェクトの作成・管理をする担当者、マーケットプレイスなら継続的に製品やサービスを販売する売り手や出品者のことだ。

ハードサイドのユーザーが誰なのか自明な場合もあるが、わかりづらいこともある。たとえば大規模求人情報サイトのハードサイドのユーザーは、通常のマーケットプレイスと逆であることが多い。売り手である人材は比較的獲得しやすく、人材を採用したい企業、つまり買い手がハードサイドになるのだ。

1種類のユーザーだけのネットワークだってあると思うかもしれない。確かに、メッセージアプリやSNSは業界内で「ワンサイドネットワーク」と呼ばれている。とはいえ、そうした製品にも会話を始めたり、イベントを企画したりする外向的で活動量の多いユーザーと、そうでないユーザーがいる。どのネットワークにも積極的に製品を活用する少数ユーザーがいるのである。ネットワークを機能させるにはこうしたユーザーに満足してもらわなければならない。うまくいくと、研究者がよくいう「クロスサイドネットワーク効果」が発生するようになる。つまり、ネットワークの一方のユーザーが増えると、もう一方のユーザーにも恩恵がある状態だ。ウーバーの場合、ドライバーが増えれば乗客の乗車料金が下がって待ち時間が短くなる。逆に乗客が増えれば、ドライバーは稼ぎやすくなるというわけだ。

だから、ハードサイドのユーザーを獲得して満足させることが、アトミックネットワークの立ち上げに重要なのである。では、ハードサイドのユーザーが使い出す動機を理解するために、世界最大級のネットワーク製品であるウィキペディアの事例を紹介しよう。

ボランティアがつくるウィキペディア

ウィキペディアは最大級のウェブサイトのひとつだ。月によるが、たいてい人気サイトの上位8位か9位に入っている。イーベイやリンクトイン、さらにアマゾンやネットフリックスよりも上である。幅広いジャンルの記事を収録しているウィキペディアの月間ページビュー数は180億、ユニークビジターは5億人以上だ。そして記事を書く編集者のユーザーと、記事を読む閲覧者のユーザーがいる。2001年の設立以来、編集者の大きな貢献により、ウィキペディアの収録記事数は5500万以上になった。ウィキペディアは、百科事典と自社サイトとを比較した数字を公開している。

現在、英語版ウィキペディアだけで、記事の長さを問わず合計すると630万8342以上の記事がある。英語以外の全言語のウィキペディアの規模は、英語版ウィキペディアよりはるかに大きい。309言語のサイトには約5500万の記事があり、単語数の合計は290億以上。英語版ウィキペディアだけでも単語数は39億を超え、これは120巻ある英語版ブリタニカ百科事典の約90倍に相当する[17]

すごいのは、5500万を超えるウィキペディアの全記事が、少数の編集者によって作成されている点だ。ほんのひと握りの編集者と言った方が的確かもしれない。利用者は何億人もいるが、月に1回でも編集するユーザーは約10万人しかいない。さらに月に100回以上記事を編集するユーザーはわずか4000人。閲覧者数に対する編集者の比率はわずか0・02％だ。

編集者がウィキペディアで記事を書く動機について考えてみよう。スティーブン・プルイットはウィキペディアの編集者だ。米国税関・国境警備局の記録・情報担当官を務める傍ら、空いた時間に編集している。といっても、パートタイムの仕事かのように打ち込んでいる。米国のニュース番組「CBSニュース」が英語版ウィキペディアを最も編集した編集者としてプルイットを取材したのは2019年のことだった。

スティーブン・プルイットはウィキペディアを300万回近く編集し、3万5000もの記事を執筆した。その結果、多くの賞賛を集め、ネットの伝説的な存在になったのである。

プルイットはウィキペディアの全英語記事の3分の1の編集に携わっており、タイム誌は「インターネット上で最も影響力のある人物」のひとりに選出した。プルイットがこのような偉業を成し遂げられたのは歴史への情熱があったからだ。彼は本や論文などを参考にしながら1日に3時間以上を調査と編集、執筆に費やしている。[18]

プルイットは、ウィキペディアでいくら稼いでいるのだろうか。ゼロだ。ボランティアで記事を書いている。それで1日何時間もウィキペディアを編集するなんて信じられないかもしれないが、ユーザー生成コンテンツを扱う製品ではほんの一握りのユーザーが大部分を生み出していることが多い。

イージーサイドとハードサイド

ハードサイドのユーザーは、商品の掲載、プロジェクト管理、コンテンツ作成など手間がかかることをたくさんする。当然、見返りとして金銭的な報酬や評価を期待するし、競合他社の製品も積極的に試して比較する。だからハードサイドのユーザーは製品への期待値が高くなるし、彼らを惹きつけ、定着してもらうのは難しいのである。

とはいえ、ハードサイドのユーザーこそがネットワークの価値を生み出す源泉だ。極端な例を挙げよう。ゲーム関連企業「バルブ」はゲームの購入やダウンロードができるプラットフォーム「ストリーム」を提供している。ストリームにはハードサイドとイージーサイドの2種類のユーザーがいるが、ハードサイドはゲーム開発者である。人気上位のゲーム開発者は、何千万ドルもの資金と何百人もの労力を注ぎ込んで数百万回ダウンロードされるゲームを制作している。

これほど極端ではないにしろ、ウーバーでも同じパターンが見て取れる。最も稼ぐドライバーは平均的なドライバー（パートタイムで運転する人が多い）の何倍も働いている。もちろんドライバー間の収益の差はコンテンツやアプリのようなデジタル財の売買プラットフォームほど大きくはない。いずれにしても、ゲーム開発者やドライバーというハードサイドのユーザーは、イージーサイドのユーザーである消費者より多くの手間をかけている。一方、消費者は獲得コストが低く、利用率も維持しやすい。

ハードサイドのユーザーは非常に重要なため、サービスの立ち上げ当初からハードサイドにどんな価値を提供できるか考えておこう。成功する製品は次のことを熟考している。ハードサイドのユーザーはどんな人たちで、どのようにこの製品を使いたいのか。どんな価値を提供できるのか（そしてその結果イージーサイドのユーザーはどんな恩恵を受けるのか）。ユーザーはどのような経緯で製品を知るのか。ネットワークの拡大に伴い、ハードサイドのユーザーの利用率やエンゲージメントが高まる要素はあるか。ネットワークから離れづらくなる要素はあるか。つまり競合製品が現れたときに留まる理由は何かということだ。これらの問いは難しく、答えるにはユーザーが使う動機をよく知る必要がある。

ハードサイドのユーザーの動機は製品の分野ごとに異なる。コンテンツクリエイターとマーケットプレイスの売り手、職場向けコラボレーションツールのユーザーの動機が違うのは当然だ。ユーザーの動機を多面的に捉えることで、どんなサービスを提供すればよいかが見えてくる。

1／10／100の法則

コンテンツクリエイターはコンテンツの作成、共有、消費するネットワーク製品の中核だ。毎月何十億人ものアクティブユーザーが利用しているティックトック、ツイッチ、ユーチューブ、インスタグラムといった世界最大級かつ急成長中の製品が彼らに支えられている。先に挙げたウィキペディアもこの分野の製品だ。

グーグルのプロダクト担当バイスプレジデントを務めるブラッドリー・ホロウィッツは「クリエイター、シンセサイザー、コンシューマー」というよく読まれた記事の中で、1％のクリエイターとそれ以外のユーザーの関係性についてこう指摘している。

■全ユーザーのうちわずか1％のユーザーがグループ、あるいはグループ内のスレッドを立ち上げる。

■全ユーザーのうち10％のユーザーが積極的に活動し、スレッドを立ち上げたり、進行中のスレッドに返信したりする。

■全ユーザーの100％がこうした活動の恩恵を受ける（コンテンツを見るだけのROM専がほとんど）。[19]

これは「1／10／100の法則」と呼ばれ、エンゲージメントの高い1％のユーザーがいかに貴重な存在かを示している。ユーチューブ、インスタグラムなどのコンテンツ共有プラットフォームの場合、投稿者とエンゲージメントの関係は「べき分布」になる。つまり、20%の人気インフルエンサーとコンテンツクリエイターがエンゲージメントの大部分を創出するということだ。トップ層が何百万人ものフォロワーを惹きつけ、何千万回ものビューを生み出すコンテンツをつくっているのである。

なぜこのようなことが起きるのだろう。スナップCEO兼共同創業者のエバン・スピーゲルはスナップ、インスタグラム、ティックトックの違いについてこう投稿している。

インターネットやコミュニケーション技術をピラミッドで表すと、ピラミッドの底辺、つまり土台になっているのは「自己表現とコミュニケーション」だ。スナップチャットの本質はここにある。友達と話す──これは誰もが無理なくできることで、自分の気持ちが軸にある。

ピラミッドのひとつ上の層の本質は「ステータスの顕示」だ。ここに位置するSNSの意義は、ステータスの表現。つまり自分らしいスタイルやかっこいいところを見せたり、「いいね！」やコメントをもらったりとかそういうことだ。これは全員がしたいわけではないので、製品の魅力が伝わる人は少なくなる。またエンゲージメントの頻度が限られるのは、投稿できるようなクールなことが毎日はなく、週に1回とか月に1回くらいしかないからだ。

ピラミッドの頂点にあたる層の代表格はティックトックで、その本質は「才能の表現」にある。何時間もかけて新しいダンスを覚えたり、独創的な面白い表現方法を考えたりできる人たちが集まっているんだ。ユーザーは人を楽しませるメディアをつくっている。そしてこれができる人数はもっと少ない。[20]

つまり人は才能の表現、ステータスの顕示、コミュニケーションといった精神面の欲求を満たすためにそれぞれに適したコンテンツをつくっているということだ。外出先で自撮りし、一定時間後に消える写真をスナップチャットで友達に送るのは簡単で誰にでもできる。けれど、ティックトックのために何時間もかけてダンスを覚えるのはそうではない。ネットワークのハードサイドになるほど、参加できるユーザーは少なくなるのだ。

スナップチャットの提供価値は友達と連絡を取り、関係性を深めていくというシンプルなものだ。それが効果的にできるからスナップチャットを利用している。他のプラットフォーム、特に動画や写真を広く配信するタイプのSNSの提供価値は、ステータスの顕示にある。どうりでインスタグラムのフィードは旅先やクルマ、コンサート、筋トレなどの写真であふれているわけだ。そして「いいね！」やシェア、コメントといった反応があると「ソーシャルフィードバックループ」が生まれ、ユーザーはその虜となる。他者からの心地よい反応は、クリエイターがもっとコンテンツをつくろうという動機になる。

ソーシャルフィードバックループはSNSに限らず、あらゆる製品に存在している。ワッツアップでグループチャットを立ち上げる人、イベントブライトでイベントを企画する主催者、ニュースレターを発行するライター、イェルプでお気に入りのレストランをまとめるレビュアー。どれも皆ソーシャルフィードバックループが活動のモチベーションになっている。自社製品のユーザーが「コンテンツを投稿したのに誰にも見てもらえなかったらがっかりするか」と考えてみよう。答えが「イエス」なら、ソーシャルフィードバックが大事な提供価値になっている。機能的なツールと投稿を見るユーザーとネットワークの組み合わせがハードサイドのユーザー獲得に重要なのである。コンテンツクリエイターが何よりも重要だ。

とはいえ、コンテンツクリエイターはハードサイドのユーザーの一例に過ぎない。マーケットプレイス、職場向けコラボレーションツール、マルチプレイヤーゲームなど他のカテゴリーにもハードサイドは存在する。そしてユーザーのモチベーションはカテゴリーによって異なる。マーケットプレイスの売り手なら売上がモチベーションになるだろうし、ゲームならステータスやプレイの面白さを求めているかもしれない。いずれにしても、製品のメッセージ、機能、ビジネスモデルのすべてでハードサイドをもてなすことが重要である。ハードサイドのユーザーがいなければ、アトミックネットワークは機能しない。SNSはクリエイターなしには成立しないし、マーケットプレイスも売り手なしでは成立しないのである。

ウィキペディアのハードサイドはごく少数の編集者

ウィキペディアのハードサイドは少人数で成り立っている。たった0・02%の意欲的なユーザーが大部分のコンテンツをつくっているのだ。1／10／100の法則どころではない。だからこそウィキペディアにとってコンテンツをつくる編集者の獲得と定着は重要な課題になる。

編集者がウィキペディアを編集する動機は、いったいなんなのだろうか。報酬は支払われないから、経済的な理由ではない。利便性でもないだろう。記事を書くのに便利な方法は他にもたくさんある。「暇つぶし」と結論づけるのは簡単だが、多分そういうことでもない。

本章で紹介したフレームワークを使って、もう少し論理的に考えてみよう。インスタグラムやユーチューブのコンテンツクリエイターと同様、ウィキペディアの編集者もおそらくコミュニティからある種の利益を得ているのではないだろうか。ソーシャルフィードバックやステータスの顕示が、記事を書き続けるモチベーションになっているということだ。編集者は自分たちを「ウィキペディアン」と呼んでいる。考えられるのは、編集者はある題材についてしっかり網羅した記事を書き、メンテナンスすることで自身の専門性を示せるということだ。コミュニティからほめられ、感謝されれば、ステータスが上がる。誰かが書いた記事の修正や編集も一種の評価と満足感につながるはずだ。また編集者同士のチームワークや仲間意識が生まれる。こうしたことが何年にも渡って編集者が活動し続ける理由となっているのではないだろうか。「ウィキペディアン」のスティーブン・プルイットは普段、平凡な仕事をしているかもしれない。けれど、平日の夜や週末は世界最大級のウェブサイト有数の編集者になれるのだ。

ウィキペディアに限らず、アトミックネットワークをつくりたいならハードサイドのユーザーを理解しなければならない。ハードサイドなしにネットワークは成立しない。ハードサイドのユーザーは最初に獲得したい最重要ユーザーであり、サービス開始初日からどう惹きつけられるか考えておくことが重要である。

ハードな問題を解決する

ティンダーの事例

Solve a Hard Problem — Tinder

08

最初のアトミックネットワークをつくる上で最も難しいのは、ハードサイドのユーザー獲得である。新しい動画配信プラットフォームなら動画クリエイターを、マーケットプレイスなら売り手を、職場向けアプリなら社内のプロジェクトマネジャーを獲得しなければならない。イージーサイドのユーザーは後からついてくるが、ハードサイドはそうはいかない。

さて、どうすれば獲得できるだろうか。

答えは、ハードサイドのニーズを満たす製品をつくることだ。ここでは古代から人類を悩ませてきたパートナー探しの問題を効率的に解決するために進化したマッチングアプリを例にとろう。マッチングアプリには多くの人が参加するほど出会いの確率が高まるというネットワーク効果があり、都市から都市に広まっていった。けれども、初期のマッチングアプリの体験は、特にネットワークのハードサイドのユーザーにとってあまりよいものではなかった。

多すぎるラブコール問題

マッチングアプリは1990年代初頭、ウェブが登場してすぐに発明された。当時は新聞広告のようなプロフィールが大量に並ぶリストと、興味を持った男女がお互いにメッセージを送る機能があるだけだった。マッチドットコムやジェイデートがこの分野で成功した先駆者である。こうした製品の体験は素晴らしくはなかったが、ある程度機能した。

体験があまりよくなかったのは、人気のある会員、特に女性側に大量のメッセージが集中し、返信が大変になったからだ。現実のバーやクラブで魅力的な男性や女性に声をかけようと列ができていたら、何人かは諦めるかもしれない。しかしオンラインではわからない。返信が来ないので、ユーザーは面白くなかった。

マッチングアプリの人気ユーザー、つまりハードサイドは女性会員だ。数年後、イーハーモニーやオーケーキューピッドといった第2世代のマッチングアプリが登場する。これらの製品はクイズやアルゴリズムで誰がどの程度マッチングするかを調整している。女性にはできるだけぴったりな相手とマッチさせつつ、メッセージが殺到しないようにしたのだ。その結果、男性側も返事をもらいやすくなり、出会いがメッセージのコピペ作業のように感じてしまう状況を防げるようになった。

第3世代のマッチングアプリが登場したのは、モバイルアプリが爆発的に普及し始めた2012年頃。ティンダーに代表されるこの世代のアプリは、ネットワークのハードサイドのユーザー体験をさらに改善している。どう進化したのか、ティンダーの共同創業者ショーン・ラッドに聞いた。

以前のマッチングアプリは、まるで仕事のようだった。ユーザーは昼間も家に帰ってからもメールをしている。相手が会社の同僚から恋人候補になっただけだ。ティンダーはマッチングを楽しくした。登録するのにたくさんのフォームを埋める必要はない。視覚的で、スワイプするだけ。列に並んでいる5分といった隙間時間にもできる。一種のエンターテインメントなんだ。[21]

もうひとつの問題は、大量のメッセージにどう対処するかである。現実では恋人候補とは友人の紹介や、職場や学校といった特定の場所で知り合うので、人数はある程度絞られる。マッチングアプリの場合も、人気ユーザーには相手を絞るための追加情報が必要だった。ティンダーはフェイスブックと連携して対応している。この連携はユーザーの安心感にもつながったとラッドは説明する。

ティンダーではユーザー全員にフェイスブックアカウントとの連携を求めた。それでマッチした相手との共通の友達の数を表示できるようになったんだ。これはユーザーの安心感にもつながった。また、スマホのGPSの位置情報を活用し、近くにいる人とだけマッチングできるようにした。つまり、マッチする相手は共通の友人がいて、なおかつ近くに住んでいる人物。リアルでも出会う可能性が高い人たちだ。自分のプロフィールが友達に表示されたり、友達のプロフィールが自分のところに表示されたりする心配も、フェイスブックとの連携で解消できた。これらすべてがユーザーの安心感につながっている。さらに、ティンダーにはメッセージ機能があるので電話番号を教える必要もない。会話が盛り上がらなければマッチを解除するだけでいいので、嫌がらせを受ける心配もないんだ。

スワイプの仕組みも、ユーザーに負担を感じさせないように設計してある。男性は女性のプロフィールの約半分（正確には約45％）を右スワイプ（興味を示すため）するが、女性側はわずか5％しか右スワイプしない。その結果、女性はたいてい自分が選んだ男性とマッチできるのだ。話し相手が多すぎると感じたら、しばらくスワイプをやめて既にマッチした相手とのメッセージを楽しめばいい。こうした対応でティンダーはハードサイドのユーザー体験を改善し、コールドスタート問題を解決したのである。

マーケットプレイスのハードサイドは供給側

マーケットプレイスでは、売り手が重要であることが多い。私はライドシェアというマーケットプレイスのハードサイド、ドライバーの扱いの難しさを体験した。ウーバーではどの市場でも、供給側のおよそ20％を占めるドライバーが配車依頼の60％を引き受けていた。「パワードライバー」と呼ばれるそうしたユーザーはウーバーにとって超重要であり、事業の要であった。

マーケットプレイスにとって、ハードサイドのユーザーはたいてい「供給側」である。つまりプラットフォーム上で時間、商品、労力を提供し、利益を得たい個人や中小企業だ。たとえば、副業でコレクター品を出品したり、コーチングのセッションなどを提供したりしている人たちである。彼らは時間給のアルバイトをする代わりにプラットフォームを利用して副収入を得ている。米国にはこのような働き方をする人が８０００万人近くいる。その多くは郊外に住み、毎年の売上が横ばいの小売業に従事している。マーケットプレイスは彼らの副収入の手段となっているのだ。

マーケットプレイスの「コールドスタート問題」を解決するには、まずクリティカルマスに到達するだけの供給側のユーザーを集めなければならない。イーベイならコレクター品の売り手、エアビーアンドビーなら部屋を貸し出したい人たちだ。ユーチューブの場合は動画制作者だろう。ギットハブなら名が知られているオープンソースプロジェクトや開発者かもしれない。

ネットワークの供給側が集まったら、次は需要、つまりネットワークの大部分を形成する消費者を集める。需要側が集まると、また供給側を増やす必要が出てくる。たいていの消費者向けマーケットプレイスでは、「供給側、需要側、供給側、供給側、供給側」の順番でユーザーを集める。最初はボーナスを出すなどして簡単に集められるかもしれないが、そのコストはやがて事業のボトルネックとなる。ネットワークのハードサイドは、その名が示す通り増やすのが難しいのだ。

ウーバーはドライバー集めにさまざまな施策を講じた。当初は自治体から許認可を受けていて、法規制上問題になりづらい送迎サービスやリムジンサービスを集めていた。ところが競合サービスの「サイドカー」が、許認可を受けていない一般人をドライバーとして採用するというイノベーションを起こし、業界に激震が走ったのである。この「ピアツーピアモデル」をすぐに競合のリフトとウーバーも取り入れ、やがて何百万人ものライドシェアドライバーを生み出すこととなった。サイドカーの共同創業者兼CTO（最高技術責任者）のジャハン・カンナは、ピアツーピアモデルが生まれた経緯についてこう話している。

誰でもドライバー登録ができるようにすれば、ものすごいことになるとわかっていた。ドライバーが増えれば乗車料金は安くなり、待ち時間も短くなる。以前から何度も会議でこの案が出ていたが、法規制と照らし合わせて実現可能かどうかが必ず議論になった。このモデルで当局によってすぐに閉鎖されたケースがないか色々調べたところ、リン・ブリードラブという人物がサンフランシスコで運営している「ホモビル」というサービスにたどり着いたんだ。[22]

意外にも、ライドシェアのモデルは投資家が支援するスタートアップではなく、非営利団体「ホモビル」の発案だった。この団体はベイエリアのＬＧＢＴＱコミュニティで有名なリン・ブリードラブが主宰しており、ＬＧＢＴＱコミュニティのメンバーの安全と交流のため、メンバー同士がカンファレンスやバー、娯楽施設、医療施設に行く交通手段を提供するライドシェアサービスを展開していたのだ。

ホモビルは独自のニッチなネットワークを築いていた。１００人のボランティアのドライバーにテキストメッセージで運転を依頼する。料金は寄付という形で支払われ、ドライバーは働いた時間分の対価を渡された。ホモビルは２０１１年頃からサービスを展開している。ウーバーＸが登場する数年前のことだ。そしてホモビルのモデルは、後に１０００億ドル以上の売上を叩き出す業界の屋台骨となる。サイドカーの事業モデルはホモビルのサービスとほぼ同じだが、違いはアプリで提供する点だ。ライドシェア市場はこうしてスタートを切ったのである。

平日夕方と週末のエネルギーを引き出せ

ホモビルとティンダーから得られる学びは、ハードサイドのユーザーの満たされていないニーズを見つけることが重要ということだ。それには、趣味や副業に注目しよう。

コンテンツクリエイター、アプリ開発者、商品の売り手、パートタイムのドライバーなどがハードサイドのユーザーの例である。こうした人たちは賢く、やる気があり、新しい製品を試して何らかの形で価値を生み出したいと考えている。リナックスやワードプレス、MySQLなど今のインターネットを支える技術を構築したオープンソース運動に加わっている開発者も同じだろう。世間の欲しがる商品を販売することで会社を立ち上げたり、雇用を生み出したりしている何百万人ものイーベイの売り手もそうだ。インスタグラムやユーチューブなどのSNSも、旅行やイベント、建築、美しい人々などを撮影する数え切れないほどのアマチュア写真家や動画制作者によって支えられている。

人々の平日の夕方や週末の活動には、時間とエネルギーが秘められているのだ。これをうまく引き出せば、ハードサイドのユーザーを獲得できる。

人気サービスを見てみると、時間や遊休資産を持つ人たちのネットワークが土台にあることがわかる。たとえばウーバーは、通勤やたまの外出以外ではあまり使っていない自動車を活用するネットワークだ。エアビーアンドビーは普段は使わないゲストルームや別荘に加え、ホストの時間と労力の上に成り立っている。クレイグスリストとイーベイは、「ガラクタ」と見えるものに価値を見出してくれる新しい持ち主へと引き継ぐためのネットワークである。

ハードサイドのユーザーが特定のネットワーク製品を使い続けるのは、そこに需要があるからだ。よいネットワーク効果によってつなぎ止められているとも言える。

ここでのアドバイスはハードサイドのユーザーを細分化し、満たされていないニーズを探してみることである。メイク法やガジェットの紹介動画を制作する熱心なサブコミュニティがあるなら、専用の販売機能を開発するといいかもしれない。あるいは、その週の「#なんとかチャレンジ」といったお題に沿ったコンテンツの制作を楽しむアマチュアユーザーには、基本機能の揃った動画編集ツールを提供すると喜ばれるかもしれない。また、遊休資産を活用するネットワークには、週末にオンラインで取り組める別の副業に挑戦したいというニーズがあるかもしれない。今はニッチな市場に見えるかもしれないが、エコシステム全体の価格帯を上げるヒントはそういったところにある。

まずはニーズが満たされていない特定の顧客層に焦点を当てるということだ。一見すると魅力的な顧客には思えないかもしれないが、クレイトン・クリステンセンのディスラプション理論を思い出してほしい。多くのネットワーク製品はまず低価格帯（ローエンド）で「そこそこ」の機能を提供し始め、徐々に中価格帯に進出し、やがて既存企業が支配する大きな市場を飲み込んで業界を一変させた。近年ではこの逆の手法をとるところも増えている。ウーバーやメールサービスの「スーパーヒューマン」は高価格帯（ハイエンド）の製品として打ち出し、そこからローエンド市場を取り込んでいる。

ディスラプション理論とネットワーク効果を合わせて考えると、なぜそうなるのかがわかる。アトミックネットワークはニッチなローエンド市場で形成される場合が多い。そしてアトミックネットワークが成立すると、ハードサイドのユーザーは商品やサービスを拡充し、市場全体の価格帯が上昇する。すると次第にハイエンド側のユーザーも惹きつけられ、供給側はさらにハイエンドの商品を提供するようになるのだ。これが繰り返される。エアビーはマットレスの貸し出しから始まったが、しばらくすると自宅の一室やアパートの一部屋を貸し出す人が増えた。供給側の質が高まると、ハイエンドの需要を引きつけ、掲載物件もどんどんハイエンドに寄っていく。今では高級ペントハウスからブティックホテルの一室まで多数掲載されているのはこの結果だ。

ネットワーク効果にはある産業を丸ごと変えてしまう力がある。ローエンドから始まったアトミックネットワークは、時間をかけてゆっくりと勢いをつけ、やがてハイエンドまで扱うようになるのだ。

マッチングアプリのハードサイド

話をマッチングアプリに戻そう。ネットワーク製品であるマッチングアプリは、恋愛という文脈で男女のユーザーを結びつけている。そういう意味でティンダー、バンブル、マッチ、イーハーモニー、ホットオアノットをはじめとするマッチングアプリは、古代からの人々の活動を反映したものと言えるだろう。趣味やアマチュアの仲人として、独身の友人同士を紹介する人は多くいるしニーズはあるが、うまく仲介するにはスキルが必要だ。現代の出会いはデジタル化した。マッチングアルゴリズムが導入され、短時間で何千人ものプロフィールをスワイプでき、リアルタイムでメッセージを送れるようになった。

マッチングアプリで重要なのは、こうした機能が登場したことでハードサイド、つまり人気ユーザーを惹きつけ、定着させやすくなったことだ。マッチングアルゴリズムで同じくらい魅力的な相手と出会えるようにし、プロフィールにはカエルと王子様を見分けるための情報を掲載している。アプリ内メッセージ機能もハードサイドのユーザーの要望に応え、いつでも会話から抜け出せる。このような機能がなければ人気ユーザーは製品から離れ、ネットワークは劣化して他のユーザーの体験も悪化してしまうのである。

どのネットワーク製品もハードサイドへの提供価値を見つける必要があるが、それ以外のユーザーに対してはどうだろうか。ハードルは高いが、どんなユーザーにも素晴らしい体験を届けなければならない。それには「キラープロダクト」が必要だ。

09 キラープロダクト ズームの事例

The Killer Product — Zoom

「ズームを立ち上げた当初、周りからはひどい事業アイデアだと言われたよ」。ズームのオフィス近くにあるレストランで同社のCEOエリック・ユアンとテーブルを囲み、地中海料理を食べながら話を聞いた。ユアンは初期のズームについてこう話している。

ズームはもともとサースビーという名前だった。立ち上げたとき、友人やエンジェル投資家にピッチ資料を送って出資を頼んだんだ。知り合いの多くは、どんな事業かは気にせず、僕を知っているからという理由で出資してくれた。逆に資料を見た人たちはこの事業はダメだと言い、出資してくれなかったよ。[23]

ともあれ、それから数年でズームは大ヒットする。事業アイデアは重要だ。ここまでアトミックネットワークのつくり方を説明してきたが、サービスの核となる事業アイデアについては語っていなかった。ネットワーク製品でよい事業アイデア、悪い事業アイデアとはどんなものだろうか。そしてなぜズームはよいアイデアには見えなかったのか。

ズームが創業したのは2011年のことだ。それから10年後の2021年、新型コロナウイルスによるパンデミック下で、ズームはリモートワークに必要不可欠なツールとなった。あっという間の出来事だった。2019年末の年間ユーザー数は1000万人だったが、数カ月後には3億人へと急拡大し、同社の評価額は900億ドルにまで跳ね上がった。

ウーバーがズームの初期の大口顧客だった関係で、私はウーバー時代にユアンと知り合い、度々ランチやお茶をしている。製品があまりによかったので話をしたかったのだ。何万人もの従業員を抱えるウーバーは、世界各地のチームが協力して仕事をするためにズームを活用していた。社員は国やオフィスを問わず（私自身はシドニー、アムステルダム、ニューヨーク、サンフランシスコにいることが多かった）、会議室や社内の共有スペースで開催予定のズーム会議を確認できる。オフィスの壁に取り付けられたｉＰａｄの見慣れた青い背景の上に会議予定の一覧が表示されているのだ。ズームはウーバーになくてはならないものだった。

それなのに、ズームの事業アイデアを聞いてもピンと来る人が少なかったのはなぜなのか。「シンプルすぎる」ように見えたことが理由だとユアンは言う。ウェブエックス、ゴーツーミーティング、スカイプなどがすでにテレビ会議市場を席巻していて、それらをもっと便利にしたサービスは成功する事業アイデアに見えなかったという。競合サービスより多くの機能があったわけでもない。

とはいえ、結局一番重要だったのは「これは使える！」と感じる製品体験だった。ズームの提供価値は誰でも簡単にテレビ会議ができることだ。そして製品自体がチームと企業間のネットワークを強化している。専用コードや電話番号を入力せずとも、リンクをクリックするだけで会議に参加できる。映像も高画質だ。ある会社の社員が何人か使い始めるとすぐに同僚の間で広がった。さらにズームを使うベンダーやコンサルタントのネットワークもできた。つまり、非常に気軽に使える設計によって、強いネットワーク効果が発生したのである。このため新規ユーザーを取り込みやすく、継続的な利用を促進できた。ズームはキラープロダクト自体にネットワークを拡大する仕組みが備わった製品である。そして製品とネットワークはお互いを強化する形で深く結びついていた。

シンプルな使い勝手は競争優位になると、言うのは簡単だ。顧客はどんどん追加機能を求めるし、競合他社はより多くの機能を用意している。それでもネットワーク製品で重要なのは「ひとつのことを完璧にできる」ことなのである。

ネットワーク製品と従来のソフトウェアとの違い

ネットワーク製品が提供する体験は、他のソフトウェアとは根本から違う。従来の製品で重要なのは使い勝手だが、ネットワーク製品で重要なのはユーザー同士の交流がもたらす体験にある。また、従来製品は便利な機能を追加して利用法を増やすことで成長するのに対し、ネットワーク製品はネットワーク効果によるユーザー獲得で成長する。

ツイッターやズームは機能が少なすぎるように見えて、立ち上げ当初は「製品というより、些細な機能があるだけのサイト」と批評されたのはこのためだ。しかし、使うと魔法のような体験を得られる。対照的に従来のソフトウェア製品、たとえば、法人向けソフトウェアは「どれだけ機能があるか」では勝てても、エンドユーザーが実際に「どれだけ頻繁に利用しているか」では勝てないことがある。

ネットワーク製品は、消費者と売り手、コンテンツ制作者と視聴者といった異なる属性のニーズにバランスよく応えなければならない。そしてネットワーク製品で最も重要な機能は、写真のタグ付けやシェア、あるいは「知り合いかも」といったユーザーの推薦機能など、ユーザーが他のユーザーを見つけてつながる機能であることが多い。こうした機能でお気に入りのゲーム配信者や社内で関わっているプロジェクトのファイルなど、プラットフォーム上でつながりたい人やコンテンツを見つけられるのである。これは従来のソフトウェア製品にはない概念だ。製品体験の豊かさと奥深さはどんな機能があるかではなく、ネットワークに参加している人たちで決まる。

ズームはシンプルだからこそアトミックネットワークが早々に成立した。なにしろユーザーが2人いれば機能するのだ。だからズームはウェブ会議や営業電話といった典型的な利用法だけでなく、ユーザーが1日に何度も定期的に利用するサービスへと発展したのである。

シンプルさは、拡大する上で大きな強みになる。「ズームはリンクをコピペするくらい簡単に使える」。このようにサービスのコンセプトと提供価値をひとことで説明できるので、「ミーム（ネタ投稿）」のように広まりやすくなったのだ。「ミーム」は私のお気に入りの書籍『利己的な遺伝子』（紀伊國屋書店）で著名な生物学者、リチャード・ドーキンスが定義した用語である。

素晴らしいネットワーク製品がミームのように広まるのは不思議ではない。製品はシンプルだ。数画面だけで完結し、大事な機能は数えるほどしかない。たとえば、スナップチャットは友人に写真を送るだけのアプリだ。ドロップボックスはファイルを同期する。ウーバーはボタンひとつでクルマを呼べる。スラックは同僚とチャットできる。ユーチューブは動画を視聴できる。このように用途がシンプルだからこそ、友人や同僚にそれがどんなサービスかを説明しやすいのだ。

あまりにシンプルなため、技術面で差別化できず、参入障壁が低いと批判されることがある。確かに、ネットワーク製品で特許やその他の知的財産を事業戦略の要にしているところは稀だ。むしろ、消費者向けサービスを展開するスタートアップの起業家が、取得した特許を自慢していたら興ざめである。ただし、これは誤解の場合もある。シンプルなインターフェースを高度な技術で実現しているものもある。ズームが動画のコーデックや圧縮技術に投資しているのはこのためだ。とはいえ、技術面での差別化や参入障壁が低いという考えも完全に的外れではない。

ツイッターがサービスを開始してまもない頃、クジラのイラスト「フェイルホエール」が印象的なエラー画面がよく表示され、開発チームの経験が浅いと批判されていた。スナップチャットもフェイスブックも大学生がつくった。ウーバーのアプリは当初メキシコの開発者に外注していた。後年、社内の開発者にはプログラムのコメントやソースコードを読み解くためにスペイン語辞典が配られたことがあった。ネットワーク製品ではユーザーが増え始めてからようやく開発を拡充するところが多い。

消費者向け製品では、口コミで広がりやすい使い勝手のよい製品をつくろうとするのが主流だが、近年この傾向は法人向けソフトウェアにも広がっている。当初は消費者向けだったが、法人利用が増えたので戦略を切り替えたドロップボックスのような製品もある。スラックも消費者向けソフトウェアを開発してきた起業家が立ち上げた法人向け製品だ。ａ16ｚが「ボトムアップ型」の法人向け製品を提供する注目のスタートアップを調査したところ、ほとんどの創業者がエアビーアンドビー、ウーバー、ヤフーといった消費者向け製品を提供する企業の出身だった。消費者向け製品の開発経験は法人向けでも通用するのだ。

別の分野に製品の仕組みや機能が飛び火することもよくある。テック系サービスをよく見ると、異なる顧客層や地域を横断する「インターネット・ソフトウェア・サプライチェーン」の存在に気づくだろう。たとえば、日本で携帯電話向けに絵文字が発明されたのは１９９７年のことだ。10代の若者がインスタントメッセージやＳＭＳで使い始め、いつしかスマートフォンの標準装備となり、今ではスラックのような消費者寄りの法人向け製品にも組み込まれるようになった。ライブ配信、スナップチャットやインスタグラムストーリーズのような動画形式、オンデマンドマーケットプレイスなどもそれぞれ普及度は異なるが、巨大なソフトウェアサプライチェーンに乗っている。つまり最初はニッチな消費者製品のトレンドだったものが広く企業に採用され、やがてテック製品の標準装備になる流れが存在するのだ。

ズームは立ち上げ当初からこうした消費者製品寄りの特徴を備えていた。初期チームは法人向け製品での経験が豊富だったが、会社がサースビーと呼ばれていた創業当初の目標は、消費者向けのグループ通話サービスを開発することだったという。製品の体験は極限まで削ぎ落とされた。ズームは技術面でも優れた製品である。なにせユアンにはウェブエックスで開発部門を率いた経験と技術力があったのだ。しかし、ズームの最大の特徴は技術ではなく、シンプルなユーザー体験にある。それでも投資家の多くは、ズームはすでに解決された問題に取り組んでいると考え、そのよさがわからなかったのだ。

成功するネットワーク製品に共通するのは、人が交流する新しい方法を提供し、構築されたユーザーのネットワークが参入障壁になる点だ。そしてネットワーク効果を促進する理想的な製品には２つの特徴がある。ひとつは事業アイデアが非常にシンプルであること。つまり、誰でもどんなものかすぐに理解できるということだ。もうひとつは、競合他社が真似できないような複雑かつ無限に広がるユーザーネットワークを獲得できること。ズームはどちらも備えている。

ネットワーク製品はなぜ無料で使えるものが多いのか

世界で最も価値ある製品の多くが「無料」を前面に押し出すビジネスモデルだが、それはなぜだろうか。ＳＮＳやメッセージアプリは無料で使えるし、ＳａａＳもフリーミアムモデルを採用しているものが多い。マーケットプレイスはサービスや商品の購入にはもちろん金がかかるが、商品を見たり、ソフトウェアの機能を使ったりするのは無料だ。このようにネットワーク製品が無料なのは、その方が製品を普及させやすいからである。ズームのユーザー体験には価格設定も関係しているとユアンは説明している。

ズームの基本機能を無料にしたかったのは、他よりずっとよい製品だとユーザーに知ってもらいたかったからだ。最初は、会議の参加人数で価格を変えようと考えた。3人までは無料だけど、4人になったら有料といった方法だ。でも、しっくりこなかった。そこでドロップボックスの価格戦略を研究した。ドロップボックスは2ギガバイトから費用が発生する。なぜ2ギガなのかというと、十分に試してたくさん使うほど上限に達して課金しやすくなるからだ。ズームも同じようにしたかったので無料版は会議時間を40分までに設定した。それだけあればズームを十分体験できるし、気に入れば有料会員になってもらいやすい。

この価格設定がズームの成長に大きな影響を与える。簡単に会議ができて使い勝手がいいし、サービス内容を人に説明しやすく、さらに無料で使える。サービス開始直後から有料で使いたいという問い合わせが届いたとユアンは話す。

ベータ版を始めたときはまだ、ウェブサイトにダウンロードボタンがあるだけだった。しばらくするとサービスを試したスタンフォード大学の社会人教育プログラムの人たちからお金を払いたいって連絡が来たんだ！　利用料をいくらにすべきかわからないでいると、大学から2000ドルの小切手が送られてきた。クリスマスの頃だったんだけど、今でもその小切手のコピーを持っている。

その後も口コミでどんどんユーザーは増えていったという。

他の大学も顧客になり、気に入った顧客からお金を払いたいと連絡をもらうようになった。そこからどんどん見込み顧客は増えていった。最初の4年間はマーケティングチームさえなかったのに。

フリーミアムモデルはユーザーを獲得しやすい。だからこそ多くのネットワーク製品は一部を無料で使えるようにしているのだ。無料にも、広告モデル（動画投稿やSNSなど）や、有料会員になると特別な機能を利用できるフリーミアムモデル（法人向け製品に多い）、サービス内の取引手数料を得るがソフトウェアの機能は無料の（マーケットプレイス、ゲーム、ライブ配信プラットフォームなど）モデルなどがある。

無料枠がさまざまな製品で設定されているのは、コールドスタート問題の解決に役立つからでもある。最初から顧客に課金すれば売上は立つが、ネットワークに参加するハードルが上がってしまう。アトミックネットワークをひとつ成立させるだけでも難しいのに、難易度をさらに上げるのは理に適わない。ネットワークを早く立ち上げなければバイラル成長は弱まってしまうのだ。ズームが最初から課金するモデルだったら、短期的にはより多くの収益を上げられたかもしれないが、代わりにマーケティングや営業に多くのコストをかけなければならなかっただろう。

フリーミアムモデルはズームの魅力をユーザーに伝え、事業を成長させる上で必要不可欠だった。そして使いやすいキラープロダクトと最適な料金形態が揃うと、バイラル成長を通じて収益が上がるようになったのである。

習慣とプラットフォームシフト

ズームは世界が大きく変わるタイミングで登場したキラープロダクトの一例でもある。パンデミックによってブロードバンド通信とリモートワークが急速に普及し、テレビ会議が一般的になった。以前には、新たなコンピュータプラットフォームが登場し、消費者の習慣がリセットされたこともある。数十年前、キーボードで操作できるパーソナルコンピュータが登場して世界は一変した。それからしばらくしてマッキントッシュがグラフィカルユーザーインターフェースを世界に送り出したときも大きな転換点だった。やがてインターネットとウェブブラウザが登場し、いまやスマートフォンの時代となった。将来的には音声ガジェット、拡張現実や仮想現実、メタバース、あるいは全く違う何かが登場してまた世界が一変するだろう。

新しいテクノロジーが登場すると消費者の行動は変わる。指でスワイプしたり、タップしたりするような新しい操作方法が登場するからだ。そしてこのタイミングでキラープロダクトを開発し、人々のニーズを満たそうと大企業もスタートアップも奔走するのである。

プラットフォームのシフトにより、たとえば仕事用のソフトウェアはマイクロソフトオフィスのようなデスクトップアプリから、グーグルスイート、ノーション、エアテーブルのようなウェブベースの製品へと進化する。あるいは、ウェブのマッチングサービス「マッチ」をスワイプで簡単に操作できるティンダーが超えていったり、写真系SNSのフリッカーがスマホ機能とSNSとを密に連携させたインスタグラムに取って代わられたりする。

プラットフォームに合わせて新時代のキラープロダクトが登場するのだ。高解像度カメラ、位置情報、アプリストアを内蔵したスマホが登場したときは、スナップチャット、ウーバー、ティックトックといった大人気アプリが次々と誕生した。ウェブが登場したときには検索エンジン、eコマース、マーケットプレイスが登場している。ウィンドウズとマッキントッシュの時代にはマイクロソフトオフィスやDTPをはじめ、パーソナルコンピュータの用途を広げるソフトウェアが数多く登場した。新しいプラットフォームに合わせてキラープロダクトを開発した企業が、次にテック業界で最大の企業になれるということもでもある。

こうしたシフトはスタートアップに大きなチャンスをもたらす。プラットフォームのシフト時には、既存企業もスタートアップもすべてをやり直さなければならない上に、どの企業も必ず「コールドスタート問題」に直面するのだ。ウェブサイトからモバイルに変わったときは、非常に小さな画面に機能を押し込み、マウスポインターよりずっと大きく、大雑把な動きをする指でも操作できるようにしなければならなかった。一方でカメラ、位置情報、通知機能など、スマホならではの技術を活用できるようになった。モバイルアプリの開発はウェブサイトをそのまま転用するだけでは不十分で、モバイルファーストの発想が求められたのである。

ズームはトレンドの変化にうまく乗った。また、企業のＩＴ部門が社員に利用を強制したのではなく、社員が自ら数あるサービスの中からズームを選んで使っていた。つまり「ボトムアップ」で企業に導入されたのだ。こうしたバイラル成長にフリーミアムモデルの料金形態は最適だった。そして新型コロナウイルスが流行り始めた２０２０年、ズームはすでに軌道に乗っていたが、更なる爆速的な成長を遂げる絶好の立ち位置にあった。そしてコールドスタート問題を解決できていない企業ネットワークを一気に取り込めたのである。

もちろん、キラープロダクトはコールドスタート問題の解決に必要な要素のひとつにすぎない。ズームにとってスタンフォード大学の社会人教育プログラムなどの最初のアトミックネットワークを素早く築けたことも重要だった。１カ所でも導入されれば、他の顧客に知ってもらいやすくなる。ユーザーが自然と知り合いへと広めてくれるからだ。キラープロダクトをつくり、最初のアトミックネットワークができれば、「マジックモーメント」を次々とつくり出せるようになるのだ。

10 マジックモーメント
クラブハウスの事例

Magic Moments — Clubhouse

コールドスタート問題を解決した製品は見ればすぐわかる。製品が本当に機能しているからだ。職場向けコラボレーションアプリなら、会議中に開くとすべてのタスクがまとまっていて、同僚と次の作業について議論できる。SNSならフィードが魅力的で楽しいコンテンツであふれ、友人が写真にコメントしたと知らせる通知が来ている。マーケットプレイスなら高品質な商品が揃い、どの店も即日出荷に対応している。

ネットワークが充実し、ユーザーが使い、人々がうまくつながっていると、製品の魅力がユーザーに伝わる。これが「マジックモーメント」、つまりユーザーに価値をしっかり提供できている状態だ。そのサービスは仕事やエンターテインメント、マッチング、ゲームを介してユーザーをつなげられている。一方、コールドスタート問題を解消できていない製品は、マジックモーメントをユーザーに届けられていない。ネットワークは空っぽで、誰もいないゴーストタウンのようなのだ。とはいえ、一度ネットワークを形成できるとマジックモーメントは常に起きるようになり、製品は軌道に乗る。つまり、コールドスタート問題が解けるということだ。

私は音声ＳＮＳ「クラブハウス」の初期ユーザーとして、コールドスタート問題が解ける瞬間を目の当たりにした。ポール・デイビソンとロハン・セスが２０２０年に立ち上げたベータ版に登録したときは、ユーザーはまだ少なかった。公式では、私は１０４番目のユーザーだ。当初は、ログインすると他のユーザーと話せるというシンプルなアプリだった。ルームはたったひとつしかない。そしてそのルームにいるのは大抵デイビソンで、数人の友人と話をしていた。最初は本当にそれだけのアプリだった。まだコールドスタート問題を解消できていなかったのだ。アプリを開いても大抵誰もいないのである。誰も話していないし、話せる相手もいない。デイビソンだって24時間そこにいるわけではない。また、当時は機能も足りていなかった。プロフィール欄や他のユーザーをフォローできるようなネットワーク機能がなかったのだ。一度に複数のルームが並ぶようになったり、ソーシャル機能を追加したりしたのは後になってからである。

それでも時々マジックモーメントは起きていた。アプリを開くと何カ月も会っていない友人がいて、楽しく話せたのだ。これは新型コロナウイルスのパンデミックの最中の話である。友人と話す以外にもロボット工学やビットコイン、テクノロジーの歴史などがテーマのルームでディープな話も聞けた。私はすっかり夢中になっていた。そしてクラブハウスのユーザーが数千人規模になった頃、私はa16zを代表して同社のシリーズA投資を主導し、取締役に就任したのである。ベンチャーキャピタリストとして2年目の年で、従業員がたった2人の会社にしては異例の1億ドルという会社評価額が付いた。

その後、クラブハウスはサービス開始から1年足らずで月数百万人のユーザーを獲得する。大規模かつ多様なネットワークが形成され始めていた。そして毎日夕方にアプリを開くと、参加したいルームが複数ある状態になった。あるルームではセレブが、別のルームでは政治評論家が話している。オーディオ形式の新しいリアリティ番組の放送もある。a16zもスタートアップやテクノロジーについて話すルームを1、2個主催していた。誰もがアプリを開くたびに参加したいルームがあるというマジックモーメントが常に発生するようになっていたのである。クラブハウスは瞬く間に20カ国以上で人気アプリのトップ10入りを果たし、同社の評価額は10億ドル、40億ドルとみるみる上がっていった。これらはすべて投資から1年も経たないうちに起きたことだ。

素晴らしい軌跡だが、この間に一体何が起きたのだろう。もっと大事なのは、なぜこのようなことが起きたのかということだ。

クラブハウスの物語

クラブハウスが2020年にサービスを開始したのは偶然に思えるかもしれない。パンデミックの最中ほど誰かと話したいという欲求が高まった時期はなかった。しかし、すべてが偶然だったとも言い切れない。デイビソンとセスは以前からポッドキャストと音声デバイスの分野に興味を持っていた。そしていくつかつくった音声アプリのひとつがクラブハウスだったのである。

クラブハウス立ち上げの数年前にセスは、友人グループを音声でつなぐ「フォーン・ア・フレンド」というアプリを開発していた。その後デイビソンと2人で隙間時間に友人と通話できる「アンカレンダー」と、ポッドキャストをもっと簡単に録音・編集できる「トークショー」というアプリを開発した。

トークショーはポッドキャストを開設し、会話の録音、編集、公開をすべてできるアプリだった。ポッドキャストの配信に必要な全ツールを揃えようとしたのだ。しかし、このアプリは使いづらかった。失敗した理由をデイビソンとセスはこう説明している。

トークショーはクリエイターの負担が大きすぎたんだ。友人に「トークショーを聞いてね」と言うと、聞く方はプロ級のポッドキャストを期待する。ところが、台本を読んでいるようなものが多く、音質も悪かった。結果的に聞きたいと思えるほど独自の特徴があるコンテンツにはならなかった。それにホスト向けの機能に注力していたため、ポッドキャストを聞くアプリという印象が薄かった。[24]

言い換えれば、ハードサイドのユーザーであるポッドキャストのホストによい体験を届けられなかったということだ。その原因は、マジックモーメントらしい体験を得られるまでに、ユーザーの手間があまりに多かったことにある。

デイビソンとセスはこの経験から学び、どうすればもっと早く魔法のような体験を提供できるか考えたところ、もっと劇的にシンプルにしないとダメだと気づいたという。クリエイターの負担を軽くするには、すでにアプリを利用している人たちとコンテンツをつくれるのが理想的だ。そうすれば相手と収録の予定を調整する必要はない。話す内容は録音されないので電話で話す感覚に近く、きちんと話さなければというプレッシャーもない。また、話さないユーザーもアプリを使い始めた日から「気軽に人の話を聞く」という体験ができる。ユーザープロフィールやフォロー機能、ルームを発見するためのフィードといった機能は開始してから1年近くかけて追加していった。

優れた製品にたどり着くには時間がかかる。クラブハウスも例外ではなかった。成功の影には何年もの隠れた努力があったのである。

クラブハウスのアトミックネットワークは、創業者の友人であるテック業界のアーリーアダプターで形成された。数千人規模のグループで、私もそのうちのひとりだった。パンデミックの最中、この小さなグループだけでもユーザーは互いに交流しようとアプリを開き、マジックモーメントが生まれていた。その後クラブハウスをメインストリームへと押し上げたのは、続く5万人ほどのユーザーである。

エンターテインメントの中心地であるアトランタ、シカゴ、ニューヨーク、ロサンゼルスのアフリカ系米国人のクリエイティブコミュニティのメンバーが２０２０年に続々とクラブハウスに参加し始めた。ミュージシャン、コメディアン、インフルエンサー、クリエイターが参加し、定期的に番組を主催したことでアプリのユーザー層が飛躍的に広がったのである。a16zが企画したものもあったが、ほとんどはユーザーが自発的に始めたものだ。２０２０年後半には次のユーザー層を取り込む準備ができ、すぐに数百万人のユーザーを獲得できたのだった。

この頃には、世界中のユーザーに魔法のような体験を届けられるようになっていた。そしてインスタグラムやワッツアップに匹敵する非常に高い利用継続率とエンゲージメントを得るようになったのだ。テクノロジーと消費者の習慣の変化が、クラブハウスに有利に働いたことも無視できない。もちろん２０２０年の新型コロナウイルスのパンデミックによるものだ。フェイスブックの初期の社員で親友でもあるババ・ムラルカは、クラブハウスの初期の投資家で同社のアドバイザーを務めている。彼はクラブハウスの設立当初からチームに手を貸していた。初期段階から機能改善を続け、やがて爆発的にヒットする過程を間近で見ていた。何年か前にデイビソンを紹介してくれたのも彼である。ムラルカは当初のクラブハウスについてこう話している。

音声コンテンツを聞くことは多くの人の習慣になっていたが、ますます広がっている。エアポッズやアレクサ、カープレイなどの車載ソフトウェアによって、何千万時間もの音声が消費されるようになった。ポッドキャストはメインストリームになり、スポティファイやオーディブルのような製品にも組み込まれるようになったんだ。

クラブハウスが立ち上がったとき、初期のコミュニティに魔法のような体験を届けられる可能性を感じた。クラブハウスは料理や家事、ドライブをしながらでも気軽に楽しめる受動的な体験という音声の長所を活かしただけでなく、音声コンテンツの制作を100倍簡単にした。誰かと電話をするように話すだけだ。話すのは誰にだってできる！　そしてクラブハウスが登場したのは、ロックダウンでみんなが新型コロナウイルスのパンデミックの脅威に耐え、人とのつながりを求めていたときだった。音声コンテンツ、特に人の声は、そうしたニーズを最も必要なときに埋めてくれた。クラブハウスは人々を結びつけるアプリなんだ。[25]

キラープロダクトを適切なタイミングで立ち上げると、コールドスタート問題は瞬時に解決できる。

マジックモーメントの対極にある「ゼロ体験」

マジックモーメントの使い方を教えよう。マジックモーメントの逆、つまりネットワークが機能していない状況と比較して目標を定めるのだ。

ウーバーではネットワークが機能していない状態を「ゼロ体験」と呼んでいた。たとえば、乗客がクルマを呼ぼうとウーバーアプリを開いて住所を入力したのに、その地域にクルマが1台もいないという最悪の体験だ。製品の提供価値が他のユーザーと交流することなら、ゼロ体験とは誰とも交流できないことだ。ユーザーは離脱し、最悪の場合は二度と戻ってこない。製品を魅力的なものにするユーザー、掲載商品、動画などが十分になければ当たり前だ。

製品ごとに同様のゼロ体験がある。たとえば、職場向けコラボレーションツール「ウィキ」のゼロ体験は業務に必要な文書がなかったり、文書はあっても誰も使っていなかったりする状況だ。スラックの場合は、メッセージを送りたいユーザーがまだ登録していないことだ。相手がいなければスラックを使う意欲は下がり、メールで連絡しようと考える。SNSのゼロ体験は、友人やお気に入りのコンテンツが見つからない状態だ。エアビーアンドビー、イェルプ、イーベイのような製品では、欲しいものを検索しても何も表示されない状態をゼロ体験と定義できるだろう。

ゼロ体験は最悪な上、簡単に解決できない。ウーバーでは、ドライバーをひとり増やしただけではゼロ体験はなくならない。スラックも同僚がひとり加入しただけではうまく機能しない。ユーザー全員がゼロ体験を経験しないようにするためには、ネットワークを十分に大きくし、なおかつユーザーが利用していなければならないのだ。ドライバーには配車依頼にすぐに対応してもらわなければならない。それには、ドライバーに頻繁にアプリを使ってもらう必要がある。スラックなら、メッセージを送った相手から返信が来なければならない。相手がスラックに登録していてもアプリをインストールしていなければゼロ体験は解消されないのだ。

ゼロ体験は問題だが、ゼロ体験後の破滅的な影響はさらに問題である。ゼロ体験をしたユーザーは離脱する。もっと悪いのはサービスの信頼性が低いと考えて戻らないことだ。多くのユーザーが離脱している状況では強力なネットワークを維持できない。とはいえ、新しいネットワークにゼロ体験が多いのは必然である。この破壊的な力に対処しない限り、ネットワークはいつまでも拡大できないのだ。

ウーバーでは未達成の依頼というゼロ体験を数値化していた。都市や地域ごとにどれくらいの頻度で起きているかを把握するためだ。新製品の運営チームは、地域別や商品カテゴリー別など適切な区分でゼロ体験を見つけて数値化し、ダッシュボードに組み込もう。消費者の何割がゼロ体験をしているのか把握することが目標だ。この割合が高いとアンチネットワーク効果が発生し、ネットワーク拡大への突破口を開くのは困難である。

コールドスタート問題が解けた後

ネットワーク製品を適切に立ち上げれば、ユーザーはアプリを開くたびに素晴らしい体験を得る。ゼロ体験は最小限になり、ほとんどがマジックモーメントになる。機能とネットワークの両方が動作している状態だ。どちらか一方が欠けても成立しない。

先ほど、クラブハウスが立ち上げから数カ月で軌道に乗った経緯を説明した。

創業者たちが何年もＳＮＳと音声の分野で熟考を重ねていたからこそうまくいった。リスナーをスピーカーとしてその場で招待する機能など重要な機能が欠けていたら、クラブハウスはこれほどうまくいかなかったかもしれない。またネットワークを間違えて、製品に合わないユーザー層をターゲットとしていたら失敗していただろう。正しいプロダクトと、正しいネットワークの両方が必要なのである。ネットワーク製品がついにマジックモーメントを生み出すと、気分がたかぶるはずだ。この状態は「プロダクトマーケットフィット」とも呼ばれ、マーク・アンドリーセンはこう説明している。

プロダクトマーケットフィットが起きていない状態はすぐにわかる。それは顧客が製品の価値を感じていない、口コミが広がっていない、使用率がそれほど伸びていない、メディアによるレビューがパッとしない、営業サイクルが長すぎる、多くの取引が成立しないといった形で現れる。

一方でプロダクトマーケットフィットが起きている状態もすぐにわかる。つくったそばから製品がどんどん売れる。サーバーを追加するのと同じペースでどんどん消費される。顧客からの支払いで会社の預金口座の残高がみるみる積み上がっていく。営業やカスタマーサポートの担当者を全速力で採用している。注目の新製品の話を聞きつけ、詳しく知りたいと記者から問い合わせが殺到する。そしてハーバード・ビジネス・スクールに「アントレプレナー・オブ・ザ・イヤー」を授与されるのだ。[26]

これは一般的なプロダクトマーケットフィットについての説明だが、ネットワーク製品にも当てはまる。ネットワーク製品ではユーザーが他のユーザーを招待し始め、SNSで検索すると製品のよさを語るファンの投稿が見つかるようになる。多くの人が製品に価値を感じると、新規ユーザーがどんどん増えて利用頻度も高まるのである。

簡単に達成できそうだろうか。そんなことはない。コールドスタート問題は、ひとつ目のアトミックネットワークができたら終わるわけではないからだ。ネットワークの成長に合わせ継続的に解消する必要がある。アトミックネットワークがひとつ機能し始めても、隣接するネットワーク（業種、地域、人口動態の違うネットワークかもしれない）の「コールドスタート問題」を解決しなければならないということだ。たとえばスラックの場合、ある企業のＩＴ部門にはスラックユーザーが十分いるかもしれないが、マーケティング部門にはいないかもしれない。それぞれのネットワークが十分な密度で形成されなければＩＴ部門以外のユーザーは離脱してしまうだろう。とはいえ、ひとつのオフィスで導入されれば、別の都市のオフィスの同僚も参加しやすくなる。

コールドスタート問題は一度解決して終わりではなく、何度も解く必要がある。とはいえ、独立したネットワークをひとつ構築できれば、次のネットワークを取り込みやすくなり、いずれ市場全体を覆う規模に育てられるのだ。

第3章 転換点 THE TIPPING POINT

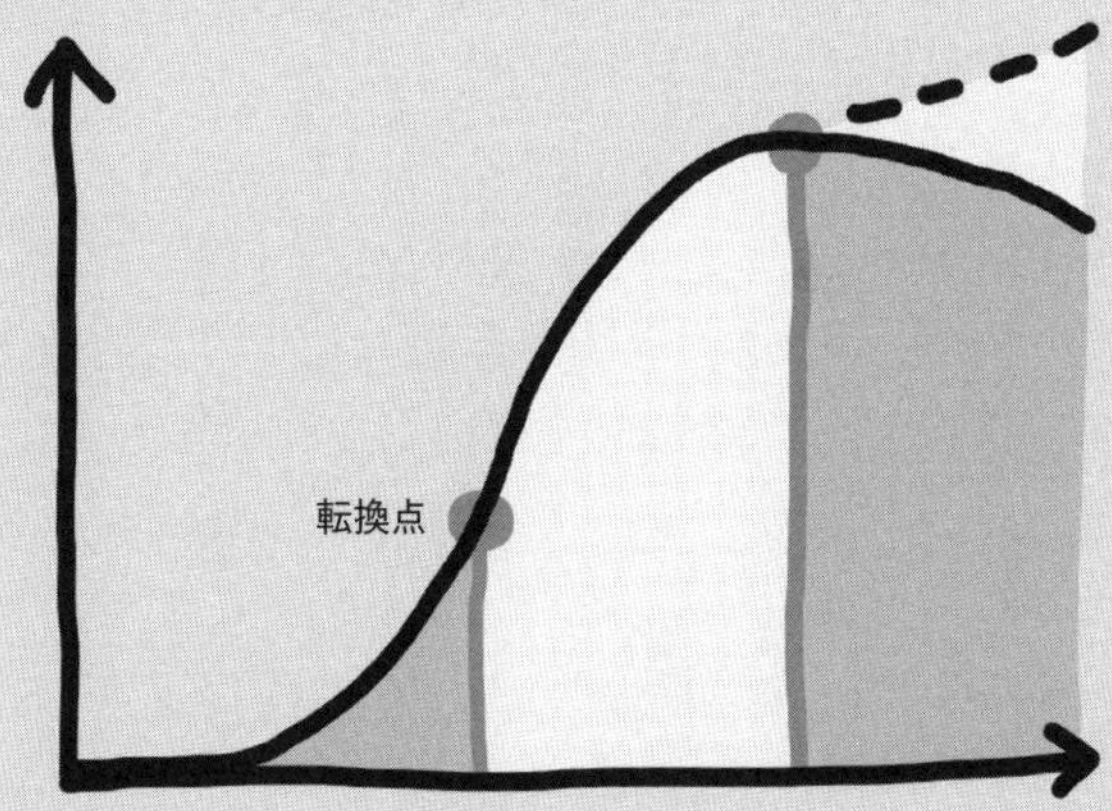

11 ティンダーの事例

Tinder

アトミックネットワークをひとつ成立させただけでは、グローバルな製品にはなれない。2つ、3つ、4つとどんどん増やしていかなければならないのだ。規模が大きくなって初めて、バイラル成長、離脱率の低下、収益化などの理想的なネットワーク効果が現れる。ネットワークの広がり方は都市ごとの場合もあれば、会社ごとの場合もある。いずれにしろ、アトミックネットワークを反復して立ち上げられるようになるとネットワークは「転換点」を超え、市場全体に行き渡るほど急速に成長し始める。

世界中の通勤ラッシュのバスや地下鉄、電車の中では、ヘッドフォンをつけた20代の若者たちは皆スマートフォンに夢中だ。彼らの向かいに座っていても、多少離れたところにいても、親指の動かし方で何のアプリを使っているかを推測できる。スワイプ、スワイプ、スワイプ、逆方向にスワイプ。ティンダーだ。目的地に着いて立ち上がるまでに、若い乗客たちは何十人もの恋人候補をスワイプしている。

この風景を数値化するとものすごいことになる。本書の執筆時点でティンダーのユーザー数は数千万人規模だ。毎日20億回以上のスワイプと、1週間に100万ものマッチングが起きている。これが世界規模に可視化した出会いの総数である。

マッチングアプリで成功するのは非常に難しい。ティンダーは例外中の例外である。マッチングアプリはネットワークの立ち上げも拡大も難しく、コールドスタート問題の最難関なのだ。その理由は、サービスが超ローカルだからだ。同じ街に住んでいる人同士でも、同じ地区にいなければ会うまでには至らない。

マッチングアプリが成功するにはユーザーの密度が重要になる。ひとつの地域でうまくいったとしても、アプリを成長軌道に乗せるには複数の地域で同時にネットワークを成立させなければならない。さらに、たとえば「40歳以上のキリスト教徒の独身者」といった特定のユーザー層を取り込めたとしても、別の層を取り込むには再びネットワークを立ち上げる必要がある。加えて、マッチングアプリの離脱率は高い。カップルが成立すると使わなくなってしまうのだ。すなわちマッチングがうまくいけばいくほど、離脱率は高くなるのである。

私がウーバーにいた頃、ティンダーの共同創業者兼CEOのショーン・ラッドと知り合った。当時のティンダーはすでに米国の都市部で広まっていて、これからどう世界展開していくかを検討していた。ラッドとは出会ってすぐに意気投合し、私はティンダーの顧問に就任する。ティンダーの重要な成長期に事業指標の改善やプロダクト戦略、ユーザーグロースの面で手を貸すことになったのだ。私は同社のロサンゼルスオフィスを度々訪れた。社内会議に参加した後、ラッドと近くのホテルのバーで軽く飲みながら事業の舞台裏について話を聞いた。当時、ティンダーのユーザーは数百万人規模になっていたが、チームはたったの80人。ユーザー規模からすると驚くほど少ない。

このときティンダーでは、いかに主要市場で数百万人規模のユーザーを獲得し、市場全体を掌握するかを検討していた。ティンダーは転換点を超えていたのだ。モバイルファーストで左右にスワイプするだけの簡単な操作とメッセージ機能搭載のアプリは急速に普及していた。やがてティンダーの売上は10億ドルを超え、市場を再定義するサービスになる。

どのように実現したのだろうか。過去10年で有数の成功を収めたサービスの舞台裏についてラッドと話すうちに、ネットワーク効果の重要な要素が浮かび上がった。

2012年、南カルフォルニア大学

「すべては南カリフォルニア大学のあるパーティから始まった」。ラッドは2012年に立ち上げたティンダーの黎明期についてこう語る。

当時のアプリは非常にシンプルだった。プロフィールがたくさん表示されるだけで、スワイプ機能もなかったよ。[27]

ユーザー数はごくわずかで、開発も4、5人の寄せ集めのようなチームでやっていた。そしてショーン・ラッド、ジャスティン・マティーン、ジョナサン・バディーンの創業チームが取り組んでいたのは「ティンダー」ではなく、「マッチボックス」という名のアプリだった。ユーザーは「いいね」には緑色のハートのボタンを、「パス」には赤色の「×」ボタンを押す。いずれかのボタンをタップすると次のプロフィールが表示される仕組みだ。左右にスワイプする機能に変更したのは後になってから。それは当時iOSアプリの開発を担当していたバディーンの思いつきで誕生した。スワイプに行き着いた経緯をバディーンはこう話している。

デスクの上にトランプがあって、コードを書いている最中や休憩中に遊んでいたんだ。ある日、トランプをヒントにした楽しい機能を取り入れようと思いついた。左、右にスワイプするのは気持ちいいだろう。だけど、これがアプリの主要な操作方法になるとは思っていなかったよ。[28]

このジェスチャー操作を実装すると、すぐに定着した。だが、問題はユーザー獲得が進んでいなかったことだ。ラッドとマティーンは友人全員にメールを送るなどして手を尽くしていた。少しずつユーザーが増え、400人ほどがアプリを試してくれたという。だが、それだけではアプリは部分的にしか機能しなかった。ユーザー数が足りないからだ。アプリの成長はコールドスタート問題に妨げられ、停滞していた。

そもそもティンダーのようなマッチングアプリの立ち上げは難しい。異なるユーザー層を同時に適切な配分で獲得しなければならないからだ。少なくとも異性愛者向けのマッチングアプリで男女の出会いを提供する場合、適切な男女比率でユーザーのネットワークを拡大する必要がある。女性が多すぎても男性が多すぎてもダメだ。また男女で同じような趣味、年齢、魅力のユーザーを同程度揃えて初めて、どのユーザーにも十分なマッチングを提供できるようになる。

さらにマッチングアプリは、通常のバイラル成長が起きるプロダクトではない。認識が変わってきたかもしれないが、多くの人はマッチングアプリを使うのは恥ずかしいと感じている。さらにマッチングできてよい相手と出会えると、皮肉なことに幸せな2人は退会してしまうのだ。こうした理由がマッチングアプリの立ち上げと拡大を難しくしているのである。

ティンダーにとってこの難問を解決するヒントは南カリフォルニア大学にあった。ここはティンダーを立ち上げる場所としてあらゆる意味で理想的だった。サウスロサンゼルスの中心部に位置し、1・2平方キロメートルの広大な敷地を持つ南カリフォルニア大学には1万9000人以上の学生が在籍している。学生同士は社交クラブ（ソロリティとフラタニティ）などを中心に活発な交流がある。ティンダーは大学というニッチな場所で最初のネットワークを立ち上げ、出会いを求める男女をユーザーとして取り込もうと考えた。18歳から21歳という同じくらいの年齢層で同じ地域に住み、同じ学校に通い、パーティが好きといった似た趣味を持つ人たちに狙いを定めたのである。

ラッドもマティーンも南カリフォルニア大学の卒業生だったが、ラッドの弟が当時この大学に通っていることが鍵になった。ティンダーはある計画を立てた。ラッドの弟と協力してキャンパスで顔の広い人気者の友人の誕生日パーティを開き、そこでアプリを宣伝するというものだ。ティンダーが最高のパーティを用意する。そしてパーティ当日には南カリフォルニア大学の学生たちをバスで会場となる豪華な一軒家へと送迎した。ラッドはこの施策についてこう説明している。

パーティの参加条件がひとつだけある。ティンダーのアプリをダウンロードすることだ。確認のために入口に係員を置いた。パーティは大成功。重要なのは、パーティに来た人たちが翌日目を覚ますと、スマホに入れた新しいアプリが使えたことだった。アプリにはパーティでは話せなかった気になる人たちが登録していて、その人と話せる2回目のチャンスがあった。

パーティ作戦は大成功だった。1日のダウンロード数が当時の過去最高を記録した。ただし、ここで重要だったのはダウンロード数だけでなく、「500人の適切なユーザー」がダウンロードしたことだったと、ラッドは説明している。南カリフォルニア大学で最も社交的で、交流する人たちが同時にティンダーを利用し、ティンダーは機能し始めたのだ。パーティに参加した学生たちがスワイプしてマッチし、メッセージを交換していく。驚くことにパーティで登録した95％のユーザーが毎日3時間もアプリを使うようになっていた。

こうしてティンダーの最初のアトミックネットワークが成立する。次のアトミックネットワークを立ち上げるにはどうしたらいいか。そう、またパーティを主催すればいい。成功したら今度は別の大学でパーティを開く。この作戦が成功する度にユーザー獲得は楽になっていった。すぐにティンダーは4000ダウンロードを超え、1カ月後には1万5000ダウンロード、さらに1カ月後には50万ダウンロードを達成する。最初は大学ごとにパーティを開いて広めたが、次第に口コミでもユーザーが増えるようなった。ティンダーは全米の大学の社交クラブを対象としたパーティを短期間のうちに何度も開催することでアプリを一気に広めたのである。

マティーンは2013年4月のハフポストの取材に対し、ティンダーは10大学でサービスを立ち上げたと話している。「トップダウン型のマーケティングは効果的です。まずは社交性のある人たちを獲得し、その人たちから友人に広めてもらいました」[29]

位置情報機能を使って、ティンダーでは一定エリア内のユーザーしか表示しない。これで最初に最も影響力のある学生ユーザーを集められた。しばらくするとティンダーはある市場で2万人のユーザーを獲得すると「脱出速度」に到達し、その地域を完全に掌握できるようになった。

コールドスタート問題のフレームワークにティンダーの軌跡を当てはめてみよう。最初のフェーズ「コールドスタート問題」を解決するためティンダーは南カリフォルニア大学でパーティを主催した。次のフェーズでは同じ戦略を反復し、他の大学でもアプリを普及させることに成功した（図9）。

これが「転換点」である。つまり、再現可能な成長戦略を見つけたということだ。アトミックネットワークの立ち上げ方がわかり、繰り返して成長をどんどん加速させる。ティンダーは、施策がますます効果的になるよう改善しながら成長を続けた。たとえば、誕生日パーティ以外にもバレ

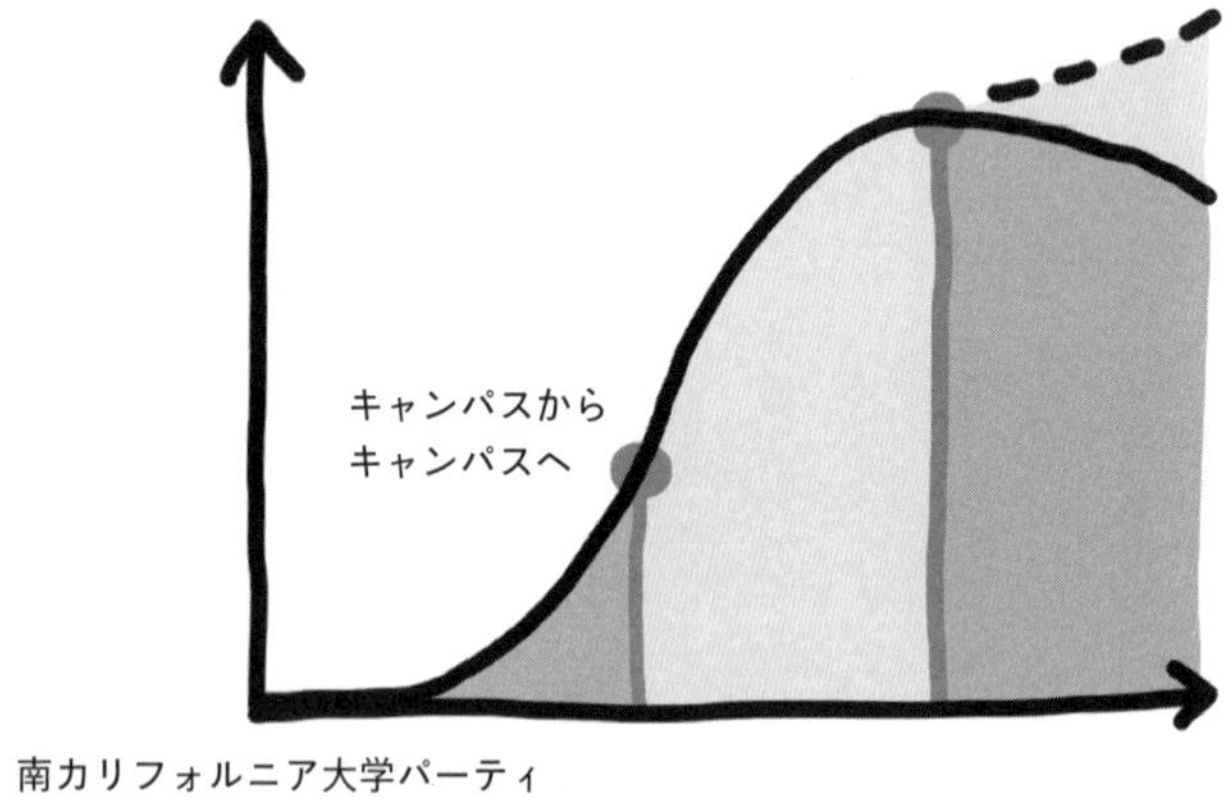

図9　ティンダーの事例

ンタインパーティ、カクテルパーティ、女子学生クラブ向けパーティなどさまざまなパーティを企画し、いずれも成功させたのだ。タフツ大学ではサービス開始から1年足らずで社交クラブに所属する学生の80％以上、学部生全体でも40％がティンダーに登録し、利用するまでになった。

また、大学で顔の広い大勢の学生を宣伝大使にして普及を促進している。大学から都市、海外に拡大するときも同じ戦略を使った。インドではコールセンターにターゲットを絞った。そこに米国の大学の社交クラブに似た人間関係の密なコミュニティがあったからだ。欧州では、米国のユーザーが海外にいる友人を誘ってできたつながりが製品を拡大させた。

ティンダーは急速に普及し、2年も経たないうちにアプリストアのSNSアプリランキングでトップ25に入っている。その5年後にはビジネスモデルを確立し、ゲームを除いた分野でネットフリックスやスポティファイを抑え、最も売上を上げるアプリとなった。今では世界中に広がっている。40以上の言語に対応し、ほぼすべての国で展開しているのだ。

ティンダーはサービス展開が非常に厳しい市場で成功を掴んだ。ハウアバウトウィ、タグド、スピードデートをはじめ数多くのマッチングアプリは、どれもある程度の成功を収めながらもティンダーほどには拡大できていない。ショーン・ラッド、ジョナサン・バディーンを含むティンダーの初期チームは、全員20代という若さで、初めての起業だったが、サービスを成長させる方法を見つけたのである。大学生の誕生日パーティを再現性と拡張性のある成長戦略に変換し、大学から都市、国、そして世界へとサービスを広げることに成功した。そしてその過程で、現代の恋愛を象徴する世界共通のジェスチャーと特徴的な製品をつくり上げたのだ。

転換点を超える

ティンダーの成功の鍵は、南カリフォルニア大学から他の大学、さらに都市、国単位で成長する再現性のある戦略を見つけたことにあった。ティンダーはコールドスタート理論の第2段階の転換点を迎えたと言える。

転換点を超えると製品の成長を後押しする力が生まれる。それ以降は個々のアトミックネットワークを立ち上げる戦略ではなく、もっと広い市場で転換点を超える戦略が重要となる。これについてはリンクトイン、インスタグラム、レディット、クーポンの発明の事例をもとに説明する。

まずは転換点を超えるためによく使われる戦略を紹介しよう。ひとつはサービスを「招待制」にして、バイラル成長を促進し、ネットワークの拡大を目指すことだ。もうひとつは「ツールで誘って、ネットワークで引き留める」戦略である。たとえば、ドロップボックスの初期ユーザーはファイルのバックアップや、仕事場と自宅のパソコン間でファイルを同期させるために利用していた。これがツールの部分である。その後、同僚とフォルダを共有するという、より便利でサービスから離れづらくなる利用法が生まれる。これがネットワークの部分だ。

「招待制」と「ツールで誘って、ネットワークで引き留める」のどちらの戦略もうまくいかない場合も、手はある。それが「成長を金で買う」方法だ。マーケットプレイスのようなユーザー間の取引が発生するネットワーク製品で需要を高めたり、利用を促進したりするキャンペーンを実施するような方法である。クリエイターの投稿に報酬を支払ったり、ライドシェアのドライバーの報酬を増やしたりすることもこれに該当する。

ネットワークのハードサイドのユーザーが少ないなら「フリントストーン戦略（人力・自動化戦略）」が有効だ。運営チーム自ら仕事を引き受け、穴を埋める方法である。初期のレディットがよい例だ。レディットは自動化ツールやコミュニティ機能を追加して自律的にサービス規模が拡大するまで、自分たちでリンクやコンテンツを投稿していた。

どの戦略でも創意工夫が必要となる。転換点の説明の最後にウーバーのコア理念である「がむしゃらに突き進む」を紹介したい。ウーバーの各都市に散らばるチームは創造性をもって、地域密着の独自戦略を考えていた。5個目、100個目のネットワークの立ち上げには、それ以前の立ち上げとは異なる戦略が必要になる。ネットワークを立ち上げ、成長の転換点を超えるには柔軟な発想が求められるのだ。

12 招待制 リンクトインの事例

Invite-Only — Linkedin

「申し訳ありません。このアプリに登録するには招待が必要です」。こんなメッセージが表示されたら誰もががっかりするだろう。サービスを開始したらなるべく早くコールドスタートを解決しなければならない。新規ユーザーが喉から手が出るほどほしいこの時期に、ユーザー登録を招待制にするのは直感に反する手法だ。試したいユーザーをなぜ断るのだろうか。

だがこの制約こそ「招待制」の肝なのである。実際、Ｇｍａｉｌ、リンクトイン、フェイスブックなど多くのネットワーク製品で招待制が機能した。なぜなのか。

招待制は注目を集めるための手法だと言う人がいる。バズり始めた新製品の話を聞きつけ、ＳＮＳに招待してほしいと投稿する人が増えるからだ。招待制は、正式なサービス開始前にバグ修正やインフラ整備の猶予期間を得る方法だと言う人もいる。どちらも正しいが、招待制の本当の価値はもっと別のところにある。招待制はユーザーのコピー＆ペーストのようなものなのだ。最初に特定の人たちを集めると、彼らが友人を招待してくれる。そしてネットワークが自らをコピーするように広がっていくのだ。

　これがまさしくリンクトインで起きたことである。リンクトインはビジネスパーソン向けのＳＮＳを築こうと２００２年に創業した。当時、ＳＮＳを仕事で使うのは一般的ではなく、主に大学生の利用を想定して誕生したソーシャル機能が、仕事でも通用するのかわからなかった。同僚と写真を共有したり、肩書きを更新したり、友人を招待したりするだろうか。また、仕事探しに使えるサービスに自分の職務経歴を載せたいだろうか。当時は多くの人が否定的だった。しかし、やがてリンクトインは7億人近いユーザーを獲得し、２６０億ドルでマイクロソフトに売却している。つまり先ほどの問いに対する答えはすべて「イエス」だったのだ。

　リンクトインは市場参入についてどう考えていたのか、共同創業者でＣＥＯを務めたリード・ホフマンに聞いた。ホフマンは社交的でカリスマ性がある人物で、リンクトインっぽい。ビデオ通話を始めてすぐ、私たちは個人的な共通点を見つけて打ち解けた。ホフマンの背後の壁にシャチの彫刻が飾ってあることに気づいたからだ。彼は新型コロナウイルスのパンデミックの間、一時的に私の故郷、シアトルに近いサンファン諸島に引っ越していた。私が子供の頃によく行ったお気に入りの場所で、ホフマンも気に入っているそうだ。この地域の魅力を語り合った後、リンクトインの立ち上げ当初の話題に移った。

　最初期からホフマンは、ビジネスパーソンのネットワークについて仮説を持っていた。ビジネスパーソンはクモの巣のようにつながっているが階層が存在する。ホルマンは次のように説明している。

ビジネスパーソンの最上位の階層にはビル・ゲイツのような人たちがいる。彼らは紹介したい人が

いると周りから散々言われているだろうし、ゲイツの知り合いはゲイツを紹介してくれと散々言われているだろう。立ち上げ当初のリンクトインは、ゲイツのような人にとっては価値がない。けれども、この階層の中間にいて、仕事がうまくいっている人たちは、まだまだ人脈を広げようと努力している。紹介数はそれほど多くないが、紹介されれば会う確率は高い。こうした中間層の人には、リンクトインは役に立ったのだ。[30]

まずは中間階層を取り込むために、リンクトインを招待制にしたという。

リンクトインを開始した最初の週は、社員と投資家なら何人でも招待できるようにした。ビジネスパーソンなら誰でもいいわけではなく、仕事がうまく行っていて人脈を広げたい中間層のビジネスパーソンを最初に取り込みたくて意図的にこうしたんだ。

狙い通りのユーザー層に招待が届くようになったが、サービスの建て付けも重要だった。リンクトインで重視したのは「求職」サービスと打ち出さないことだったとホフマンは説明する。同僚や上司が見るかもしれないところに自分のプロフィールがあればバツが悪い。リンクトインは代わりにビジネスパーソンのためのSNSというより抽象度の高い見せ方をした。ここではプロフィールを公開し、仕事仲間とつながれる。新しい仕事を探す機能もあるが、それは機能のひとつにすぎない。だからユーザー登録したり、友人を招待したりするハードルが下がったのである。

リンクトインは最初の週から爆発的な成長を遂げる。創業者チームの知り合いに招待されたユーザーも知り合いをどんどん招待するようになっていた。コピー&ペーストの要領でネットワークが広がっていたのだ。最初のユーザー層を慎重に選び、知り合いを招待できるようにすることで、似た趣向のユーザーをどんどん集めることに成功したのである。

招待制は、広報活動で初期ユーザーを集めるより有利な点がある。すでにつながりのある数十人を起点とするため、密なネットワークが形成されやすく広がりやすい。一方で広報型は地域や業界、ユーザー層などがバラけやすく、つながりが弱まる傾向にあるのだ。

リンクトインの初期メンバーのリー・ハウワーは、サービス開始からまもなく招待制が爆発的なユーザー成長を招いたと語っている。

> サービス開始日に、ホフマンをはじめとする創業メンバーが知人を招待した。初期バージョンのサービスを試し、よければ知り合いを招待してほしいとお願いしたんだ。それで数千人が登録してくれた。最初の週に登録してくれたほぼ全員がスタートアップ業界の人で（つまり新製品を試すのに抵抗がない）、リンクトインのメンバーと直接的、あるいは間接的なつながりがある人たちだった（だから、新製品を試してみようと思ってくれた）。[31]

リンクトインは招待制をそう長く続けていない。サービス開始から2週後には強固なネットワークができ上がっていたので、ニュースでリンクトインを知った人たちも招待なしで登録できるよう変更した。最初に登録したシリコンバレーの起業家や投資家たちのネットワークは密で、ホフマンが「真の信奉者」と呼ぶ、リンクトインにとって重要なヘビーユーザーを呼び込む熱狂を生み出した。こうした世界中のヘビーユーザーがリンクトインを頻繁に使い、ユーザー数が指数関数的に増えていったのである。

サービス開始から数週間後にはリンクトインが転換点を超えたことは明らかだった。ユーザーはリンクトインを頻繁に使い、最初に使い始めたテックコミュニティ以外の人たちもサービスに価値を感じていた。世界中のユーザーが参加し始め、やがてリンクトインはビジネスパーソン向けSNSを代表するサービスとなった。当時、世界展開する消費者向けSNSではマイスペースやフェイスブック、ハイファイブ、タグド、ビーボをはじめ数十社が覇権を争っていたが、ビジネスパーソン向けはほぼ競争がなかった。リンクトインは競合他社が現われる前に成長し、最終的にこの領域を独占したのである。

もちろん、招待制はリンクトインの専売ではない。製品立ち上げの定番戦略なのだ。フェイスブックが当初、harvard.eduのメールアドレスを持つ人だけ登録できるようにしていたのは有名だ。この方法でユーザー同士が信頼し合えるアトミックネットワークを構築できた。また、大学ごとにサービスを展開するわかりやすい方法だった。スラックも似た手法を使っている。ユーザーを絞るために会社用のメールアドレスを参照していた。どれも賢い戦略である。招待制はFOMO（取り残される恐怖）を利用していると言われるが、そこが重要なのではない。最初に選んだユーザーを軸に、コピー&ペーストするようにユーザーを増やせることが重要なのである。

招待制はユーザーを歓迎する仕組み

招待制のもうひとつの利点は、新しいユーザーを「歓迎」できるところだ。大規模なディナーパーティに招待された場面を想像してほしい。親友が玄関で出迎えてくれて、中には知人や親しい友人、素敵な時間を過ごすために招待された人たちが集まっている。ディナーパーティでゲストを迎える際の理想的な状況だ。これはサービスに新規ユーザーを迎える際の理想的な体験にも通じる。招待制ならこれを再現できる。新しいユーザーは、少なくともひとりのユーザー（招待者）とすでにつながっている。これはスラックやズームのように数人でも機能するプロダクトの場合、コールドスタート問題を打破する大きな足がかりとなる。

数字を見ると、実際はもっとうまくいく。人脈がある人ほどサービスに早く招待される傾向にあり、彼らは同じく顔が広い人を招待する。つながりがさらにつながりを連れてくる。その結果、サービスは社交的な人が多く集まるパーティのようになり、ネットワークの立ち上げと拡大にとても役に立つのだ。

私の経験から言ってもこれは正しいやり方だ。多くのサービスは招待機能として、ユーザーが知り合いの連絡先をインポートする機能がある。サービスの新規登録で「友達を探す」という画面を見たことがあるだろう。また、初期のネットワークを分析すると興味深いことがわかる。最初期のユーザーの多くは数千人規模で知り合いがいて、同じように大勢の人とつながっている人を招待する傾向にあるのだ。数カ月、数年後に製品を使い始めたレイトアダプターのつながりの数は数百人規模と少ないことが多い。つまりアーリーアダプターは登録してすぐに何十人もの友人や同僚とすぐにつながれる。まさに社交的な人たちの集まるパーティと同じ状況だ。

リンクトインは時間をかけて招待の仕組みを洗練させている。初期にあったのは、「つながりを申請」と書かれた大きな青いボタンを押して別のユーザーとつながる基本的な機能だけだった。だが、データを見るとユーザー同士の「つながり」が密になるほど、アプリ全体のエンゲージメントが高まることが明らかだったため、さらに「つながり」を強化する機能を加えたのだ。新規ユーザーがスマホに登録している知り合いのメールアドレスをインポートできる機能を開発して、より多くの人を招待できるようにした。また、つながり申請をした後、他にもつながれそうな人を提案する機能も追加している。誰かがインポートした連絡先と合致する新規ユーザーが登録すると、既存のネットワークを参照し、知り合いの可能性が高い人を提案するのである。これは今も使われている機能で、ネットワークの密度を高める効果がある。これらの戦術は成長の加速に役立つ。リンクトインのネットワークが密であればあるほど、新規ユーザーは登録してすぐに素晴らしい体験ができるのだ。

限定であることの特別感

招待制はＳＮＳで話題になりやすい。招待を受けた一部の人はＳＮＳで製品をほめたり批評したりする。希少で特別感があるので、招待されていない人はこぞって招待してほしがるようになる。ＳＮＳはこの話題で持ちきりとなり、時には論争まで巻き起こる。するとますます注目され、エンゲージメントの上昇につながるのだ。

Ｇｍａｉｌは２００４年４月１日のエイプリルフールに招待制サービスとして登場した。当時、他社のストレージ容量はメガバイトの単位だったのに、Ｇｍａｉｌは１ギガバイトを提供すると約束した。招待制にしたのは注目を集めるためではなく運用面での理由からだった。インフラに与える影響を考慮し、利用人数を制限しようとしたのだ。

Ｇｍａｉｌはグーグルで誰も使いたがらなかった３００台の古いPentium III搭載コンピュータ

で動作していた。会社が計画したベータ版の限定公開ではそれで十分という判断だった。ユーザー1000人にアカウントを提供し、ユーザーが数人を招待できるようにする。そこからゆっくりと成長させる予定だった。[32]

しかし、すぐに人気に火がつく。グーグルの最初の10人の社員のひとりであるジョージ・ハリックは当時をこう振り返る。

Ｇｍａｉｌが嘘じゃないとわかると、皆が招待状を求めるようになった。ユーザーを制限したのは必要に迫られての判断だった。でも、これには副作用があった。皆がさらに欲しがるようになったんだ。テック業界史上最も優れたマーケティング戦略と評価されたけれど、最初から意図していたわけじゃない。

しばらくするとＧｍａｉｌの招待状は売り買いされるようになる。

イーベイに出品された招待枠には150ドル以上の値がついた。さらには「Ｇｍａｉｌスワップ」といった招待できる人とどうしても招待してほしい人を引き合わせるサイトまで登場した。ホットメールやヤフーメールのメールアドレスはもうダサかった。Ｇｍａｉｌのアドレスを持っていることは一部の特別なグループに属していることを示すステータスになったんだ。

そこまでするなんて、と思うかも知れないが、早く登録すればユーザー名を選べるという大きな利点がある。frank@gmail.comのようなシンプルなアドレスはすぐに取られてしまい、後に登録した人はfrankthetank2000@gmail.comといったアドレスを選ばざるをえないのだ。ＳＮＳでも似たことが起きる。初期ユーザーは短く簡潔なユーザー名を取得でき、それがやがてステータスとなる。ウェブが登場した数十年前にInsurance.comやVacationRentals.comといったドメインを取得した初期ユーザーの判断は正しい。こうしたドメインは後に数千万ドル単位で取引されるようになり、所有者は人生を変えるほどの大金を手にしたのである。

招待制がそんなに効果的なら、なぜもっと頻繁に採用しないのかと疑問に思うかもしれない。それには理由がある。ひとつは成長スピードが減速するリスクが高いからだ。新規登録者がすぐに知り合いとつながる機能も開発しなければならない。そして招待がないまま登録できないと落胆するユーザーも多くなる。そうすると華々しく製品をデビューさせたい企業はもったいなく感じるのだ。そもそも十分な人数が登録し、他のユーザーと交流しなければ、ネットワークが小さすぎてコールドスタート問題を解消できないので招待制は不利に感じる。

それでも、招待機能は多くの製品の重要な特徴となっている。特にネットワーク製品にとってメリットがあるからだ。最初のユーザーが密度の高いつながりのあるコミュニティを形成でき、口コミによる自律的な成長を期待できるのである。

質の高いネットワークを構築する

「気に入ったら5つ星の評価をください！」。よく使うアプリでこう促す文言を見かけたことがあるだろう。

マーケットプレイス、マッチングアプリ、アプリストア、フードデリバリーのアプリは、ユーザーにレビューと評価を求める。こうしたカテゴリーでは信頼と安全性、品質が重要だからだ。高評価を得るにはネットワークに参加する最初のユーザーをしっかり選ぶことが肝心だが、全員に他のユーザーとの適切な付き合い方を教え、浸透させることも重要となる。最初によい環境を整えるとそれを維持しやすくなるのだ。品質のよさは消費者を惹きつけるので、運営側が立ち上げ時に、参加してほしいユーザーを一人ひとり選定して招待することもある。これは招待制の別の形だ。

創業当初のウーバー（当初は「ウーバーキャブ」という名前だった）は、ボタンを押すとリムジンを呼べるアプリだった。共同創業者と経営陣は、ネットワークに参加するすべてのドライバーと直接会い、使い方を説明していた。当時のウーバーが対象とするのは許認可を得ているプロのリムジンドライバーだった。それでもサービスの仕組みや乗客とのコミュニケーションの取り方、トラブル対応などで求められる水準を明らかにすることが重要だと考えていた。

この施策は功を奏し、登録してサービスを使い始める比率、つまりドライバーが乗客の依頼を受ける比率が高まった。サービスの使い方を手厚く説明する方法は規模を拡大しにくいものの、文化的な規範と品質の水準をネットワーク内に浸透させるので、新規ユーザーにサービスの雰囲気を伝えやすくなる。このプロセスをさらに強化するため、アプリに機能を追加することも可能だ。レビューを残せる機能やカスタマーサポートの問い合わせ窓口の設置、他のユーザーの評価制度の導入などだ。これで低評価が付いた質の低いドライバーやルートを特定できる。ウーバーがしていたような対面での面談は量をこなしにくいので、拡大するならアプリ上で面談できるようにするのがいいだろう。最終的にウーバーはそのような機能を実装している。

アプリ内で登録待ちの列をつくるのもよい手だ。手数料無料のオンライン株取引サービス「ロビンフッド」のサービス開始を多くの人が心待ちにしていた。そこで、ロビンフッドは開始前にユーザーに仮登録してもらっている。順に本登録を案内することで、サーバーがパンクしないように登録ペースを調整したのだ。また、ロビンフッドの場合、仮登録したユーザーに対し、SNSにサービスについて投稿してくれた人は優先的に本登録を案内すると伝えていた。こうした施策によって、サービスを本格的に提供する前から数百万人ものユーザーを獲得できたのである。似た別の手法として、仮登録時に基本情報やどのように製品を使いたいかアンケートを取る方法がある。回答結果をもとに最初のネットワークに適切なユーザーを少しずつ選んで、加えるというわけだ。

最初はネットワークに合うユーザーを集めよう

招待制は強力である。成功すると、最初のアトミックネットワークのユーザーが他のユーザーを惹きつける磁石となるのだ。そしてネットワークがコピー&ペーストするように広がっていく。

物理的な新製品の開発者はサービス設計に膨大な時間を費やすが、ネットワーク製品の開発者にはそれに加え、新規ユーザーがよい体験をできるよう、適切な初期ユーザーを集めるという重要な任務もある。優秀なアプリの担当者は、開発中のアプリに機能を闇雲に追加しない。同じように優秀なネットワーク製品の担当者も最初から闇雲にユーザーを参加させないのだ。

リンクトインがサービスに合わないユーザー層を集めていたら、その後、続々と友人を招待してくれた「真の信奉者」を惹きつけられなかっただろう。ティンダーが南カリフォルニア大学ではなく、小さな田舎町で展開し始めていたら、大学から大学へとサービスを拡大し、さらには大都市圏をも取り込むほどにはならなかったかもしれない。成長戦略もまるっきり違うものになっていたはずだ。

ネットワーク製品では初期ユーザー、つまり誰がいて、なぜ参加していて、互いにどう交流しているかが、サービスの機能設計と同じくらい重要なのである。そのサービスのネットワークに最適なユーザーはどういう人なのかを考えよう。それがサービスのユーザーを惹きつける力、文化、成長力を決定づけるのである。

13 ツールで誘って、ネットワークで引き留める

インスタグラムの事例

Come for the Tool, Stay for the Network — Instagram

「ツールで誘って、ネットワークで引き留める」はネットワークの立ち上げと拡大の際に使われる定番の戦略である。最初に優れた「ツール」、つまりひとりからでも使える便利な機能を用意する。そこから徐々に「ネットワーク機能」(ユーザー同士のやり取り、シェア、コミュニケーションなどで他のユーザーと交流する機能)を紹介して移行してもらうというものだ。この戦略の説明にぴったりな事例を紹介しよう。話はアプリストアの黎明期にまでさかのぼる。

iPhoneは当初、アプリの数がそう多くなかった。サービス開始から2年以内に公開されたアプリは5万ほど。今の数百万と比べるとはるかに少ない。しかし、その中でも急成長するアプリがあった。写真好きな2人の若い起業家が設計、開発し、2009年9月に公開したアプリだ(どのアプリか想像してほしいのでここでは名前を伏せておく)。

このアプリは何を成し遂げたのか。今では当たり前のスマホ写真のスタイルを確立した。写真にかっこいいビンテージ風の写真フィルターを適用し、SNS向けに美しく、

シェアされやすい加工を施せるようにしたのだ。アプリはすぐに何百万回とダウンロードされ、ニューヨーク・タイムズ紙にも載った。初期ユーザーからの評価も上々だった。ウェブメディア「ポケットリント」はこのアプリの初期のコミュニティマネジャーを務めたマリオ・エストラーダの言葉を紹介している。

開始1カ月で人気に火がつき、いくつかの国のアプリランキングでトップ10に入り、加工した写真がフェイスブックに投稿されているのを目にするようになった。このコミュニティを取り込み、ユーザーが写真を投稿できるコンテストを用意すべきだと気づいたんだ。反響は驚くほど大きく、アプリはつくり手以上に大きな存在になっていた。[33]

新しいプラットフォームの黎明期に登場したキラーアプリ。何百万人ものユーザーを獲得し、競合他社を大きく引き離した。大成功したに決まっている。そう思うだろう。

このアプリの名は……「ヒプスタマティック」だ。そう、インスタグラムじゃない！

ヒプスタマティックはウィスコンシン州出身のライアン・ドースホーストと友人のルーカス・ビュイックが開発したカメラアプリである。スマホの写真撮影への世間の関心の高さを証明するアプリだった。アップルは2010年、優秀なアプリを表彰する「アプリオブザイヤー」でフリップボード、プランツバーサスゾンビ、オズモスと並んで、ヒプスタマティックを表彰している。[34] ユーザーもヒプスタマティックで加工したレトロ風の写真を気に入っていた。iPhoneで使える最初期のアプリだったこともあり、ダウンロード数が伸びたのだ。

しかし、ヒプスタマティックには使いづらい部分があった。仮想のカメラレンズをスワイプで切り替えてフィルターをかけるのだが、複数回タップしないと加工した写真を見られない。ニューヨーク・タイムズ紙はこう書いている。「ヒプスタマティックは写真が切り替わるのに10秒程度待たなければならない。だからその分、結果がよくないと満足できないのだ」[35]

アプリは1・99ドル。加工した写真はスマホにただ保存されるだけで、SNSに投稿するには手間がかかる。こうした問題点は、新たな競合の出現と成長を許すこととなった。

ヒプスタマティックが大成功を収めた同じ年、ケビン・シストロムとマイク・クリーガーはサンフランシスコのオフィスで「バーバン」というサービスを開発していた。2人が立ち上げたスタートアップは2010年、アンドリーセン・ホロウィッツをはじめとする複数の投資家からシードラウンドで50万ドルを調達している（私が入社する前の話だ）。開発していたのは、特定の場所へチェックインしたり、友人と遊びの計画を立てたり、写真をシェアしたりする機能を備えたブラウザで使うサービスだった。機能は豊富だったが、問題に直面する。バーバンの開発を始めて数カ月が経った頃、サービス内容が複雑で使いづらく、さらに当時急成長していた位置情報共有アプリの「フォースクエア」と真っ向から競合していたのだ。機能を絞り込まなければならない。2人は最も便利な写真機能を残し、それ以外をすべて削ぎ落とすことに決める。シストロムはこう振り返る。

ひとつのことに特化したアプリをつくりたいと思ったんだ。それでカメラアプリを試そうと、1週間かけて写真撮影に特化したプロトタイプを開発した。でも、これは失敗だった。そこでもう一度バーバンに戻り、iPhoneのネイティブアプリにしようとした。アプリは完成したが、あまりに機能が多くてごちゃごちゃしていた。

ゼロからやり直すのは本当に難しい決断だったけれど、そこは思い切って、バーバンのアプリにあった写真撮影の機能とコメント、「いいね！」以外をすべて削ることにした。そうしてできたのがインスタグラムだ。名前を変えたのは、その方がアプリの機能をよく表していると思ったからだよ。インスタントの電報のような感じがするし、カメラっぽさもある。[36]

インスタグラムには最初からネットワーク機能があった。ユーザーのプロフィール、フィード、友達リクエスト、招待など今どきのSNSの機能がしっかり備わっていた。さらにフィードで人気コンテンツを閲覧できるようにしたり、投稿できる写真は640×640ピクセルの正方形に限定したりした。フェイスブックへの投稿機能もあったが、すべてインスタグラムのリンクも含まれている。おかげで口コミによる成長が加速した。

写真フィルターにはヒプスタマティックのような本物のカメラ風のデザインではなく、もっと直感的に使えるものを採用した。フィルターをタップするとすぐに適用される。そして無料で使えたことも大きかった。

インスタグラムはヒプスタマティックが証明した成功要素にネットワークを加えたことで、すぐに成果を上げた。2010年10月6日、インスタグラムがアプリを公開すると、その週の終わりには10万ダウンロードに到達した。2カ月後には100万ダウンロードを突破し、そこから先も成長する一方だった。[37]今でも急成長を続けている。

興味深いことに、最初の数カ月間、ソーシャル機能は重要ではなかった。開始から6カ月後にアナリティクス企業RJメトリクスがテッククランチに寄稿した記事によると、インスタグラムユーザーの65％が他のユーザーを誰もフォローしていなかった。ユーザーを惹きつけていたのは主に写真の加工機能であり、「インスタグラムの220万人のユーザーは、1週間に360万枚の写真をアップロードしている（これは1秒間に6枚の写真に相当する）」とのことだった。[38]

つまりインスタグラムは当初、ヒプスタマティックに代わる使い勝手のよい無料アプリとして広まった。ネットワークの力が効いてきたのはその後だ。

インスタグラムは日を追うごとに成長した。ユーザーがますます増え、有名人も使い始めるようになる。2011年にはテニスプレーヤーのセリーナ・ウィリアムズや歌手のドレイク、ジャスティン・ビーバー、ブリトニー・スピアーズらがインスタグラムに初めて投稿している。かわいい犬や素敵な旅先の写真を投稿するアカウントや、人気モデルのアカウントはやがてこのサービスの性質を決定づける「インフルエンサー」になる。そしてインフルエンサーや有名人、企業、ミームのアカウントを含むあらゆるユーザーがコンテンツを投稿することでますますネットワークの密度とエンゲージメントが高まっていった。フェイスブックが株式／現金と引き換えに10億ドル（約1100億円）でインスタグラムの買収を決めたのは、サービス開始からわずか18カ月後のことである。

写真のフィルター機能はインスタグラムが台頭するきっかけをつくったが、効果は長続きしていない。「#nofilter（フィルターなし）」というタグ付きの投稿が増えたことが表すように、時間の経過とともにフィルター機能の重要性は薄れていったのだ。最近の調査結果によると、写真の大半（82％）[39]にはフィルターが使われていない。開始から8年以上経った現在、ユーザーはツールではなくネットワークのためにサービスを利用していることがわかる。

フェイスブックによるインスタグラムの買収はテック業界の優れた買収案件のひとつに数えられる。買収されていなかったらインスタグラムの価値は数十億ドルになっていただろう。今は10億規模のアクティブユーザーを抱え、フェイスブックの傘下ブランドとして200億ドルの売上を上げている。よい投資に違いない。

ひとりで使える優れたツールで引き寄せる

ヒプスタマティックが開発したツールは優秀だったが、市場を制したのはネットワークを持つインスタグラムの方だった。インスタグラム対ヒプスタマティックの話は、a16zのクリス・ディクソンが2015年に書いた記事「ツールで誘って、ネットワークで引き留める」で有名になった戦略の典型例だ。ディクソンはこう説明している。

ネットワークの立ち上げでよく使われる戦略がある。私はこれを「ツールで誘って、ネットワークで引き留める」と呼んでいる。ひとりでも使えるツールでユーザーを惹きつけ、そこから時間をかけてネットワークへと誘導するというものだ。ツールでクリティカルマスのユーザーを獲得できる。一方ネットワークはユーザーに長期的な価値を提供しながら、他社を跳ねのける参入障壁となる。[40]

写真アプリ以外でもこの戦略が使われている。グーグルスイートは単体でも文書作成や表計算、プレゼン資料を作成するツールとして使えるが、他のユーザーとのコラボレーションや編集、コメントなどのネットワーク機能を備えている。人気の「マインクラフト」や定番の「ストリートファイター」といったゲームもコンピュータと対戦するシングルプレイヤーモードと、友人と対戦するマルチプレイヤーモードがある。イェルプは当初、地元企業の所在地や電話番号を調べられる便利なツールとして始まったが、やがて写真やレビューを投稿できるネットワーク機能を備えるようになった。リンクトインも履歴書をオンラインで公開するツールであると同時に、仕事上の人脈を広げる機能も備えている。

「ツールで誘って、ネットワークで引き留める」戦略は広報活動や広告、インフルエンサーによるマーケティング、営業といった効果的なチャネルと組み合わせてコールドスタート問題を解消し、ユーザーにネットワークを紹介する方法だ。アトミックネットワークが成立する必要条件に届きやすくなり、ネットワークも広げやすくなる。これをコールドスタート理論の枠組みに当てはめて説

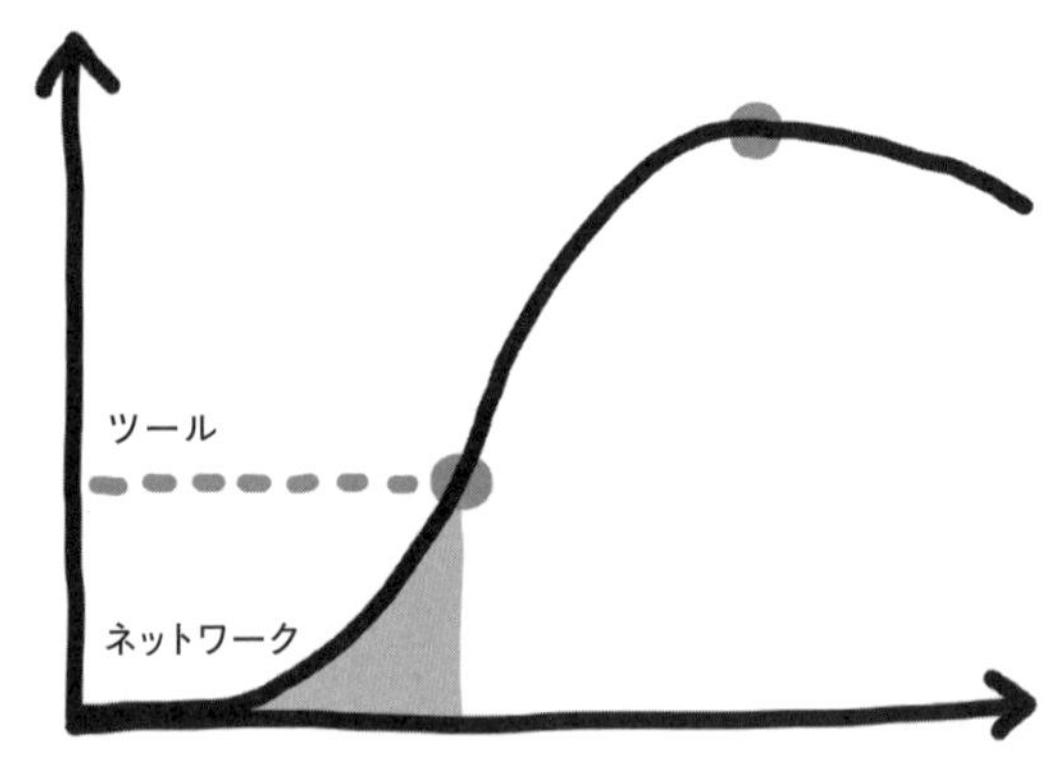

図10　ツールで誘う

明しよう。うまく機能するツールは、立ち上げ初期のネットワーク効果の曲線を底上げしてくれる（図10）。

ネットワーク効果のS字カーブを思い出してほしい。ユーザー数がクリティカルマス以下のときのネットワーク効果は低く、超えると高くなる。効果的なツールは、S字カーブの点線の位置まで一気に製品の価値を引き上げる。ユーザーがひとりしかいなくてもツールには利便性があるので、最低限の価値を保証するということだ。

ネットワークの価値が高まるとやがて、製品はピボットを迫られる。ピボットの方法はいくつかある。インスタグラムでアプリを立ち上げたときに最初に見るホーム画面は他のユーザーの写真を表示する「フィード」だ。写真加工のツールなら、フィルター機能をホーム画面にしたほうがよいはずだが、インスタグラムはフィード、人気のコンテンツ、おすすめのユーザーを優先することでネットワーク機能を強調している。赤い大きなアイコンで「いいね！」やフォローの数を知らせるのもネットワーク機能を打ち出すためだ。職場向けの製品でも同じである。グーグルドキュメントでは文書を作成できるが、書類をシェアする機能もある。同僚が書類にコメントしたり、内容を編集したりすることができるのだ。

ツールからネットワークへ転換する戦略は特殊で、どの製品でも使えるわけではない。ティンダーはひとりでは使えない。ワッツアップやスラックのようなコミュニケーションアプリも同じだ。マーケットプレイスもネットワークによる価値のみを提供しているものが多い。けれども、コンテンツの作成、整理、参照に関わる多くの製品にとってはこの戦略が有効である。うまくいけばネットワークの立ち上げを後押ししてくれる。

ツールとネットワークをあわせ持つプロダクト

インスタグラムやユーチューブ、グーグルスイート、リンクトインの戦略を見ると、いくつかのパターンが浮かび上がる。写真、動画、書類、履歴書とコンテンツの種類こそ異なるが、それぞれコンテンツの編集と公開を主軸とするツールを提供している。そのツールに、ユーザーがコンテンツと出合ったり他のユーザーと交流したりするネットワーク機能を組み合わせているのだ。ツールとネットワークをあわせ持つプロダクトを分類すると次のようになる。

ツールとネットワークをあわせ持つプロダクトの分類

■コンテンツ作成ツール＋シェア機能（インスタグラム、ユーチューブ、グーグルスイート、リンクトイン）

■コンテンツ管理ツール＋コラボレーション機能（ピンタレスト、アサナ、ドロップボックス）

■コンテンツ履歴管理ツール＋最新情報の共有（オープンテーブル、ギットハブ）

■コンテンツ検索ツール＋コンテンツ作成に参加（ジロー、グラスドア、イェルプ）

それぞれのツールには特徴がある。コンテンツ管理ツールは、リンク、ファイル、タスクなどを簡単に検索・閲覧できる便利な機能を提供する。たとえば、トレロやアサナといったプロジェクト管理ツールは、改善の精神にもとづくトヨタ生産方式に着想を得た「かんばん」レイアウトなど気の利くインターフェースで仕事の進捗を管理できるようにしている。ドロップボックスは複数のデバイス間でフォルダやファイルを同期できるツールを提供している。画像のコレクションを一覧できるユニークなレイアウトが特徴のピンタレストは、レシピやインテリアの画像をボード別に整理できるツールだ。これらのツールはひとりでも使える。だが、いずれ誰かにタスクを割り当てたり、タグ付けしたり、手伝ってもらうために人を招待したりしたくなるだろう。

コンテンツ履歴管理ツールは、重要情報のバージョン管理機能を提供している。これらは会社の業務フローに深く組み込まれることが多い。ソースコードのバージョン管理システムである「ギットハブ」はその好例だ。自分のソースコードをギットハブで管理している開発者は多いだろう。ソースコードの管理機能が「ツール」の部分だ。そこに他のソフトウェア開発者を招待し、一緒にプロジェクトに取り組むことでネットワークがつくられる。

オープンテーブルは1998年にレストランの予約管理システムとして誕生した。当時のレストランは紙とペンで予約を管理していた。オープンテーブルはそこを置き換える製品だったのだ。その後、多くのレストランが利用するようになると、客が店に直接オンラインで予約できるネットワーク機能を追加した。同じ施策を一般消費者向けサービスで実行したのがグーグルフォトだ。グーグルフォトはアンドロイド端末で撮影した写真の管理や保存、バックアップができるサービスである（SNSで最高に映える写真以外のデータも取っておくためのサービスということだ）。その後グーグルフォトは他のユーザーとアルバムを共有できるネットワークサービスへと進化した。

イェルプやグラスドアは、レストランの住所や電話番号、会社の業務内容や所在地などの情報を調べるサービスだ。こうした情報はライセンス料を支払って取得している。オンライン不動産データベースを運営する「ジロー」が提供するツールは、不動産価格情報をもとにユーザーの自宅の評価額を算出する「ゼステメイト」だ。ネットワークは不動産データベースに、ユーザーが写真や感想を投稿できるようにしてつくり上げた。多くのユーザーが特定のサイトに価値を感じると、それがマーケットプレイスに進化する場合もある。たとえば、イェルプは掲載レストランが予約や配送の注文を受けられるようにしてマーケットプレイスへと姿を変えた。グラスドアとジローはネットワークの供給側にツールを提供している。グラスドアは企業に採用ツールを、ジローは不動産エージェントにリード獲得ツールを提供している。グーグルの事例もわかりやすい。グーグルは検索エンジンをもとに広告のマーケットプレイスをつくり上げた。

この戦略が有効なとき、そうでないとき

ツールとネットワークの組み合わせは強力な戦略だが、必ず機能するとは限らない。ユーザーがツールからネットワークに移行しない場合があるからだ。移行には通知をクリックさせ、新しいインターフェースやネットワーク機能を使ってもらい、定着してもらわなくてはならない。移行せずにツールだけを使い続けるユーザーもいるので、必ずしもネットワークに転換できるわけではないのだ。

「ツールで誘って、ネットワークで引き留める」戦略は、ツールとネットワークの二段構えであり、ツールとネットワークがどれだけ深く関連しているかが移行の成否を分ける。関連が薄いと、人気ツールに全く関連性のないネットワークを取り付けただけの状態となり、ユーザーの移行率は低いだろう。インスタグラムが道を示した後、何千というカメラアプリがフィード、プロフィール、ソーシャル機能を追加しようとして失敗した。一方で、ドロップボックスのフォルダ共有機能のようにツールとネットワークが密接に連携していれば、ネットワークは自然と広がっていく。連携は見事で、むしろネット

ワークがなければ何かが足りないと感じるほどだ。ユーザーが製品のネットワーク機能を望んで引き寄せたと言える。

「ツールで誘って、ネットワークで引き留める」戦略がうまくいくと非常に効果的だ。ネットワークにはコールドスタート問題がつきまとう。ツールは広まりやすく、ネットワークが転換点に到達しやすくなる。ツールを広く普及させ、そこから製品を成長させれば、ツールの周りにネットワークが形成され始めるのだ。

ツールはひとつの手法にすぎない。製品によっては「金で成長を買う」という直接的な戦略が効く。ネットワークが機能し始めるまでユーザー活動を金で促進するのだ。資本は必要となるが、うまくいくケースもある。

14 成長を金で買う

クーポンを使う

Paying Up for Launch — Coupons

「いつになったら利益が上がるのか？」

急成長中のスタートアップに対するよくある批判だ。ウーバーも長らくそう批判されていた。事業は急成長していたものの、上場するまで毎年何十億ドルという資金を使っていたことが原因だ。アマゾンもサービス開始から17四半期連続で赤字だった。ネットワークの立ち上げには金がかかることもある。それも莫大な額が。

もちろん、いつかは黒字化しなければならない。しかし、ネットワーク製品の立ち上げ初期、事業成長のために多額の金をかけることが理に適う場合もある。目的は転換点に到達し、強力なネットワーク効果を生むことだ。それを達成してからコストを抑え、利益を出す。うまく実行できれば事業は急成長し、高収益を出せるようになるだろう。

成長を加速させるための金銭的なインセンティブは、数種類ある。ここではまず少し地味だが、「クーポン」を使う方法から説明しよう。スーパーマーケットの歯磨き粉や食品が1、2ドル引きになる、郵便受けや新聞に入っているあのクーポンのことだ。

コカ・コーラの共同設立者であるジョン・ペンバートンとエイサ・キャンドラーがクーポンを発明したのは1888年のことだった。初期のコカ・コーラのクーポンには中央に昔ながらの筆記体のロゴが描かれ、「このクーポンでコカ・コーラ1杯と交換できます」という文言と取扱店で交換できると記してあった。それまで地域ごとにさまざまなキャンペーンが展開されていたが、特定商品の全国規模でのブランディングキャンペーンはこれが初めてだった。そしてこのキャンペーンは大成功を収める。会社の創立から20年で850万杯ものコカ・コーラが引き換えられた。米国人の9人にひとりがクーポンを使った計算になる。このキャンペーンのおかげでコカ・コーラは瞬く間に全米全州で流通するようになった。非常に強力なキャンペーンだったため、多くの企業、とりわけ消費財メーカーも同様の施策を次々と展開した。

クーポンとネットワーク効果は、企業が食料品店などに新商品を卸すときに直面する問題と関連している。店舗は買い物客と食品メーカーをつなぐ物理的なネットワークである。ただし、陳列スペースには限りがある。そのため店は消費者のニーズがあるとわからなければ、新商品を置けない。そして店が取り扱わなければ、消費者は新商品を試す機会がない。ここに典型的な「ニワトリ卵問題」が存在している。

問題の解決策のひとつがクーポンだ。伝説的なマーケターのクロード・ホプキンスはクーポンを最大限に活かす戦略を立案した。1927年に出版された回顧録『広告でいちばん大切なこと』（翔泳社）で、粉ミルクの製造・販売を手掛ける顧客企業ヴァンキャンプ向けに立てた戦略について彼はこう記している。

ヴァンキャンプの粉ミルクを身近に感じてもらう方法を考えた。どの店でも10セントの粉ミルク缶と引き換えられるクーポンを新聞に挟むのだ。食料品店にはクーポンと引き換えられた分の小売価格を支払う。3週間かけてクーポンの広告を掲載すると告知し、同時にヴァンキャンプの粉ミルクを宣伝する。そしてすべての食料品店に広告のコピーを送り、その店の顧客全員がこのクーポンを1枚受け取ると伝えた。店側はヴァンキャンプの製品を取り扱うべきだとすぐに理解した。1枚のクーポンが10セント分の売上となり、製品を並べなければ顧客は競合に取られてしまう。この結果、全国規模で粉ミルクが一気に広まった。[41]

当時は新聞広告で商品を宣伝するのが一般的だった。ヴァンキャンプの施策は、ネットワークのハードサイドである食料品店の獲得に注力した点が特徴的だ。ハードサイドに訴求することで、ネットワーク全体を一気に取り込めた。そして、食料店が商品を取り扱い、クーポンがなくても継続的に仕入れようと考えるきっかけをつくったのだ。ホプキンスはクーポンのキャンペーンでアトミックネットワークが成立することを実証すると、他の地域にも次々と進出した。

この手法は他の中規模都市でも成功したので、次にニューヨークで展開することにした。ニューヨークは競合製品が市場を支配していて、ヴァンキャンプのシェアはわずかだった。3週間のうちに主に手紙で97%のシェアを確保できた。どの店もクーポンの需要に備える必要性を感じてくれた。その結果、そして、とある日曜日の新聞にクーポンを挿入し、ニューヨーク全域に配布した。

146万枚のクーポンが使われた。食料品店には引き換え分の代金14万6000ドルを支払う。これは146万軒の家庭が新聞広告を読んでヴァンキャンプの粉ミルクを試したことを意味する。それもわずか1日のキャンペーンでだ。広告の掲載費を含め、かかった費用の総額は17万5000ドル。大部分はクーポンの引き換え費用だった。そして9カ月足らずで、費用を売上で取り返した。ニューヨーク市場を掌握したのだ。

もちろん、粉ミルクはアプリでもOSでもテキストエディターでもない。しかし、ヴァンキャンプがネットワークのユーザーである店舗と消費者のどちらも同時に獲得した戦略から学べることがある。数世紀前に成功したこの戦略は、今でも特定の状況では機能するのだ。

同じようなネットワークの「ニワトリ卵」問題は、ライドシェア事業にも存在する。新しい都市でサービスを立ち上げる際、乗客とドライバーのどちらを先に獲得すべきか。この場合、ネットワークのハードサイドから手をつけるのが定石だ。ウーバーはヴァンキャンプと同じように、手当てを出してまずドライバーを獲得した。クレイグスリストの求人掲載枠を買い取り、時給30ドルでドライバーを募集したのだ。乗客を乗せた回数にかかわらず固定の時給を払う。ドライバーはアプリを起動しておけば金が入る。「ニワトリ卵問題を解決したいなら、ニワトリを買え」という常套句通りの作戦だった。

時間給ドライバーの採用でコールドスタート問題は素早く解決できたものの、資金は信じられないペースで減っていく。市場が拡大し、さらに多くのドライバーが必要になると、同じ施策を続けられないのは明らかだった。そこである程度ネットワークが育ったら、報酬を時間給から変更する。乗客がドライバーに運賃を支払い、ウーバーがその一部を手数料として受け取る通常のビジネスモデルに切り替えるのだ。

ネットワークの成長を促進するため、経営陣は各都市の進捗具合をランキング形式で社内に共有した。ネットワークを立ち上げて時間給でドライバーを採用するところから、ドライバーと乗客の両方をクリティカルマスに到達するまで集客し、持続可能な手数料モデルに切り替えるまでの進捗を示したのだ。都市ごとに健全な競争があることで、この工程はどんどん早く、効率的になった。

最初のユーザーを惹きつけたら、事業拡大のためさらにドライバーが必要となる。ここで既存ネットワークを活用した紹介制度が大いに役立った。ウーバーのドライバー向けアプリでは、ドライバーに紹介制度（ウーバーを勧めた友人がドライバー登録をすると紹介者にも登録者にも200ドルが入るキャンペーン）を案内している。クレイグスリストで使った費用を少しでも有効活用する施策だった。ウーバーの仕事の柔軟性と収益性についてドライバーの口コミが広がったことも紹介の後押しになった。ドライバー登録のほぼ3分の2は紹介制度と口コミによるものだ（どちらもネットワーク経由で広がる）。そして十分な人数のドライバーを確保できてから乗客向けの施策を始め、本格展開を目指した。

達成したい目的に応じて、ウーバーはさまざまな報酬形態や手当てを考案している。時間給やドライバーの紹介制度、賛否両論のサージプライシングのほか、「10回配車依頼を受けると、以降の報酬は1ドル増し」（社内では「DxGy」施策と呼ばれている）といった手当てなどだ。データサイエンティスト、経済学者、開発者で構成されるマーケットプレイスチームの何百人という社員は、これらの施策で世界中の何百もの市場の需給バランスを整えている。

紹介、報酬、段階別の価格設定などで成長を後押しする

ネットワークのハードサイドを金で買う手法はあらゆる製品で採用されている。ネットフリックスやツイッチなどのメディアも、ウーバーと同じ理由で、コンテンツ制作者に一定の報酬を保証する場合が多い。法人向けサービスの多くは、一部無料の「フリーミアムモデル」を採用している。職場の資料制作者と管理者がサービスを利用しやすくする施策だ。一度使ってもらえれば同僚にも勧めやすい。もちろん、課金なしでサービスを提供したらコストがかさむ。けれども、その結果課金ユーザーを獲得できるなら価値がある。マーケットプレイスでは、売上保証や収益分配率の上乗せ、コンテンツへの先行投資、割引などの方法がある。これらはすべて同じ考えをもとにした施策だ。

金を使って成長するのはリスクがあるので、タイミングを見てほしい。資金の少ないスタートアップが金をたくさんかけて最初のネットワークを確立しようとするのはちょっと違う。立ち上げ期の会社は、ターゲット層の選定や初期機能の開発など、基本的なことに集中した方がよい場合が多い。金で成長を促進する前に、キラープロダクトを完成させ、アトミックネットワークをつくれると証明する必要がある。

しかし、ひとたびアトミックネットワークを立ち上げたら、経済的なテコ入れで転換点に到達するペースを上げる施策が有効だ。テコ入れ方法はいくつかある。紹介制度、報酬の一部前払い、一定の報酬保証、段階別の価格設定などだ。これらの施策に共通するのは新機能の開発ではなく、資金投入で成長を加速させる点である。

こうしたテコ入れ施策は、金の絡むネットワーク製品で特に効果を発揮する。たとえば、ヴェンモの

ような決済ネットワークや暗号資産系の製品、マーケットプレイス、ツイッチのようなクリエイターが視聴者から投げ銭を受け取るサービスなどだ。支払いが発生する製品のため、紹介制度や利用促進キャンペーンを組み込みやすい。

暗号資産は経済的インセンティブをうまく使う

ビットコインのような暗号資産は、企業の資金を使わずに、ネットワーク上の経済性を創造、共有することで、「金で成長を促進する」別の方法をとっている。ビットコインはサトシ・ナカモトと名乗る人物（いまだ正体不明）によって2008年に発明された。暗号学のコミュニティのメーリングリストに宛てた9ページからなる簡潔な「ビットコイン：ピアツーピア電子マネーシステム」という論文でビットコインのプロトコルを説明したのだ。その数カ月後にはオープンソースでビットコインを公開している。現在、ビットコインの時価総額は1000億ドルを超える。これは現存するビットコインの数に現在の市場価格を掛け合わせて算出した額だ。

ビットコインは過去数十年で最も成功したネットワークのひとつである。何百万人というビットコイン購入者がいる上、いまだ正体不明の開発者の設計にもとづいて動作していることからも、そのネットワーク効果の強さがわかる。

ビットコインには関係者の協調を促す経済的なインセンティブがあるところが、実に巧妙だ。ビットコインはこれから100年ほどかけて徐々に増えるよう設計されているが、希少性が数学的に担保されている。だからユーザーは安心してビットコインを保有できるのだ。また、暗号資産の支持者は、政府が発行する従来の通貨とは対照的に、インフレの影響を受けづらいという特性を強調する。景気が悪くなっても、暗号通貨はどこかが勝手に増刷できるわけではない。ビットコインでは個別の「マイナー（採掘者）」が、取引を処理することでプロトコルを維持している。マイナーは取引を処理する度にビットコインで報酬を受け取り、それがネットワークに参加する動機となる。

ビットコインの報酬体系ではネットワークの早期参入者ほど有利になる。ビットコインの報酬は、時間の経過とともに減少するのだ。マイナーもビットコインの保有者も、プロトコルによって定められたビットコインの希少性を正確に把握しており、それがインフレに対するリスクヘッジになると考えられている。また、暗号資産への投資は経済の悪化や不安定な政治情勢、ナショナリズム、閉鎖的な経済など、世界の問題に対するリスクヘッジと考えられるかもしれない。ビットコインは早く参加すればするほど有利という触れ込みで始まり、実際ビットコインの価格が上昇すると、暗号資産を手放さずにいた人たちは億万長者になったのである。

ビットコインなどの暗号資産では、ネットワークが活発になることで増加する利益を参加者と共有する。最初のネットワークを立ち上げるために、スタートアップがネットワークの参加者にストックオプションやコンサルティング料、出資する権利などを提供する事例も見かけるようになった。こうした施策は特にインフルエンサー、クリエイター、開発者といったハードサイドのユーザー獲得には効果的だ。参加者会社とネットワーク参加者の利害が一致しているからだ。ネットワークが成長し、成功すれば、参加者もまた得をする。

大企業と提携する

多額の「資金」を使う代わりに、「時間と労力」をかけるパターンもある。たとえば、中小企業が大手と提携するケースだ。このような提携は力関係が偏っている場合が多い。中小企業が提携先の大手企業のために製品開発とカスタマイズを引き受ける代わりに、流通面での援助や収益を得る場合などだ。うまくいかないことがほとんどだが、マイクロソフトなど成功した事例もいくつかある。1970年代の創業当初のマイクロソフトの話だ。

マイクロソフトにもスタートアップだった時代がある。同社はニューメキシコ州アルバカーキで創業した。Tシャツ屋や宝石店が並ぶ小規模なショッピングモールの一角にオフィスを構え、地味にスタートしたのである。幼なじみであったビル・ゲイツとポール・アレンが率いるこの会社は、1970年代、入門用プログラミング言語BASIC用のツールをつくっていた。だが、マイクロソフトが市場支配力を身につけたのはOSを提供し始めてからである。

当時、芽吹き始めたテクノロジー業界では、パソコンというハードウェアの販売が主な収益源になると想定されていた。IBMは1981年にパソコン事業に参入する際、マイクロソフトと同社のディスクオペレーティングシステム（DOS）を使用するライセンス契約を結んでいる。DOSは、現在のiOSやアンドロイドのように、IBM製のハードウェアで動作し、開発者がつくった文書作成や表計算、ゲームなどのアプリケーションを乗せる重要なソフトウェアだ。そしてOSにはユーザー、開発者、ハードウェアメーカーをつなぐネットワークがある。ただ、当時のIBMはそれに気づいていなかった。

IBMとの提携は、マイクロソフトが「コールドスタート問題」を解決する鍵だった。この提携で、

ＩＢＭのパソコンを使いたいユーザーとアプリケーション開発者は自然とＭＳ‐ＤＯＳに触れることになった。また、マイクロソフトはＩＢＭのパソコン向けにＯＳをカスタマイズしている。ただし、マイクロソフトはＩＢＭ以外のハードウェアメーカーにもＯＳを販売できる権利を保持していた点が重要だ。後にＩＢＭの設計をもとにハードウェアメーカーが開発した、いわゆる「ＩＢＭ ＰＣ互換機」が次々と発売されたが、そこでもマイクロソフトのＯＳが採用されたのである。

しばらくすると数十、数百のＰＣメーカーが登場し、あらゆるソフトウェアスタートアップがＭＳ‐ＤＯＳ対応ソフトウェアを開発するようになった。そしてアプリケーション開発者もユーザーもハードウェアに関係なく、マイクロソフトのＤＯＳ上で動くプログラムを使うようになったのだ。するとハードウェアはコモディティ化し、力関係が逆転する。オペレーティングシステムが力を持つ時代となったのだ。

興隆するパーソナルコンピュータ業界の混沌の中、マイクロソフトのネットワーク効果は強力だった。１９８０年代にはＡｍｉｇａ、ＯＳ／2、アップルのマッキントッシュといった他のエコシステムもあった。けれども、ＯＳのネットワーク効果により、マイクロソフトのエコシステムが最も大きく発展したのである。

マイクロソフトのネットワークには一般ユーザー、開発者、ＰＣメーカーの3つの属性の参加者がいる。そして、それぞれが別の参加者を引き寄せる関係にあった。ユーザー（とユーザーの働く企業）は最も多くのアプリケーションが使えて、ハードウェアの選択肢が充実していたＭＳ‐ＤＯＳ（後のウィンドウズ）を選んだ。開発者は最もユーザーが多く、便利な開発ツールが揃い、アプリケーションの流通網が整っていることから、マイクロソフトのプラットフォーム向けに製品を開発した。そして、ＰＣメーカーはユーザーと開発者のニーズに応える製品を提供するためにウィンドウズのライセンスを取得した。こうした関係性がユーザー獲得、エンゲージメント、経済的なネットワーク効果の強化に貢献したのだ。

エコシステムが大きくなればなるほど、マイクロソフトの価値が増した。やがてマイクロソフトのOSシェアは80％近くになる。独占的な地位を確立したことで隣接市場への参入も容易になった。長年にわたり、マイクロソフトはそのネットワーク効果で競合他社を不当とも言えるほど抑え込んだと批判されてきた。ワードパーフェクト、ロータス、アシュトンテイト、スタック、ノベル、ネットスケープ、AOL、サンといった何千人もの従業員を抱える老舗企業をも抑え、優勢を保っていたのだ。マイクロソフトはインターネットブラウザ、表計算や文書作成ソフトを発明したわけではない。だが、これらの市場を支配する立場にのし上がったのである。

とはいえ、設立当初にIBMとのパートナーシップを締結してネットワークの転換点に到達できなかったら、マイクロソフトはここまで来られなかっただろう。製品を軌道に乗せるため、初めはIBM向けにカスタマイズしなければならなかった。だが、そのおかげで、マイクロソフトのOSは何十億台ものPCに搭載され、存在感を放つ製品になれたのだ。

不採算が賢い戦略にもなる

ここまで紹介したクーポン、ウーバー、暗号資産、マイクロソフトの事例はどれも、ネットワークを確立するための戦略だ。金でネットワークの成長を買う方法は、「1ドルを90セントで売っているようなもの」と批判されることがある。もちろん早い段階からユニットエコノミクス（顧客当たりの収益性）がプラスになるネットワークをつくるのが理想だが、それができない場合もある。時間がかかりすぎてもダメだ。早めにネットワークの成長を金で買うというリスクを取り、後から収益性を高めた方がうまくいくことがある。アトミックネットワークを繰り返しつくれることがわかったら、市場全体の獲得を目指して成長を後押しする施策を検討しよう。

マーケットプレイスの場合、買い手は低価格で品物を購入でき、売り手は十分な売上を得られることが重要な価値だ。コミュニケーションやコンテンツ共有が主な用途のSNSの価値も似ている。コンテンツ制作者が視聴者と売上のどちらも獲得できることが重要だ。こうした製品の立ち上げには、ネットワークの最初期にコンテンツを買ったり、一定の報酬を保証したりといった先行投資が多く必要かもしれない。

どの場合でも、ある程度の市場を獲得した時点でコストを減らしていくことになる。市場のほとんどを取り込めたら、ユーザー獲得に金をかけなくても済むだろう。市場で一番有力なプレイヤーになれば、他社との競争のために値下げする必要もなくなる。効率的な施策を打てているなら、競合他社は撤退せざるをえなくなるかもしれない。短期的には赤字になる戦略でも、市場があなたに味方し、ネットワークが転換点を超えられるなら、長期的に見て自社に有利な戦略になる。

フリントストーン戦略

人力で始めたレディットの事例

Flintstoning — Reddit

15

1960年代の名作アニメ「原始家族フリントストーン」は、ベッドロックという原始時代の町に住む一家のコメディドラマだ。フレッドとウィルマ・フリントストーン夫妻を中心とする一家は洞窟に住み、ペットの恐竜を飼っている。フレッドはネクタイを着けて、石と毛皮と木材でできたクルマに乗って仕事に行く。このクルマが印象的だ。「ヤバダバドゥー!」と決め台詞を言いながら、フレッドは足を高速に動かして目的地まで行くのである。

「フリントストーン戦略」の名前はこのクルマに由来する。足りない機能を人力で補うという意味だ。アカウント削除やコンテンツの編集、招待などの機能がない簡素な状態でサービスを世に出すことはよくある。代わりに、ユーザーが簡単に問い合わせできるようにしたり、社内ツールで社員がユーザーの要望に対応したりするのだ。同じ類の要望が増えるようなら、その機能を開発する。人力で補わなければならない部分がある代わりに、早めにアプリを市場に出して顧客からフィードバックを得られるのが利点だ。

フリントストーン戦略とは、サービス初期に人力でコンテンツを拡充したり、ユーザーのニーズに応えたりすることである。ユーザー投稿型の動画サービスなら、創業者が自ら動画を投稿する。ユーチューブも創業当初はそうしていた。職場向けコラボレーションツールならユーザーに使い方を説明したり、顧客企業に実質常駐してソフトウェアをカスタマイズしたりする。そしてネットワークがある程度形成され、製品が軌道に乗った時点で、人力でしていた作業をソフトウェアの機能として実装するのだ。

フリントストーン戦略の好例にレディットがある。スティーブ・ハフマンとアレクシス・オハニアンが10年以上前にレディットを立ち上げた当初は人力でコンテンツをつくっていた。レディットは自社を「インターネットの一面」と謳っている。数億人規模のユーザーを抱え、10万以上の活発なサブレディットがあり、そのコミュニティで何百万というリンクが共有されている世界最大級のウェブサイトだ。

もっとも、2005年の開始当初はもっと地味なサイトだった。ユーザーが投稿したリンクの一覧が毎日表示されるだけ。「ユーザー」といっても、サイトの訪問者が増えてコミュニティを形成するようになるまでは、共同創業者のハフマンとオハニアンの2人しかいなかった。

a16zはレディットに投資しており、私は数年前にハフマンやレディットの経営陣と知り合った。そして四半期に1、2回、マーク・アンドリーセンと共に会社の状況をハフマンから聞いている。レディットのオフィスはサンフランシスコの市街地にある。会社のマスコットキャラクター、エイリアンの「Snoo」のさまざまなイラストで飾られた遊び心のある内装が特徴的なオフィスだ。先日ここで、初期のレディットがいかに「コールドスタート問題」を解決したかをハフマンに聞いた。

誰もゴーストタウンに住みたがらないのと同じで、誰も空っぽのコミュニティには入りたがらない。初期はトップページによいコンテンツを揃えるのが毎日の仕事だった。何十個ものダミーアカウントから自分たちでリンクを投稿していたんだ。でないとコミュニティが干上がってしまうからね。[42]

ダミーアカウントはどれも本物のユーザーのように見えたが、裏で動かしていたのはハフマンとオハニアンだったという。最初こそコンテンツの検索と投稿を人力でこなしていたが、やがて作業を効率化するソフトウェアを用意した。ハフマンはこう説明する。

ニュースサイトをスクレイピングし、自動生成したユーザー名で投稿するコードを書いたんだ。これで活発なコミュニティがあるように見える。ただ、それでも実際に投稿する手間はかけていた。サイトを立ち上げてからおよそ1カ月後の7月のある日、私は家族とキャンプに出かけ、しばらく投稿しなかった。少ししてサイトをチェックしたら、トップページが空になってしまっていた。やってしまったと思ったよ。

人力作業の自動化は部分的には機能していた。さまざまなウェブサイトから面白いコンテンツを見つける点では役立っていたのだ。そして最後にハフマンが手を加えて投稿した。こうした作業により、ネットワークが空中分解するのを避け、やがてダミー投稿が不要になるくらい本物のユーザーからの投稿が集まるようになったのである。

イェルプやクオーラのようなサービスで、投稿者の代わりに運営側がコンテンツを制作するのも、レディットの事例と基本的には同じだ。こうした人海戦術の例は、どれも社員や業務委託先の力でネットワークのハードサイドの活動を補おうとしている。

ハードサイドのユーザーを獲得する人力作戦

料理のデリバリーサービスを例に挙げよう。外食産業には何百万軒もの小さなレストランがあり、多くはテクノロジー製品にはあまり馴染みがない。だからいきなり新サービスを利用してもらうのは難しい。店には需要が見えない段階で導入する動機がないのである。そこでドアダッシュやポストメイツは、レストランとの契約のありなしにかかわらず、ユーザーから料理の注文を受けてしまう戦略をとった。ユーザーが注文すると、アプリから料理を運ぶ配達人に通知が飛ぶ。だが、料理の提供元のレストランは注文を知らない。単純に配達人が客として料理を受け取り、注文したユーザーに届けるのだ。デリバリー需要があると証明してから初めて、運営元はレストランと交渉をする。

この戦略は法人向けサービスでも使われている。不動産や貨物、人材など数十億ドル規模の巨大な業界には事業者同士をつなぐ法人向けのマーケットプレイスが存在する。そしてこれらのマーケットプレイスをテック製品に落とし込んだ貨物利用運送業者「フレックスポート」やトラック配車サービス「コンボイ」などが登場した。いずれの企業も10億ドル規模に育った。従来の仲介事業者は鉛筆と紙とFAXを駆使して、法人顧客と事業者とを引き合わせていた。もちろん、この作業をこなしているのは従業員のマンパワーである。仲介事業者の最終的な目標は紙とペンでの作業をすべてソフトウェアに置き換えることだ。だが、初期は昔ながらの方法をとっていることが多い。ハイテク企業でもまずは多くの従業員を投入して、従来の仲介事業者と同じ方法で作業を洗い出し、徐々に自動化するのだ。そして最終的に全工程を自動化してテック企業らしいマーケットプレイスができ上がるのである。作業する人員と、人力作業を自動化したソフトウェアを組み合わせていることから、このような企業は「サイボーグスタートアップ」と呼ばれている。

自動化でフリントストーン戦略を加速する

フリントストーン戦略の難点は、人力作業があまりに多く感じられることだ。問題解決のために人を投入するが、本当に事業を拡大できるのかと不安になるだろう。心配ない。この戦略はあなたが思うよりずっと先まで活用できる。フリントストーン戦略にはグラデーションがある。

■**完全人力**——人が手作業ですべてをこなす
■**人と機械のハイブリッド**——ソフトウェアが大部分をこなすが、人も関わる
■**全自動**——アルゴリズムがすべてをこなす

レディットの事例で説明しよう。もしハフマンが完全に人力だけでレディットを回そうとしたら、業務委託で人を雇い、手作業でリンクを投稿してもらっていただろう。これは立ち上げ当初にハフマンがやっていたことだ。非効率的に見えるかもしれないが、イェルプやクオーラも最初はすべて手作業だっ

た。イェルプは口コミ、クオーラはQAサイトを充実させるために社員や外部のスタッフの力を借りていた。また、先ほど述べたように、運送会社と運送貨物をマッチングする「ウーバーフライト」のような法人向けの仲介業者もまずは人が作業を担い、そこで洗い出した手間のかかる工程をソフトウェアで自動化してサービスを立ち上げた。人力で仕事が回せるようになったら、テクノロジーで効率化し、事業を加速させるというわけだ。レディットではハイブリッド方式を採用していた。ハフマンはスプレイピングとボットで面白そうなコンテンツを集め、人が実際に投稿するものを決めていたのだ。マーケットプレイスのハイブリッド方式では、需要と供給を一致させるために人が間に入って調整しつつ、効率性を高めるツールを導入する。

完全にソフトウェアで自動化するというのは、アルゴリズムでコンテンツを収集し、ユーザーのフィードに関連性の高いものを提示するボットを用意することだ。おそらくこれに最も近い例はティックトックだろう。ユーザーが押した「いいね！」や低評価を加味し、ユーザーごとに表示するコンテンツをアルゴリズムで決めている。別の有名な事例は、ペイパルが開発したイーベイの売買の自動化ツールだ。このツールで決済に利用できるのはペイパルのみで、イーベイの売り手にペイパルの導入を促進する目的もあった。

極端な事例――任天堂のゲーム機立ち上げ戦略

究極のフリントストーン戦略はどんなものだろうか。それはネットワークのハードサイドを補うために人を雇って専門部隊をつくることだ。レディットなら創業者が自らコンテンツを投稿する代わりに、1

日中コンテンツを作成する社内チームをつくる。乱暴に聞こえるかもしれないが、ゲーム業界でよく見る戦略だ。たとえば、任天堂は家庭用ゲーム機「ニンテンドースイッチ」の発売時にこの戦略をとった。

２０１６年、任天堂はテレビに接続して遊べる上、携帯型ゲーム機としても使える革新的な製品の発売を控えていた。もっとも、消費者が欲しいのはゲーム機本体ではない。ゲーム機と同時に発売される絶対見逃せない最新ゲームで遊びたいから購入するのだ。ゲーム機の提供企業としては、対応ゲームを外部の開発者に制作してもらうのが理想だ。けれど、外部の開発者は新型ゲーム機の機能をフル活用する方法を知らないし、すでに多くのユーザーがいる既存ゲーム機ではなく新型機向けに開発するインセンティブは少ない。

この「コールドスタート問題」を打開するために、任天堂はニンテンドースイッチの発売に合わせ、人気の定番シリーズ「マリオ」と「ゼルダ」の最新作を惜しげもなく同時発売したのである。それぞれ１０００万本以上も売れた。ゲームはスイッチの発売を後押しするために任天堂が内製したもので、フリントストーン戦略の究極の形だ。

これは任天堂お決まりの戦略でもある。30年以上前に発売した初代据え置き型ゲーム機「ファミリーコンピュータ」は17本のゲームと同時に発売した。一部は自社開発、一部は外部の開発者が制作したものだった。スイッチでも同じ戦略をとったわけだ。「スーパーマリオ オデッセイ」と「ゼルダの伝説 ブレス オブ ザ ワイルド」はどちらも、クリエイティブディレクターやゲームデザイナーを揃えた社内スタジオで制作した。新しいネットワークの立ち上げに何百人もが関わっていたのだ。そしてこの戦略は功を奏し、ニンテンドースイッチは発売から数年で７０００万台を売り上げ、任天堂史上、最大の人気製品となったのである。

ゲーム業界では内製したゲームは「ファーストパーティコンテンツ」と呼ばれていて、かなり大規模な投資になることもある。マイクロソフトも家庭用ゲーム機「Xbox」のために多くのゲームスタジオを買収し、社内に取り込んだ。それも生半可な投資ではない。2014年に25億ドルで買収したゲーム「マインクラフト」の開発元、モヤンをはじめ、現在10近くのゲームスタジオを所有している。莫大な投資と思うかもしれないが、ゲーム機市場で勝つためには必要なのである。自前でやるしかないときもあるということだ。

レディットの戦略は違ったが、そうすることもできただろう。「かわいい」「スポーツ」「音楽」などがテーマのサブレディットコミュニティをそれぞれ運用する社内スタジオをつくる道もあったかもしれない。必要なコンテンツの制作とコミュニティの管理を担うフルタイムの社員をそれぞれ配置するようなことだ。

この戦略はSNSでは一般的ではないが、全く例がないわけではない。近年、ユーチューブやポッドキャストの配信を始めたスポティファイのようなサービスは事業の成長を後押しするために、ファーストパーティコンテンツの制作やコンテンツのライセンス取得に力を入れている。

手を引くタイミング

フリントストーン戦略は段階的に縮小していくことが多い。そういう意味では「ツールで誘って、ネットワークで引き留める」戦略に似ている。フリントストーン戦略はネットワークのハードサイドの活動を人力で補助するのに対し、「ツール・ネットワーク」戦略はツールで補助する。ツール・ネットワーク戦略と同様に、フリントストーンでは切り替えの計画が重要だ。ツール・ネットワーク戦略ではいずれユーザーをシングルプレイヤーモードから、マルチプレイヤーモードに移行させなければならない。フリントストーン戦略でもいずれ人力作業（あるいは内製）から手を引かなければならないということだ。

マーケットプレイスなら、理想的なネットワーク効果を促進するためにサードパーティに道を開く必要がある。新型ゲーム機「プレイステーション」なら、エコシステムづくりのためにサードパーティのゲーム開発者をサポートしなければならない。レディットでハフマンの手作業やボットによるダミーアカウントの投稿が多すぎたら、後から参加した本物のクリエイターの活動を弱めてしまっていただろう。SNSでは「いいね！」やコメントといったフィードバックやステータスの誇示が価値の中心になることが多い。ボットがそうしたユーザーからの反応を横取りしないことが重要なのである。

「コールドスタート問題」を解決したら、ネットワークが自律的に成長できるよう、内製の補助をいずれやめる必要があるということだ。レディットが軌道に乗り始めた当時をハフマンはこう話している。

しばらく毎日リンクを貼っていたけれど、ボストンに出かけていて何も投稿しなかったときがあった。サイトが空になっているんじゃないかと心配したが、リンクがいっぱい掲載されていた。その日投稿した人のユーザーネームをクリックして確かめた。ちゃんと実在する人間のユーザーだったよ。

この時点でレディットのユーザー数は数千人に達し、ハフマンがリンクを投稿しなくてもユーザーが活動するサイトになっていた。その後、トラフィックの増加に伴い、トップページに「政治」「プログラミング」「NSFW（職場には不適切）」の3つのサブレディットを追加している。さらに多くのカテゴリーを追加するまで時間はかからなかった。各サブレディット（レディットのネットワーク内ネットワーク）に1000人ほどが集まると、そのコミュニティは自律的に回るようになる。それぞれのカテゴリーが転換点に到達できるほどサービスが成長するまで、フリントストーン戦略によってネットワークはつなぎ止められていたのである。こうしてレディットは多くのユーザーが訪れる巨大サイトへと成長した。

16 がむしゃらに突き進む

ウーバーの事例

Always Be Hustlin' — Uber

ウーバーが社外で全社集会を開催したのは2015年のことだ。創業6年で売上100億ドルを達成した重要な節目を祝うためのものだった。ウーバーは指数関数的に成長し、売上高が1億ドル、10億ドル、そしてこの100億ドルと節目（10の8乗、10の9乗、10の10乗の節目）ごとに盛大なお祝いをしている。だが、2015年のイベントは、規模が異例だった。世界各地のオフィスに勤める4000人以上の社員がひそかにラスベガスに集合したのである。

全社集会の名称は「X to the X（10の10乗）」で、2つの白い「X」が斜めに並ぶさりげないロゴがつくられた。会議場内の看板やTシャツ、水筒などのグッズに使われたのはこのロゴだったので、ラスベガスの観光客は何千人ものウーバー社員が集まっていることに気づかなかっただろう。全社集会があったこと自体、外部にはさほど広まっていない。SNSに投稿された写真はごくわずかで、全社集会についてウーバーが知らせたメディアは英国のタブロイド紙「デイリー・メール」だけだった。

全社集会は、ウーバーの職場の雰囲気を体現するように遊びと仕事の両方が盛りだくさんだった。日中は海外展開から製品戦略、価格設定まで事業のあらゆる面について検討する堅い会議が開かれ、夜はラスベガス中のナイトクラブで交流イベントが催された。1週間を通してさまざまなイベントが詰め込まれていたのである。2日目の夜はダンスミュージック界のカリスマDJ、デビッド・ゲッタとカイゴのライブがあった。3日目の夜にはビヨンセのプライベートコンサートが開かれた。ウーバーの数千人の従業員の前で何時間も歌や踊りを披露するサプライズイベントだった。私もイベントの水筒やTシャツを取ってある。思い出深い体験であり、このときほど会社の高揚した雰囲気を感じたことはない。

「X to the X」は会社の大きな勝利を祝うものだったが、全社集会に集まった数千人の中で最も会社に貢献したチームがある。最も多くの社員が関わり、長年事業を動かしてきた「オペレーションチーム」だ。新しい都市でサービス立ち上げるために奮闘する何千人もの「現場社員」で構成されたチームである。

このチームが地道にドライバーと乗客を集めていた。駅前で割引クーポンを配る人員をまとめ、現地の法規制や競合の動きに対応するため逐一手を打ってきた。CEOのトラビス・カラニックは製品チームによくこう話していた。「製品に手を加えて問題を解決することもできるが、時間がかかる。オペレーションチームなら対応が早い」。だからウーバーは自社を「オペレーション」主導の会社だと捉えている。ウーバーの起業家精神と創造的な文化を最もよく体現していたのもオペレーションチームだ。オペレーションチームのがむしゃらな働きぶりは有名だ。そしてそれがウーバーの成功の礎を築いたのである。

創造力で施策をつくる

転換点はここまで説明してきた有効な戦略（金で事業成長を促進、招待制度、ツール・ネットワーク、人力での穴埋めと自動化）によってつくれるが、すべての土台は創造力と起業家精神だ。市場を一気に取り込むチャンスを創造的な施策でものにできるからだ。たとえば、ツイッターはカンファレンスとフェスティバルを兼ねた「サウス・バイ・サウスウエスト」というターゲット層が多く集まるイベントに合わせてサービスを開始し、ユーザーを獲得した。エアビーアンドビーも同じく大きなイベントが開催されるタイミングでキャンペーンを展開した。エアビーの初期のプロダクトリーダーであったジョナサン・ゴールデンはこう説明する。

地域の大規模なイベントにはできるだけ便乗するようにした。そして「知らない人にアパートを貸して、1週間で1000ドル稼ごう」といった汎用的なメッセージではなく、「オクトーバーフェストの参加者にアパートを貸して1週間で1000ドル稼ごう」など具体的なメッセージにすると供給側のコンバージョンが劇的に上がることがわかった。また、供給を確保するには需要を保証することが強力な方法なので、出張ではエアビーでレビューがまだない物件に宿泊するよう社員に奨励していた。[43]

こうした突発的な施策は繰り返し実行できるものではないので、数をこなしにくい。面白い動画は一度や二度は拡散されて効果的かもしれないが、長期的な成長を促進する唯一の施策にすべきではないのと同じだ。結局のところ検索エンジン最適化（SEO）や広告、口コミ、企業提携など継続的に取り組めて、発展させられる施策が必要なのである。とはいえ、初期段階でネットワークの転換点を目指しているなら、どんな手も使うべきだろう。

ウーバーのオペレーションチームは継続的に創造力を発揮している。ウーバーではどの都市でサービスを立ち上げるときもコールドスタート問題に直面する。そのため各都市のオペレーションチームが現場で思いついたアイデアを素早く試せるよう、自律分散型の組織体制をとっていた。各チームの目標は、それぞれのネットワークで転換点を超えることだ。チームがよく使っていた施策は、サービス開始時に地元の有名人を「ライダー・ゼロ」（その地域で最初の乗客）に任命して、地元メディアに報道してもらう方法だ。他にも、「ウーバー・パピー（仔犬）」や「ウーバー・キトン（仔猫）」といったプロモーション施策を考案している。仔犬や仔猫をオフィスに1時間呼べるというものだった。「ウーバー・アイスクリーム」というソフトクリームのキッチンカーを呼べるキャンペーンも展開している。ドライバーの供給面では地元のリムジン会社に1社ずつ連絡したり、大きなイベントの出入口でチラシを配ったり、登録したドライバーに運転を促すテキストメッセージを送ったりと、さまざまな施策を実施した。

ネットワークを立ち上げて広げるには、効果的な施策を考える発想力とそれをがむしゃらに形にする胆力が必要だ。ウーバーはサンフランシスコ、ニューヨーク、ロサンゼルスなどの主要都市で事業を展開しているが、各都市でサービスを軌道に乗せるにはそれぞれ異なる戦術が必要だった。ニューヨークの配車市場は免許制で、プロの運転手によるリムジンサービスが主流だったことから、ウーバーは地下鉄を競合と位置づけた戦略を立てている。ロサンゼルスは都市計画なく無秩序に広がった都市で、サンフランシスコやニューヨークとは違って誰もがクルマを持っていた。どの都市でもウーバーが成功できるかどうかは不透明だったのだ。しかし、数十都市でサービスを立ち上げると、うまくいく方法がある程度わかってくる。そして転換点を超える市場が増えるほど、立ち上げの難易度は下がっていった。

がむしゃらな働きぶりをシステム化する

大事なのは革新的な施策を次々と生み出せるボトムアップ型の組織をつくることだ。オペレーションチームは実験を奨励し、ウーバー・アイスクリームに続いてウーバー・マリアッチ（メキシコの音楽隊）、ウーバー・ヘルス（インフルエンザの予防接種）、ウーバー・獅子舞（旧正月のお祝いに！）をはじめとするキャンペーンを十数パターン、世界中で展開している。

また、事業を成長させる施策を祝日などのお祝いに合わせて「お祭り化」した。たとえば、通常のドライバーの紹介制度は「ウーバーを薦めた友人がドライバー登録をすると紹介者にも登録者にも200ドルが入るキャンペーン」というものだが、新年には「新年を最高の幕開けで迎えよう！　紹介者にも友人の登録者にも300ドルを提供します」といった内容に変更する。アプリ内通知のメッセージも独立記念日や感謝祭、クリスマスなどの祝日に合わせた内容に変え、高い反応率を維持した。

初期には、ウーバーのサンフランシスコ本社にいる開発チームと製品チームはどちらかというとサポート役だった。これはスタートアップとしては異例だ。各都市のオペレーションチームが市場を適切に管理するツールや機能を開発チームと製品チームがつくるという位置づけだった。たとえば、アプリに追加された「車両カテゴリー」は、「ウーバー・2人乗りバイク」「ウーバー・ヘリコプター」「ウーバー・ピッチ（起業家が投資家にアイデアを売り込むためのもの！）」といったオペレーションチームのアイデアを形にするためのものだ。サンフランシスコのプライドパレード（性的マイノリティのパレード）では、アプリ内の地図でクルマが通った場所を虹色にして特別な日を表現した。

「ウーバー・アイスクリームは面白いけれど、事業の役に立ったのか」と疑問に思うかもしれない。事業に多大な影響を与えたとは言えないだろう。しかし、こうしたひねりの効いた施策を次々と素早く実行できたことは、サービス開始時のゼロの状態から転換点に到達するために重要な役割を果たしたと私は考えている。また、社員のアイデアを実行し、改善していくシステムをつくれたことが重要だった。起業家精神を重んじる文化、強力な開発力、そして各都市が異なるコールドスタート問題に直面しているという社内の理解があってこそ、ウーバーは成功した。

法人向けサービスでもがむしゃらに

法人向けのネットワーク製品は消費者向けと多少の違いはあっても、同じ考え方が役に立つ。「今最も伸びている法人向けサービスが最初の10社を獲得した方法」という記事でスタートアップ業界のベテラン、レニー・ラチスキーはスラック、ストライプ、フィグマ、アサナの初期メンバーに話を聞いた。法人向けサービスが最初の顧客をどう見つけたかを調査した結果、多くの企業は人脈を活かしていたことがわかった。

法人向け企業の立ち上げ期の顧客獲得の方法は3つしかない。個人の人脈、顧客への営業、メディア掲載である。選択肢はわかりやすいが、限られている。ほぼすべてのサービスはまずは個人の人脈を駆使し、それから潜在顧客を探している。問題は2つのうちどちらの手段を選ぶかではなく、次の手を打つ必要が出てくるまでに人脈だけでどこまで行けるかだ。

法人向けサービスを立ち上げるなら人脈の広さは大きな強みである。人脈は顧客候補を紹介できる投資家から出資を受けたり、Yコンビネーターのようなインキュベーションプログラムに参加したりすることで広げられる。メディア掲載で事業をうまく立ち上げられたケースは多くない。[44]

ウーバーのオペレーションチームのようながむしゃらさが法人向けサービスのスタートアップにも必要だ。初期のスラックのように、スタートアップに関わる友人に連絡して製品を使ってもらい、アトミックネットワークを素早く築こう。多くの仕事効率化の製品がやっているようにツイッターやハッカーニュース、プロダクトハントなどで製品を紹介する方法もある。これらのコミュニティには新製品を試したいアーリーアダプターが多くいるのだ。

近年、法人向けサービスでも面白い動画、バズるネタ投稿、招待制など、これまで消費者向け製品で多く使われていた手法が使われるようになっている。この傾向はこれからも続くだろう。とはいえ、営業活動を完全になくしていいわけではない。本人の有名な言葉「スケールしないことをやれ」の通りYコンビネーターのポール・グレアムは、顧客一人ひとりに製品を使ってもらえるよう説得して回ることは、事業を立ち上げるよい方法だと考えている。

Yコンビネーターでは「スケールしないことをやれ」とよく言っている。創業者が事業の立ち上げ時によくやるスケールしない施策は、ユーザーを一人ひとり探し回ることだ。これはどのスタートアップもやらなければならない。ユーザーが来るのを待っていてはダメだ。自ら外に出て、ユーザーを獲得してくる必要がある。

創業者が自分でユーザーを探すのをためらう理由は2つある。ひとつは、恥ずかしい、面倒くさいといった気持ちの問題。外に出かけて知らない人たちと話し、おそらくそのほとんどから拒絶されるよりも、家でコードを書いていたいと思っている。しかし、スタートアップが成功するには、少なくとも創業者のひとり（大抵はCEO）が営業とマーケティングに多くの時間をかけなければならないのだ。[45]

この哲学にもとづいて行動した事例として、法人向けでストライプとメラキ、消費者向けでフェイスブックとエアビーアンドビーをグレアムは挙げている。法人向けサービスでは、コンサルティングから始めることもグレアムは推奨している。つまり、初期の顧客をコンサル先のクライアントのように扱うということだ。そしてクライアントが必要とする機能にその都度対応し、実際のサービスに落とし込む機能を決める。こうすることでプロダクトマーケットフィットを達成するチャンスを高められる。とはいえ、この手法には限界がある。何千もの顧客企業をコンサルする方法では、利益率の高い急成長スタートアップはつくれない。

とはいえ、消費者向けサービスであれ、法人向けサービスであれ、がむしゃらに手を動かす方法は有効だ。加えて、オペレーションの拡大と営業主導のアプローチを学ぶことは転換点を超える助けになる。

グレーゾーン

ライドシェア事業は一般の人がドライバーとして登録し、乗客を乗せて運ぶ「ピアツーピア」と呼ばれる仕組みの上に成り立っているが、サービス開始当初は違法だった。本書執筆時点でも、世界にはこの仕組みを違法とする都市が多くある。ウーバーでは過去に自治体と激しく争ったり、全面的な事業停止を迫られたり、現地オフィスに警察が乗り込んできたりと、血の気が引くような出来事が度々起きている。ウーバーはやりすぎたのだろうか。

初期のネットワークがグレーゾーンに足を踏み入れたときはどうすべきか。これはコールドスタート問題で発生する最も難しい問題である。ユーチューブのように動画を掲載・再生するネットワーク製品で、人気トークショー「サタデーナイトライブ」で放送されたミュージッククリップ「Lazy Sunday」(サービス開始当初、この動画がユーチューブに数百万人を誘導した)を誰かがアップロードするのは避けられない。ペイパルのように個人間で簡単にお金のやりとりができるネットワーク製品は、さまざまな不正取引に使われてしまう。ドロップボックスのフォルダ共有機能は当初、海賊版の映画や音楽の共有に使われていた。生産性を高めるためのクラウドストレージサービスの予想外の使われ方だった。

問題が起きたら、製品の使い勝手に影響を与えかねない程度にユーザーの利用を制限したり、抜け道をふさいだりすべきだろうか。はたまたユーザーのデータを監視すべきだろうか。それとも、そうした使われ方を受け入れつつ、時間をかけてユーザーを正しい使い方に誘導できるだろうか。これは難しい問題だ。

ユーチューブには当初、海賊版のミュージックビデオやテレビ番組などが大量にアップロードされていたが、音響指紋技術やコンテンツ管理ツールを導入し、コンテンツの提供者と提携することで問題に対応している。ユーザーの意識も変わった。現在、ユーザーがユーチューブなどのＳＮＳに動画をアップロードする主な目的は、海賊版の共有からＳＮＳでのエンゲージメント獲得に変わっている。

ペイパルも使いやすいインターフェースを維持しながら、イノベーションで詐欺行為の対策をしている。当時登場したばかりのＣＡＰＴＣＨＡ（ボットではなく人が操作していることを証明するために、人にしか読み取れない文字列を入力する仕組み）を実装したり、詐欺と戦うデータサイエンスチームを設立したりした。

ウーバーも、許認可を受けたタクシーやリムジンによる配車サービスから、現在の売上の大部分を占めるピアツーピア（Ｐ２Ｐ）モデルへと移行するにあたり、グレーゾーンに足を踏み入れている。非常に短期間で移行したため、私がウーバーに入社した頃には数千人もいる社員の中に、初期のリムジン配車サービスの専任担当者はいなかった。爆発的に成長していたライドシェア事業に全社員の仕事が振り替えられていたのだ。もちろん、この移行にはマイナス面もあった。労働法、安全要件、規制当局をめぐる難しい問題に対処しなければならなかったのである。今回コールドスタートの事例で取り上げた多くの企業はどこかの時点でグレーゾーンに足を踏み入れ、議論の的となった。それでも、ウーバーは、ネットワークと市場ニーズに対応して製品を改善し、世界のほぼすべての主要都市で成長できたのである。

事業戦略はネットワークと共に進化させなければならない。転換点に到達してから何年か経つと、ウーバーは政府と協力して規制の枠組みをつくり、グレーゾーンを解消している。今ではほぼすべての主要空港でライドシェアサービスが提供されるようになった。さらには新型コロナウイルスの影響で公共交通機関が一時停止した際、いくつかの都市ではウーバーを推奨するほどにまでなったのだ。安全対策や各種の規制に準拠するようアプリの機能もどんどん改善されている。拡大したウーバーの巨大ネットワークは、やがてウーバーイーツや、自転車・スクーター事業の立ち上げに活用された。

初期のウーバーの文化をつくった価値観

アトミックネットワークはすべて異なるため、それぞれで転換点を超えるには、創造力とがむしゃらに働く胆力が重要だった。成功するには少しずつ戦術を変えなければならないことが多い。特にライドシェア事業では顕著だった。ウーバーがこれまでサービスを展開した800以上の都市でコールドスタート問題を解決した秘訣はオペレーションチームにある。良くも悪くも、考えすぎるより行動と創造力を優先する文化が、事業を軌道に乗せるために必要だったのだ。

2015年に開催されたラスベガスでの全社集会「X to the X」の夕方から始まるイベントのひとつで、ウーバーの文化を形づくる価値観が明示された。CEOのトラビス・カラニックはウーバー全社員が集まるスタジアムで、彼とジェフ・ホールデン（当時の最高製品責任者）とが何時間も会議を重ねて決めたウーバーの14の心構えを伝えている。

- 魔法のような体験を生み出す
- エネルギッシュに取り組む
- 徹底的にやる
- お客様気分ではなく、オーナーである自覚を持つ
- 前向きなリーダーシップをとる

- 等身大の自分でいる
- 大胆に行動する
- 顧客視点を極める
- がむしゃらに突き進む
- 開発者が開発に専念できるようにする
- 勝利を目指し、勝者のマインドセットを持つ
- 反論は信念にもとづいてする
- 実力主義に徹し、対立を恐れない
- 都市を賛美する

これら心構えの多くは、オペレーションチームの働き方に直結するものだった。「がむしゃらに突き進む」「都市を賛美する」「オーナーである自覚を持つ」「実力主義に徹し、対立を恐れない」は、世界各地で活躍するオペレーションチームのあり方を特によく表している。

この心構えはウーバーの文化の中核だった。都市チームは互いに切磋琢磨し、ゼネラルマネジャーは担当する都市のCEOである自覚を持って働いていた。ほとんどのゼネラルマネジャーと都市チームのメンバーは若く、内部から昇進し、他都市チーム（さらにウーバーの競合企業）とすべての主要指標で、常に直接的、間接的に競争していた。これがウーバーのライドシェア事業が転換点を超えるために必要な燃料となっていたのである。

第4章

脱出速度 ESCAPE VELOCITY

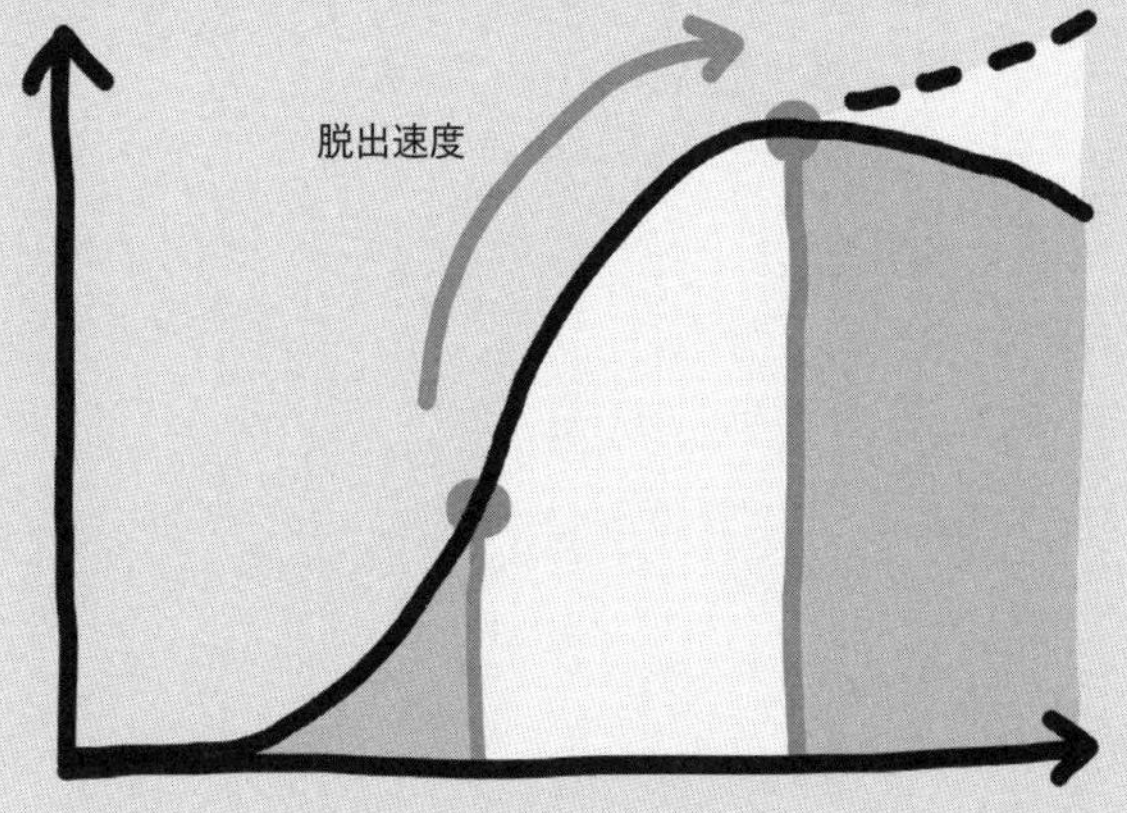

ドロップボックスの事例

Dropbox

17

ネットワーク効果が機能し始めると、製品はとんとん拍子に成長する。ドロップボックスは2018年に上場した。同社の共同創業者であるドリュー・ヒューストンとアラシュ・フェルドーシは、ドロップボックスを法人向けソフトウェアの分野で最も早く年間経常収益10億ドルを突破するサービスに育て上げた。これはセールスフォース、ワークデイ、サービスナウよりも早い。ドロップボックスの主要な数値の多くは典型的なホッケースティック曲線を描き、創業から8年間でユーザー数5億人を超えたのである。

私はドロップボックスを初期から知っていて、ヒューストンとは10年来の友人だ。ドロップボックスのチームアドバイザーとして新製品の開発やバイラル成長の推進も手伝ってきた。ヒューストンとはオフィスで話すことが多いが、サンフランシスコの人気の飲茶レストランでときどき一緒にランチをとる。のんびりとした日曜日に落ち合い、焼売や小龍包を食べながら仕事や人生について語り合うのだ。あるときコールドスタート問題とドロップボックスの輝かしい「青春時代」についてヒューストンに話を聞いた。

ドロップボックスはマサチューセッツ工科大学で設立された。創業から5年後には最大の難関「コールドスタート問題」を完全に解消していた。典型的な「ツール・ネットワーク」戦略だった。複数のコンピュータ間でファイルを同期できるツールを中心に、同僚や友人、家族間でフォルダを共有できるネットワークが広がっていた。さらに、友人を招待するとデータ容量が増える紹介プログラムを追加し、ユーザー数は一気に増加する。

急成長中のドロップボックスはさらに上を目指した。2012年、ドロップボックスはユーザー数1億人を達成する。[46] 一流のベンチャーキャピタルから資金調達した際の会社評価額は40億ドルとなり、大きな期待が寄せられた。ドロップボックスもその期待に応えようとする。とはいえ、200人近い従業員（ほとんどが開発者）が在籍していた当時のドロップボックスは、もう子供でもないが大人でもない気難しいティーンエイジャーのようだった。大勢のユーザーはいたが、成熟した企業のような営業やマーケティング、財務などの部門はまだなかった。本格的に売上を伸ばすと決めたときについてヒューストンはこう話す。

早い段階から多くの人に利用してもらえたが、大企業に売り込むにはどうしたらいいか全くわからなかった。会社は反体制的な文化で、法人営業にもなかなか気が進まなかった。なんせ僕たちは皆まだ20代で、写真共有といった消費向けの機能に注力したいと思っていたんだ。でもそこから数年経った頃にはマーケティングや営業部門を拡充している。そしてこちらからアプローチしなくてもいい部分は、ユーザーがセルフサービスで対応できるようにした。[47]

このセルフサービス型の収益化はうまく機能した。製品を試して気に入ったら、ユーザーはウェブサイトにクレジットカード情報を登録して有料プランに切り替えられる。有料プランの登録ページを用意するだけで、収益化のために社内のリソースを大幅に割かずに数千万ドルの定期的な売上を得られたのだ。会社の月間アクティブユーザー数や登録ユーザー数といった指標は、急成長中の消費者向け製品の指標と同じように推移した。毎月数百万人ものユーザーが増え、売上も着実に伸びたのである。

当時、同社の営業部門が比較的小さかったのは、このセルフサービス型の販売方法が成功したからだろう。この頃は営業担当者の手がいっぱいになると、ウェブサイトから営業部門のメールアドレスをしれっと消して、問い合わせをできなくしていた。やがて営業担当者を増やしたものの、ＭＩＴ出身者の多い開発部門を重んじるオタク気質な組織にとって、売上にこだわるのはドロップボックスらしくないという認識だった。社員の多くは「売上ってそんなに大事なこと？」と思っていたのである。

けれども、インフラ面でのコストがかさみ始めると同社は岐路に立たされる。当初はアマゾンのクラウドでサービスを構築していたが、製品の急成長に伴いホスティング料が膨れ上がってしまったのだ。ユーザーの指数関数的な成長は、ファイルのホスティング料もまた指数関数的に増えることを意味していた。[48]専用のインフラを構築すれば、最初の２年だけで７５００万ドル、その後はさらに億単位で節約できる。そうしなければならないことは明らかだった。しかし、データセンターのリースや建設には莫大な先行投資が必要となる。実行すれば、会社の収支は再び赤字に転落するのは確実だった。

そこで同社は売上を伸ばそうと部門横断型の成長・収益化チームを結成する。売上を追求するビジネスマインドを持つチェンリー・ワンとジーン＝デニス・グレーズを中心に、開発者とデザイナーが集められ、事業の成長と収益化を追求するために必要な権限とリソースが与えられた。新しい視点でドロップボックスのビジネスチャンスを発掘し、優先順位を付けた新機能開発や改良をするのが目的だった。

社内に「グロース部門」を置くことは今では一般的になりつつあるが、当時のドロップボックスの社内には反発もあった。ドロップボックスのような製品開発に重点を置く会社は、優れた製品開発こそがユーザーを惹きつけるために重要と考える。最先端の機能をつくれる優秀な開発者をランディングページやメール通知の最適化に当たらせるのはどうなのか、と思うのだ。テック企業では顧客獲得を担うマーケティングチームからも、仕事内容が重複するグロースチームをわざわざ置く理由は何なのかと反対が出る。とはいえ、効果はある。そうでなければ脱出速度に到達する方法としてグロース部門をつくる企業が年々増えたり、業界全体に広まったりしないだろう。

ドロップボックスのグロース部門はすぐに活動を開始した。料金案内ページの最適化からストレージ容量の上限をユーザーに知らせて有料プランを勧める仕組みまで、マネタイズの施策を次々と打ち出したのである。初めは小さなデザイン変更で数百万ドルも売上が増えることもあった。

さらにグロース部門はこうした施策と並行し、ユーザーについて分析し始めた。ここで重要な洞察を得る。ツール・ネットワーク戦略に沿ってドロップボックスを使い始めた一部のユーザーは、ツールだけを利用し、他のユーザーとフォルダや書類を共有していなかったのである。一方、誰かと共有し、共同作業をしているユーザー（つまりネットワークの機能を使うユーザー）の価値は、時間の経過とともに高まることが判明した。ユーザーの質を知る重要な指標が見つかり、ドロップボックスはユーザーをＨＶＡ群（高価値活動）とＬＶＡ群（低価値活動）に分けるようになった。そしてこの指標をマーケティング手法や企業提携の戦略と重ね合わせ、ＨＶＡ群のユーザーを対象とした施策に注力した。ヒューストンは戦略の転換についてこう説明している。

当初、「インターネットを使うすべての人」にサービスを提供することが使命と考えていたけれど、あるとき、全方向には戦えないと気づいたんだ。そしてドロップボックスの最も価値あるユーザーは、長編映画などを共有している未開拓の市場の人たちではなく、書類の共有など仕事で利用している人たちだとわかった。

ユーザーの価値を把握することで、ドロップボックスは施策を取捨選択できるようになった。過去に同社は大手携帯電話会社と提携し、スマホユーザーに写真のバックアップサービスを提供していた。この施策で多くのユーザーを獲得できたが、ほとんどがLVA群のユーザーだった。利用は増えたがコストも膨らんだ。だが、LVA群のユーザーは有料プランにアップグレードする可能性が低く、将来的に売上につながる見込みがない。このようにユーザーをHVA群とLVA群に分けることで、ドロップボックスはさまざまな施策の効果を吟味し、優先順位を付けられるようになったのである。

価値の高いユーザーと低いユーザーがいるように、ネットワークにも価値の高いものと低いものがある。2012年、ドロップボックスのユーザー数は1億人近くになっていた。巨大なネットワークは、大小合わせて何十万もの企業から構成される小さなアトミックネットワークの集合体である。ドロップボックスの営業部門は「自宅の池で釣り」ができた。つまり、利用者の多い企業をメールアドレスのドメインから特定し、優先して営業をかけたのである。この方法は、フェイスブックが主に大学で使われている「edu」のメールアドレスのドメインをもとに、小規模で密度の濃い大学のネットワークをひとつずつ獲得した方法と似ている。

ドロップボックスで重要な指標となったのは、企業で共有されていたファイルの量だった。共同作業に使っているほど他の製品に乗り換えづらくなり、高価なプランの営業がうまくいきやすい。

しかし、データを鵜呑みにしてはいけない。急成長中の初期のドロップボックスは、ユーザーがどのようなファイルを保管しているのかを調べた。一番簡単なのは、ランダムにフォルダのスナップショットを撮影して拡張子ごとのファイル数を数える方法だ。想像通りだろうが、最も多かったファイル形式は写真で、特にモバイル経由でたくさん保存されていた。そこでドロップボックスは写真の管理と閲覧のためのアプリ「カルーセル」を開発する。写真特有の口コミ効果で成長が加速することを期待していた。アプリの成果はそう悪くはなかったものの、期待していたほどではなかった。最終的に同社はこのアプリを終了し、法人向け事業を主体とする戦略に切り替えている。

ドロップボックスが法人事業に着目するようになった理由は複数ある。ひとつは、ユーザーにアンケートを取ったところ、多くのＨＶＡ群のユーザーが仕事で使うためにに有料プランに切り替えていたことだ。そしてもうひとつは法人顧客の獲得が簡単だったことである（自宅の池で釣りができた）。さらに強固なセキュリティ対策や権限管理機能、マイクロソフトオフィスといった職場でよく使われている製品との連携など、企業が期待する機能を開発したことで、営業活動はどんどん楽になっていった。

後日、ドロップボックスは再びサービス内で最も多く保管されているファイル形式を調査した。ここで前回は見落としていたことに気づいた。そもそも問いが間違っていたのである。「ユーザーが何回も見返したり、編集したり、移動させたりしているファイル形式は何か」「同じネットワーク内の複数ユーザーが共有したり、共同編集したり、交流したりしているファイル形式は何か」を問わなければならなかったのだ。そしてその答えは明らかだった。文書、表計算、プレゼン資料だ。

ドロップボックスはＩＰＯの数年前から、こうしたエンゲージメントの高いファイルを扱う価値の高いユーザーの獲得に焦点を当てる方向に切り替えている。ＩＰＯの申請書類に書かれた同社のミッションは「よりよい働き方をデザインし、世界の創造的なエネルギーを解き放つ」であり、自社を「グローバル・コラボレーション・プラットフォーム」と銘打っている。創業当初の消費者の需要に支えられて成長してきた製品の在り方とは大分違うものだ。

ドロップボックスの創業エピソードはスタートアップ界の伝説となっている。学生だったドリュー・ヒューストンはしょっちゅうＵＳＢメモリをなくしてしまうことにいら立っていた。そしてこの問題を解決するためにドロップボックスを開発し、世に送り出したのである。

まずは自分でナレーションを入れた４分間の説明動画[49]を公開した。壊れやすいＵＳＢメモリを使わずとも、コンピュータ間でファイルを自動で同期できる「魔法のフォルダ」の使い方を説明するものだ。初めはフォルダの共有機能はなかったものの、すぐに追加している。２００７年４月に動画を公開すると、レディットやハッカーニュース、ディグなどのサイトからユーザーが殺到した。ドリューは当時をこう振り返る。

> 何十万人もの人がサイトに来てくれて、ベータ版の予約者はたった一晩で５０００人から７万５０００人に増えたんだ。本当にびっくりしたよ。

ドロップボックスの成功譚はこのように語られることが多い。ヒューストンとクラスメイトだったアラシュ・ファドーシはサンフランシスコに移住し、スタートアップアクセラレーター、Yコンビネーターに参加すると、すぐにベンチャーキャピタルから資金が集まった。そして10年後の2018年、ティッカーシンボルを「DBX」としてニューヨーク証券取引所に上場を果たす。初値での時価総額は100億ドル（約1兆円）に上った。

スタートアップの成功譚の多くは数行で創業からIPOまで進み、中間がない。けれども、ドロップボックスの成功で重要だったのは、2012年前後のこの中間の部分なのである。創業からIPOまでの10年間で、ドロップボックスは最も価値あるユーザー属性とそうしたユーザーのいるネットワークを特定し、彼らの需要を満たす機能を追加することで営業先を開拓していったのだ。こうした施策の積み重ねが、ネットワーク効果を脱出速度まで加速させ、IPOを成功へと導いたのである。

脱出速度に到達する

製品の成長が軌道に乗ることを「脱出速度に到達した」と言う。けれども脱出速度に到達しても、成長が右肩上がりに伸び続けるということではない。脱出速度はスタートアップにとって終着点ではなく、注力すべきことが変わるだけなのだ。このステージでの課題は高い成長率を維持し続け、ネットワーク効果を増幅させることにある。

ドロップボックスはこのような道筋をたどった。コールドスタート問題に直面する最初のステージではUSBメモリを代替するツールとして初期ユーザーを獲得している。フォルダ共有に使いたい人向けに有料プランも用意した。法人の利用が増えたことで製品は転換点を超え、ユーザー数は数千万人規模に急増している（図11）。次の脱出速度のステージではさらにユーザー数を伸ばし、安定的に収益の出る盤石な事業を構築した。重要だったのは、価値の高いユーザーと低いユーザーを特定し、法人向けに舵を切ったことだ。

　脱出速度に到達した製品は、次のステージに進むために高い成長率を維持しなければならない。成功譚では語られない中間のステージ、つまりスタートアップが製品の成長に全力を注ぐ時期だ。この解説は、ある程度成功している製品に関わる人たちの参考になるだろう。軌道に乗っている製品をさらに成長させる際には、本書の前半で説明したゼロから製品を立ち上げることとは全く異なる戦略が求められる。

　まずは「ネットワーク効果」というものをもう少し明確にしたい。「3種の効果」の解説では、いかに「ネットワーク効果」という言葉が、成長戦略の枠組みとするにはあまりに曖昧な使われ方をしているか説明する。製品部門がネットワーク効

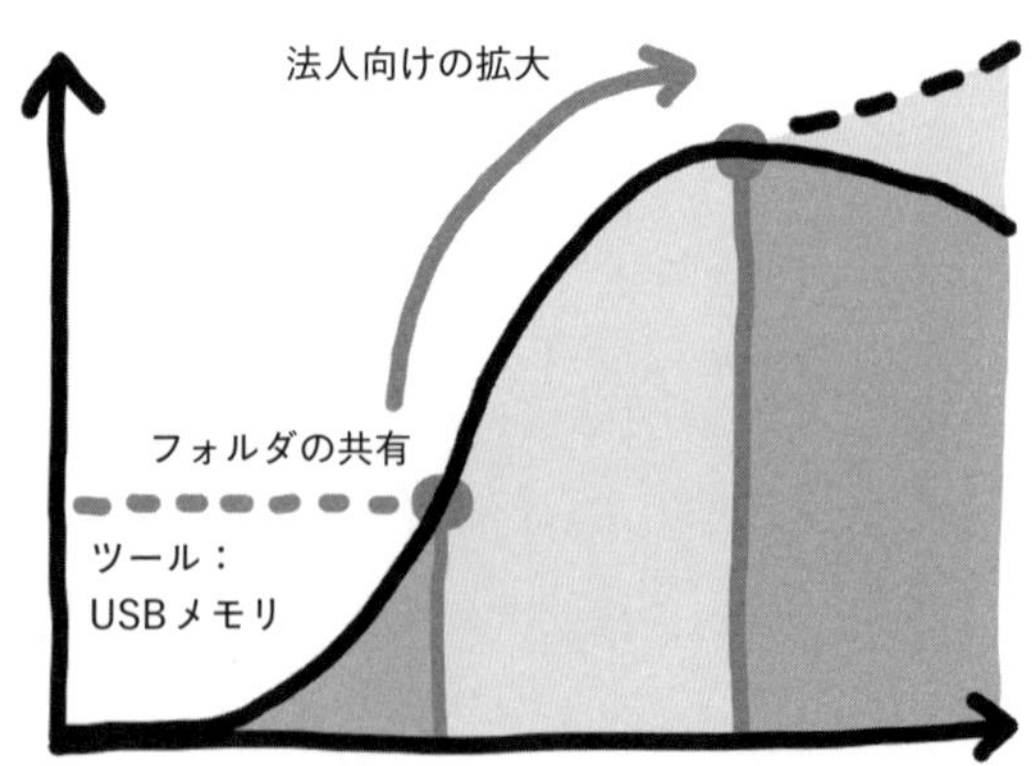

図11　ドロップボックスの成長曲線
――USBメモリの代替ツールからフォルダ共有、法人向けへ

果の意味をしっかりと理解し、役立てるために、「エンゲージメント効果」「ユーザー獲得効果」「経済効果」の3つに分けて考える。ここでは概要にだけ触れよう。

「エンゲージメント効果」はユーザーが増えるほど製品から離れづらくなり、利用頻度が増すことだ。これはAT&Tのテオドール・ベールが定義した古典的なネットワーク効果の意味に最も近い。

「ユーザー獲得効果」は新規顧客の獲得を促進することだ。つまりバイラル成長のことである。ドロップボックス、メッセージアプリ、SNSなどはユーザーが自然と友人や同僚を招待したくなる性質がある。

ネットワーク効果の3つ目は事業を収益化しやすくする「経済効果」だ。コンバージョン率及び単価の上昇という形で製品を収益化しやすくなる。

18 3種の効果

The Trio of Forces

脱出速度のステージがスタートアップの終着点のように言われることがある。一度到達すれば何もかもが楽になり、やがて市場を独占できると思われているのだ。脱出速度に到達した企業は強力なネットワーク効果を発揮するため、他社の追随を許さない高成長を期待できるという考えがこの背景にある。

しかし、実際に脱出速度に到達したスタートアップの内情はそうではない。外からはすべてが順調のように見えるかもしれないが、社内では数千人の社員がネットワークをさらに拡大しようと猛烈に働いている。ドロップボックスの場合、２０１８年のＩＰＯまでの数年間で毎年２０００人以上のデザイナー、開発者、マーケターの採用に金をかけ、社員を増やしていた。

社員数が少なくてもプロダクトマーケットフィットは達成できる。３０００万人のユーザーを獲得したインスタグラムがフェイスブックに買収されたときの従業員数がたった13人だったのは有名な話だ。しかし、製品を最高速度で成長させるには、多くの人の力が必要になる。

あまりに単純化されたホッケースティック型の成長曲線で見落とされるのはこの部分である。本書で紹介する多くの人気テック製品について人々は、「雷を瓶に閉じ込めるような偉業を達成した」とか「ネットワーク効果があるから成長するのは当たり前だ」とか言う。だが、これはあまりに表面的な物言いだ。

ネットワークを広げる、つまり市場の飽和に抗い、競合を跳ねのける守りの施策と、ネットワーク効果を増幅して成長する攻めの施策を同時に進めるのは生半可な努力ではできない。これはドロップボックスに限った話ではない。ピンタレスト、スラック、ズーム、ウーバー、エアビーアンドビーをはじめ、多くのテック企業は数千、数万人のフルタイムの社員を抱えている。彼らの多くはひとつ、あるいは少数の関連アプリのために働いているのだ。

どの会社の社員に聞いてもやることが多過ぎて人手が足りないと答えるだろう。これが脱出速度の本当の姿である。ネットワーク効果を高め、製品の強みを増幅することに注力するステージなのだ。決して、今までの成長の勢いに甘んじ、手を抜いていい時期ではない。市場の飽和やスパムの横行、他社との競争などで成長の勢いが削がれるのは避けられないからだ。

それならネットワーク効果を高めようと思うだろう。もちろん、誰だって製品のネットワーク効果を高めたいと思っている。しかし、具体的にはどうすればいいのか。

製品部門の仕事は開発コストなどのトレードオフを吟味した上で、開発する機能を選定し、設計を考え、開始までのタイムラインを策定することだ。この計画は具体的でなければならない。その製品部門に「次はネットワーク効果の強化を頼んだよ」といった抽象的な指示を出したら白い目で見られるのは必至だ。そこで、ここからはネットワーク効果を強化する戦略を施策に落とし込む方法を説明したい。どの機能の開発を優先するかといった具体的な施策に反映するには、抽象的な目標を具体的な目的に変換しなければならないのである。

3つのネットワーク効果

「ネットワーク効果」はひとつの効果を指しているわけではない。「ユーザー獲得効果」「エンゲージメント効果」「経済効果」という3つの効果をまとめて「ネットワーク効果」と呼んでいる。これらの効果はネットワークが密であればあるほど強くなり、それぞれ異なる形で事業に貢献する。

「ユーザー獲得効果」は新規ユーザーの獲得を促進する。フェイスブックやグーグルなどに広告を出稿すればどの製品でもユーザーを獲得できるが、口コミによる成長、つまり既存ユーザーからの紹介で新規ユーザーを獲得できるのはネットワーク製品だけだ。多くの製品は市場の飽和や他社との競争に阻まれユーザー獲得コストが時間とともに上昇する。だが、「ユーザー獲得効果」が発揮できていれば、これを抑えられる。ユーザー獲得効果を増幅するには、口コミと紹介によるバイラル成長を促そう。具体的には、知人を紹介したユーザーに特典を提供する、ユーザーの連絡先からフォローする人を提案する機能を実装する、ユーザーを招待する工程のコンバージョン率を改善するといったことだ。こうした施策は製品のバイラル力を強め、新規登録を促進し、ユーザー獲得コスト（CAC）を抑えることにつながる。

「エンゲージメント効果」はネットワークが密になるほどユーザーの利用頻度が高まり、製品から離れづらくなる効果だ。本書の冒頭で取り上げた従来のネットワーク効果の定義「ネットワークに参加するユーザーが増えれば増えるほど、ネットワークが便利になる」をもう少し詳しく説明している。エンゲージメント効果がわかれば、密なネットワークで上昇する特定の指標は何か、そしてユーザーの用途やフィードバックループがいかに製品の価値を高めているかがわかる。

たとえばツイッターでは、オタクな友人同士がつながっていたサービス開始当初より、マスコミや有名人、政治家が利用している現在の方が楽しめるだろう。初期のツイッターは友人の近況を知るために使われていたが、いまは政治や業界のニュースを追ったり、好きな芸能人のツイートを見たりと用途が多様化しているからだ。これがユーザーごとのセッション数や、利用日数といったエンゲージメントの指標を押し上げる。リテンションカーブはユーザーの定着率を知る重要な指標だ。この指標も、ユーザーが離れづらくなる使い方が登場すると改善される。

「経済効果」は、ネットワークの拡大と共にコスト構造と利益率が改善し、収益を上げやすくなる効果だ。職場向け製品なら社内のユーザーが増えるほど、高額なプランを法人顧客に勧めやすくなる。社内で製品が使われるほど、社員は高度な機能を使える上位プランに切り替えたくなるからだ。そうした機能がコラボレーションを促進するものならなお効果的だ。たとえば、スラックの有料プランでは、社員が部門を横断してメッセージを検索する機能を提供している。同様に、アプリストアなどのマーケットプレイスではネットワーク内の出品数が増えれば増えるほど、ユーザーひとり当たりの平均購入金額が上昇する。商品の選択肢が充実するほど、ユーザーは欲しいものを見つけられる可能性が高まり、コンバージョン率が向上するからだ。

成長と収益の方程式

ユーザー獲得効果、エンゲージメント効果、経済効果という3つの概念に分けたのは、製品部門が最も気にかけているアクティブユーザー数と収益とそれらと関連深い指標に直接影響するからである。アクティブユーザー数とは、新規ユーザーと既存ユーザーの合算値だ。収益はアクティブユーザーの副産物で、ユーザーがもたらす平均的な収益のことである。製品の売上、あるいは広告収入の場合もある。成長率も重要な指標だ。これはネットワーク効果がこの先どれだけ増幅するかを示している。

こうした数値の関係性は、次の数式で表せる。「成長と収益の方程式」と呼ばれているものだ。

アクティブユーザー数の増減 ＝ 新規ユーザー数 ＋ 再帰ユーザー数 － 離脱ユーザー数

月別のアクティブユーザー数の推移は、期間ごとのアクティブユーザー数とその増減から導き出せる。

今月のアクティブユーザー数 ＝ 先月のアクティブユーザー数 ＋ アクティブユーザー数の増減

「アクティブユーザー」はＳＮＳやメッセージアプリでよく使われる指標だが、ドロップボックスなどのＳａａＳやユーチューブレッド［訳注：現在はユーチューブプレミアム］などの消費者向けサブスクリプションサービスでよく使われる「アクティブサブスクライバー数」でも内容は同じだ。これらの数値がサービスを把握する基本だ。スタートアップはダッシュボードを作成し、この数値の変動をしっかり把握しよう。

前年比3倍の成長を目標としているのにユーザーの新規登録が少ないなら、ユーザーの離脱をどの程度改善すべきか、この方程式で算出できる。収益を確認するのも簡単だ。アクティブユーザー数とアクティブユーザーあたりの平均売上（ARPU）をかければよい。

これはどんな製品にも適用できる方程式で、どの企業の製品部門も指標としている。ネットワーク製品と従来製品との違いは、ネットワーク製品はこれらの数値をネットワーク効果で改善できる点だ。製品が成長して脱出速度に到達すると、密なネットワークを持つ製品ならユーザー獲得効果、エンゲージメント効果、経済効果が強化されて指標が上向くのである。口コミ効果で新規ユーザーの登録は増える。他の製品に乗り換えづらくなるほど離脱は減る。コンバージョン率が高まると売上は増える。ネットワーク製品の成長を示すこれらの指標は、製品の機能によってではなく、ネットワークの機能によって改善するのだ。そして時間の経過とともに製品の競合優位性が増していく。これがネットワーク効果の力なのである。

ここでは3つの効果を個別に説明したが、どれもがつながっている。ユーザーのエンゲージメントが高く製品を長く利用するほど、製品を友人に紹介する機会が増え、ユーザー獲得が促進される。ユーザー獲得効果が高ければ、新しいユーザーが続々と参加し、活発に交流することで、エンゲージメントは高まる。経済効果が強くユーザーがサービス内で稼げるようになると、エンゲージメントはますます高まる。ひとつの効果を高めると、連動して他の2つの効果も高まるのだ。

19 エンゲージメント効果

壊血病の事例

The Engagement Effect — Scurvy

テック製品のユーザーの離れづらさとエンゲージメントを調べる手法は、元々病気の研究から生まれた。

スコットランドの医師ジェームズ・リンドは世界でいち早く臨床試験を実施した人物である。その試験結果を有名な論文「壊血病の治療法」にまとめ、1753年に発表した。英国海軍の軍艦ソールズベリー号の船医として勤務していたリンドは、壊血病に関する研究と実験を実施していた。当時、壊血病は海軍の水兵にとって深刻な病だった。敵との交戦よりも壊血病で亡くなる船員の方が多かったと言われるほどで、長距離の移動を伴う戦争や貿易の大きな障害となっていた。

リンドの論文には世界初の「ランダム化比較試験」の様子が描かれている。壊血病に苦しむ12人の男性を6組のペアに分け、それぞれにリンゴ酒、硫酸のアルコール溶液、海水、酢を混ぜたものを毎日飲ませた。実験群となった幸運な1組にはこれに加え、オレンジ2個とレモン1個を与えた。そして船員たちの病状の変化を記録したのである。

柑橘類からビタミンCを摂取した組だけが快方へと向かい、実験が終わって果物がなくなる頃にはほぼ全快していた。

この非常に優れた実験方法は、リンドの時代から数百年経った今でもテック企業で製品のエンゲージメントやリテンションの測定と最適化に使われている。現代ではユーザーを「コホート」と呼ばれるグループに分け、壊血病の病状を追う代わりに、ユーザーが製品をどれだけ利用しているかを計測している。この方法で登録から5日後、7日後、30日後に製品を使っているユーザーの数や、ユーザー登録から数週後の満足度とバグ修正前のバージョンを使用していたユーザーの満足度との差などがわかるのだ。

この結果を表したグラフは「コホート・リテンション・カーブ」と呼ばれ、製品がうまく機能しているかを示す指標となる。現代でこのような手法が確立したのは、元をたどるとジェームズ・リンドの壊血病の研究のおかげなのだ。

定着度についての残念な真実

リテンションは製品を理解する上で重要な指標だが、憂鬱な気分になるデータばかりだ。テック業界のエンゲージメントに関するデータはどれもユーザーの定着の難しさを示している。テクノロジーブログ「テッククランチ」に「ユーザーの約4人にひとりは、アプリを1回利用しただけで離脱している」という記事が掲載された。[50] 3万7000人分のデータを調べたところ、多くのユーザーは1回試しただけで使うのをやめていたという。残念ながら、私が実施した調査でも同様の結果だった。私はグーグルプレイの元プロダクトマネジャーであるアンキット・ジェインとともに「モバイルユーザーの80%を失うのは普通」という記事を書いている。ユーザーが登録後いかに短期間でサービスを離脱してしまうか説明した記事だ。アプリをインストールした翌日には70％が、3カ月後には96％のユーザーが使うのをやめてしまう。

この結果からわかるのは、リテンションカーブの形が非常に重要ということだ。時間とともにカーブが水平になるのが理想で、これは一部のユーザーが定期的に戻ってきている状態だ。しかし、多くのアプリはこうならない。曲線は時間とともに下がり続け、最終的にはゼロになる。ほとんどのアプリは失敗するわけだ。しかし、もちろん例外はある。それがiOSとアンドロイドのアプリストアにある500万以上のアプリのうち、ほんの数十のアプリだけが大多数のユーザーを獲得して人々の注目と利用時間を独占している理由だ。分析調査会社コムスコアのデータによると、人々はたった3つのアプリに80%の時間を費やしている。[51] どのアプリかあなたにも見当がつくだろう。

私は投資の際にスタートアップを評価するとき、大まかな基準を設けている。それは登録した翌日のリテンション率が60%、7日後は30%、30日後は15%とカーブを描いてやがて水平になるというものだ。この基準を超える製品のほとんどがネットワーク製品である。ネットワーク製品には時間が経つにつれ、ユーザーが離れづらくなる性質があるので、ユーザーの離脱をある程度抑えられるのだ。たまに曲線が「スマイル」するケースもある。リテンションとエンゲージメントの割合が再び上昇し、離脱したユーザーが帰ってくる現象である。スマイルカーブを描くスタートアップを見つけたら絶好の投資機会と見ていい。これが起きるのは本当に稀だ。

本書で取り上げているネットワーク製品はエンゲージメント効果のおかげで、業界で最も高い水準のリテンションカーブを誇る。それが彼らの成功要因なのだ。エンゲージメント効果が効いてくるとリテンション率は次第に高まる。その仕組みはこうだ。ネットワークの拡大に伴い新しい使い方が登場する。すると製品の「ループ」が強化され、離脱したユーザーを再獲得しやすくなる。どういうことか詳しく説明しよう。

用途が増えるとエンゲージメントが高まる

エンゲージメント効果の最初の段階では、用途が増えることでリテンションカーブが改善する。会社のある部署が、スラックのようなチャットツールを導入したとしよう。その部署の社員は同僚と仕事の話をするためにチャンネルをいくつか開設する。そこに他部署の社員が加わると、用途に応じてまた別のチャンネルを開設する。たとえば、ウーバーは数千人もの社員が雑談するために「プールパーティ」というチャンネルを設けていた。サンフランシスコやニューヨークといったオフィスごとに、地域にまつわる情報を共有する専用チャンネルもある。a16zでは注目のテックトレンドについて話し合う「#2030」や、おすすめ本やネットフリックスの番組を共有するチャンネルを設けている。

会社からのお知らせ、社員同士の交流、プロジェクトの連絡など、スラックに参加する人が増えれば増えるほど、用途別のチャンネルはどんどん増える。すると次第にユーザーの利用頻度が高まる。さらに、より頻繁に使ってもらえるようユーザーを誘導することもできる。親和性の高いユーザーにメッセージを送ったり、インセンティブを提供したり、あるいは時間をかけてユーザーに新しい使い方を試してもらったりするようなことだ。

ただし、こうした施策で効果を上げるには、ドロップボックスのように価値の高いユーザーと低いユーザーを見極めなければならない。注意したいのは、売上で分けるのが必ずしもよいとは限らない点だ。利用頻度やライフタイムバリュー、用途など他の分け方がよい場合もある。たとえば、リンクトインはユーザーの利用頻度で分けていた。私の友人で、リンクトインのグロース担当幹部だったアーティフ・アワンはこう説明している。

リンクトインでは過去1週間のうちどれだけ使ったかでユーザーをグループに分けていた。7日利用したユーザー、6日利用したユーザー、5日利用したユーザー……といったように。このグループごとにユーザーのニーズやモチベーションなど、エンゲージメントを高めるために必要なことを調べたんだ。[52]

ユーザーを分類すると、製品部門はそれぞれのエンゲージメントを高めるために重要な要素を特定できる。どのグループにも同じ手法が通用するとは限らない。グループごとの属性やモチベーション、利用目的に応じた対策が必要ということだ。アワンは、リンクトインのユーザーの利用頻度を高める戦略についてこう話している。

利用頻度の低いユーザーと頻繁にサービスを利用しているパワーユーザーとでは、エンゲージメントを高める要素が違う。使い始めたばかりのユーザーなら、同僚とつながることが重要かもしれない。一方、パワーユーザーが求めているのは人とつながる新しい方法かもしれない。それに応えるには検索や採用、グループ作成といった高度な機能が必要だ。ユーザーを分けることで、それぞれのグループのエンゲージメントを高めるために提供すべき機能や情報を見極められる。

注力すべき点は、パワーユーザー層（ドロップボックスでいうところのＨＶＡ群）を調べるとわかる場合が多い。機能の使い方やネットワークとの関わり方の特徴が見つかるだろう。ただし、そうした特徴をすべてのユーザーに持たせたくなってもここでわかるのは相関関係であって因果関係ではない。消防署の活動と火災の発生数に相関があるからといって、消防署が火災を起こしているわけではないのと同じだ。

因果関係を特定するにはＡ／Ｂテストが有効だ。ジェームズ・リンドが壊血病の実験でしたように、無作為にユーザーをグループに分けて違う体験をしてもらう。そうすればリンクトインで見られた「価値の高いユーザーは価値の低いユーザーよりも知り合いとのつながりが多い」といった相関関係から、「リンクトインのユーザーは製品に登録した直後に多くの人とつながるほど、後々高価値を発揮する」といった因果関係を特定し、実際の施策に活用できるようになる。

次の問題は、ユーザーをどのように高価値ユーザーへと転換するかだ。ユーザーに機能の使い方を教えたり、新機能を紹介したり宣伝したりできる。リンクトインなら、登録したばかりのユーザーに知り合いの可能性が高い同じ会社の人を紹介してネットワークづくりを手助けする機能を提供するのがよいだろう。コンテンツやコミュニケーション面では、ネットワーク機能の効果的な使い方を教える動画を用意する施策などが考えられる。ユーザーが特定のアクションを完了すると、サービスが一定期間無料になるといったインセンティブを用意するのもいい。こうしたアイデアを出し、優先順位を付けて開発のロードマップに落とし込もう。

ドロップボックスの場合はどうだったか。同社はユーザー分析の結果、バックアップのためにプライベートと仕事用のコンピュータやスマホなど複数のデバイスを登録しているユーザーの方が、ひとつだけデバイスを登録している人よりも高価値であることを突き止めた。仕事で他のユーザーとフォルダを共有し、共同作業をしているユーザーの価値はさらに高い。リンクトインは利用頻度でユーザーを分けていたのに対し、ドロップボックスはユーザーの活動がもたらす価値で分けていた。ドロップボックスならこうした高価値なアクションを奨励するため、ファイルの同期や共有作業の機能を改善できる。あるいは、複数のデバイス間での同期を簡単に設定する方法を教えるコンテンツを見せる施策も効果的かもしれない。適切に設定したユーザーに、たとえばストレージ容量を無料で追加するといったインセンティブを提供することもできる。

エンゲージメントループ

最初に書いたように、エンゲージメント効果が高まるとユーザーは定着しやすくなる。具体的にどういうことだろうか。ここで「エンゲージメントループ」というモデルを紹介する。

SNSやコミュニケーションが主体の製品の「ループ」はユーザーの発信やコンテンツ投稿から始まる。そしてつながる人たちが「いいね!」やコメントなどで反応する。反応が報酬となってまた発信や投稿をしたくなる。これがループだ。マーケットプレイスのループも似ていて、売り手が商品を出品し、それを見た買い手が購入してループは完結する。ネットワークが大きければ大きいほど、商品が欲しい人の目に止まりやすくなり、取引が成立する確率が上がる。職場向けのソフトウェアも同じだ。ネットワークのハードサイドのユーザーがプロジェクトや書類を誰かと共有するとループが始まり、同僚が反応することで完結する。

ループ全体のつながりと流れをよくすればエンゲージメントは高まる。そのためにはループの手順を改善することが重要だ。

ループの概念でネットワークを考えると、なぜコールドスタート問題が起きるのかがよくわかる。投稿した写真などに「いいね！」するユーザーが十分にいない、あるいは出品した商品を買いたい人がいないのはループが途切れている状態だ。するとユーザーは離脱し、コールドスタート問題の解決がますます難しくなる。

ユーザーはループを信頼できなければ、加わろうとは思わない。ネットワークが小さすぎたり、活動が少なかったり、ループが途切れたりしているとユーザーは離脱する。メッセージアプリで友人に連絡しても返信がない、あるいは仕事上の書類を共有したのに同僚の反応がないとループへの信頼度は下がる。一方でネットワークが大きく、つながりが密でループがしっかり機能していれば、ＳＮＳのユーザーは投稿に多くの反応を得られ、マーケットプレイスの出品者は高価格で商品を販売でき、職場向けツールのユーザーは同僚とさくさく仕事を進められる。

脱出速度のステージの目標は、ループの各段階のパフォーマンスを向上させ、この循環を加速させることだ。マーケットプレイスなら次のことを考えたい。より簡単に出品できるようにするにはどうすればいいか。より多くのユーザーに商品を見てもらうにはどうすればいいか。ワンクリックで購入できる仕組みを導入したらコンバージョン率が改善し、売上は上がるだろうか。

職場向けチャットツールなら次の点を考えよう。チャンネルに参加してもらうにはどうしたらいいだろうか。利用し続けてもらうために、ユーザー同士で簡単でポジティブなフィードバックを送り合うにはどんな仕組みを導入すればいいだろう。絵文字や「いいね！」はひとつの方法だ。ユーザーのループを完結するのに十分なネットワークはできているだろうか。できていなければ、ネットワークの密度を高めるために何ができるだろう。

こうした質問は改善案を考えるとっかかりになるはずだ。ループの流れを改善するために、ユーザーがたどる工程を1画面ずつ確認してみよう。これは私がいつもスタートアップにアドバイスしていることだ。

ユーザーを呼び戻せ

エンゲージメント効果には、離脱したユーザーを取り戻し、アクティブユーザーを増やす効果もある。これまで関わったスタートアップのデータで言うと、多く製品ではどの月も全ユーザーの25～50％しかアクティブにならない。つまり、どの期間でも最大75％のユーザーが非アクティブであり、そのほとんどがサービスに二度と戻ってこない。ユーザーを取り戻せれば、離脱に対する強力な対抗手段となり、アクティブユーザーの割合を高められる。

これはネットワーク製品に特有のものだ。ネットワークを持たない従来製品では、ユーザーを呼び戻すのにスパムっぽいニュースレターや割引クーポンの送付やプッシュ通知といった手段しか取れない。しかもこうした施策はたいていうまくいかない。企業からのメッセージはあらゆるメッセージの中でも非常にクリック率が低いのである。一方、ネットワーク製品はアクティブユーザーの力を借りることで離脱したユーザーを呼び戻せるのだ。アプリをしばらく使っていなくても、製品のネットワーク上でつながっている知人が過去の投稿にコメントや「いいね！」を付けたり、メッセージを送ったりすれば、再びアプリを使うきっかけになる。上司があなたとフォルダを共有したと知らせるメールは、マーケティングメールよりも注意を引くし、あなたが1カ月前に試したアプリを親しい友人が利用し始めたという通知は、アプリの運営元から届く新機能のお知らせよりもずっと興味が湧くものである。

離脱ユーザーは「ダークノード」と呼ばれている。しばらく製品を使っていなくても、製品をよく使う同僚や友人に囲まれていれば、再び使いだす可能性があるというわけだ。

利用頻度の少ないユーザーも、ネットワーク上のユーザーの交流が活発になるほど、利用頻度が高まりやすい。ドロップボックスの場合、共有フォルダをひとつしか使っていないユーザーの利用頻度はそう高くないだろう。しかし、同僚と重要なプロジェクトのフォルダを10個以上共有するようになると、仕事上なくてはならないものになり、必然的に利用頻度は増す。ネットワークが広がるほど離脱したユーザーを呼び戻したり、利用頻度を高められたりするということだ。そしてそれは製品の成長を大きく後押しすることになる。

ユーザーを取り戻し、エンゲージメント効果を高める施策を考えるには、離脱したユーザーの体験をイメージしよう。利用していないユーザーは、他のユーザーから通知を受け取っているだろうか。その通知には製品を再び利用するだけの魅力があるだろうか。

離脱したユーザーは通常一切メッセージを受け取らない。週に一度つながっている人たちの活動内容をまとめたメールや、「あなたの友人Xさんが参加しました」という通知を送るだけでもユーザーの再開率を高められる。

もうひとつ考えたいのは、ユーザーが利用を再開するときの手順だ。ウーバーでは、信じがたいことに1週間に数百万人がパスワードの再発行に失敗しているという統計が出ていた。新規登録の手順と同じくらい利用再開時の手順について真剣に考え、簡単にしよう。

開始したばかりの製品ならユーザーの利用再開は重要ではない。累計の離脱ユーザー数はまだ多くないはずなので、新規ユーザーの獲得に注力すべきだろう。だが、脱出速度に到達した製品には何万人という離脱ユーザーがいる。そうしたユーザーの再獲得は、新規ユーザーの獲得と同じくらい重要な成長の糧となるのだ。

エンゲージメント効果のインパクト

製品の一部だけ改善すればリテンション率が劇的によくなると思われがちだが、エンゲージメント効果とそれを支える「ループ」の改善が何より重要だ。

壊血病の初期の研究は必要な基本ツールを示している。柑橘類を与え、足りない栄養素を推論したのと同じ要領で、テック企業も成長に必要な要素を推定できる。エンゲージメントの度合い別にユーザーをいくつかのグループに分け、高価値のユーザーとそうでないユーザーを分ける要因を調べるのだ。まずは相関関係が現れるだろう。そうしたらA／Bテストで因果関係を証明しよう。ユーザーの価値を高めている要素を見つけたら、それを促進するためのアイデアをたくさん出して、実装する。これを繰り返し、エンゲージメント効果を体系的に強化するのだ。

同僚やインフルエンサーなど多くの人がネットワークに参加するほどエンゲージメント効果は高まる。次は、そもそもどうすればこうした人たちに登録してもらえるかについて説明しよう。

20 ユーザー獲得効果

ペイパルの事例

The Acquisition Effect — PayPal

ネットワーク効果の2つ目は、ネットワークが拡大すればするほど新規ユーザーを惹きつけやすくなる「ユーザー獲得効果」である。これがテック業界によくある爆発的なバイラル成長を引き起こす。

バイラル成長を科学したペイパルマフィア

私がサンフランシスコ・ベイエリアを初めて訪れたのは10年以上前のことだ。ここに来た目的のひとつは、消費者向けサービスでトップ企業の成功の「秘訣」を探ることだった。ペイパルマフィアならその答えを知っていると聞いたのである。リンクトイン、イベントブライト、ユーチューブ、イェルプ、アファームなどの名だたるテック企業を立ち上げたのは、ペイパルマフィアという小さくも強力な影響力を持つグループのメンバーたちだった。私はペイパルの初期メンバーから製品の立ち上げ方が重要だと教わった。ペイパルマフィアは宣伝やブランディングといった従来のマーケティング戦略ではなく、バイラル成長を数値化し、促進する仕組みを編み出していた。「バズらせる」といった曖昧な言葉で表されがちなバイラルマーケティングを「科学」したのである。

ペイパルマフィアが創業したスタートアップの多くは、何らかの形でバイラル成長を活用して数百万人規模のユーザーを獲得している。ユーチューブの動画をあらゆるブログやSNSのプロフィール欄に埋め込む機能や、同僚とつながるために連絡先に登録されているメールアドレスを取り込むリンクトインの機能、イベントに興味がありそうな友人をメールで招待するイベントブライトの機能などのことだ。ペイパル出身者がバイラルの力学に精通しているのはある意味当然かもしれない。決済は人々をつなぐ強力なネットワークで、バイラルに広まりやすいのだ。売買でもなんでも、お金を受け取ることほど強力なサービスへの有引力はない。

ペイパルの共同創業者であるマックス・レブチンとは、私がベイエリアに来た年に出会った。すでにペイパルをイーベイに売却した後だった。本書の執筆のために彼と再会したときはフィンテックの会社「アファーム」を立ち上げているところだった。同社はa16zの投資先でもある。アファームはその後上場し、時価総額は数十億ドル規模となった。

レブチンにはペイパル初期の決済とバイラル成長の秘訣について話を聞いた。ペイパルのたどった道筋は曲がりくねっていた、とレブチンは言う。

ペイパルは当初、「パームパイロット」などのPDA（携帯情報端末）でお金のやりとりができる「フィールドリンク」という製品を開発していた。PDAはちょっと変わったデバイスだった。スマホの前身であり、連絡帳やメモ、カレンダーなどの機能を備えていたが、インターネット通信には対応してない。最大の問題はこの端末を持っている人がそう多くなかったことだ。フィールドリンクを使うには送り手も受け取り手もＰＤＡを持っていなければならない。サービスの失敗は明らかで、別の事業アイデアが必要となった。そこで思いついたのがペイパルだ。レブチンは当時をこう振り返る。

当初のアイデアはＰＤＡでの送金だったが、端末なしでもインターネット経由で送金できるように変えたんだ。それがペイパルになった。ペイパルはバイラルに成長しやすいサービスだ。リンクをクリックして登録するだけでお金をやりとりできるからね。受け取る側もペイパルへの登録が必要だ。登録したユーザーがまた別の誰かに送金するとその人たちも登録する。ペイパルはそのように広がっていったんだ。[53]

ピアツアーピアの決済サービスは、理論上はバイラル成長に最適なアイデアだ。けれどもペイパルの初期の成長速度は速くなかったという。ウェブ自体がまだ黎明期にあり、ペイパルの利用価値がはっきりせず、ユーザーは何のために送金するのかよくわかっていなかった。つまり、便利に感じる用途がまだなかったのだ。

「ユーザー像を明確に描けていなかったんだ。だから誰をターゲットとすべきなのかが定まらず、導入がなかなか進まなかった」[54]。当時、ペイパルの製品部門を統括し、今はベンチャーキャピタリストとして活躍しているデビッド・サックスは1999年11月のペイパルの状況をそう説明していた。

世間はインターネット送金の利便性に気づいておらず、ペイパルが成功するかはこの段階では不透明だった。だが、あるときイーベイの大口出品者からメールが届き、状況は一変したとサックスは話す。

その出品者はイーベイの商品詳細ページに、自作の「ペイパル払いを受け付けます」というボタンを設置したいと言ってきたのだ。サックスたちにとっては予想外の使われ方だったという。そもそもオークションサイトがどんな人が使っているかよく知らなかったのだ。連絡を受けてイーベイのウェブサイトを見てみると、決済手段にペイパルを受け付けると書かれた商品ページが何百と見つかった。イーベイ内で自然と広まっていたのだ。この成長を加速できるかはペイパルのチームにかかっていた。サックスたちはペイパルのロゴ使用を認めると返信し、さらにこの用途に対応すると決めた。サックスはこう説明する。

さらに利用しやすくするため、出品者がイーベイの認証情報を入力すると全出品ページに自動でボタンを掲載できるようにした。このアイデアを製品化したというわけだ。

瞬く間に「ペイパル払いOK」のバッジを掲載する出品ページが増えていった。買い手（と他の売り手も）は出品ページを見てペイパルに登録し、自分の出品ページにもバッジを貼る。これが何度も繰り返された。この施策がうまくいき始めると、チームは金をばら撒くキャンペーンでトラクションを加速させる。レブチンはその方法をこう説明している。

友人を招待したペイパルのユーザー全員に10ドル、また招待された人にも登録と同時に10ドルをアカウントに付与する。これですぐに成長が加速した。登録する理由も友人をどんどん招待する理由もあった。この施策を始める前からユーザーは友人を招待していたけれど、このキャンペーンでバイラル成長が本格的に伸び始めた。一見非常にお金がかかる施策に見えるかもしれない。しかし、これでユーザーのエンゲージメントが高まり、取引が活発になる。おかげで取引ごとの手数料でちょっとずつ費用を回収できた。実は人が思っている以上に資金効率のよい施策なんだ。

イーベイの密度の高いコミュニティ内でペイパルは一気に広まる。当初のユーザーは1万人もいなかったが数カ月で10万人、さらにその数カ月後には100万人、1年後には500万人になったのである。ペイパルはバイラル成長でコールドスタート問題を突破した。現在の会社評価額は3000億ドルを超えている。これはかつて親会社だったイーベイの6倍以上の金額だ。

ペイパルの話は、ネットワークの参加者によって新しいユーザーを獲得する「ユーザー獲得効果」を見事に表している。この効果は、ネットワークが大きくなるほど高まる。

バイラルで急成長した製品の中には、ワッツアップのようにマーケティング費用を一切かけずに、1日100万インストールを実現したものもある。これに対し、従来製品は多くのユーザーを獲得するために広告を出稿したり、企業と提携したりとマーケティング活動に多額の費用をかけることが多い。一人ひとりのユーザー獲得に金をかけていては、1日に何十万人もの新規ユーザーを獲得することは難しいだろう。

新規ユーザーの獲得は、製品の成長を促進するために重要である。特にアーリーステージの企業は毎週、あるいは毎月、離脱によって減った以上のユーザーを獲得しなければならない。ある意味回し車の上を走っているようなものなのだ。

金の力で解決したくなるかもしれないが、いずれ費用が手に負えない金額になる。それに広告で獲得できるユーザーには限度がある。サービスを成長させるには、多くのユーザーを繰り返し獲得できる方法を実装しなければならない。バイラル成長は大抵は無料でユーザーを獲得できる方法なのだ。

製品主導のバイラル成長

「バイラル成長」はよく誤解される。バイラルと聞いて流行の面白い動画や広告代理店が考えた、一斉に大人数が踊りだすフラッシュモブのような巧妙なＳＮＳのプロモーション施策を思い浮かべる人がいる。これらはここでいうバイラル成長とは全く違う概念だ。広告代理店が「バイラルマーケティング」と呼ぶものは、シェアされやすいコンテンツでネットワーク効果のない消費財やサービスを広める施策だ。ここで説明するネットワーク主導のバイラル成長は、はるかに強力である。

ネットワーク製品の特徴は、製品の体験そのものにバイラル成長をもたらす性質がある点だ。フォルダを共有できるドロップボックスは、その機能だけで自然と広まる。ペイパルのユーザー間の決済機能と支払方法を示すバッジも同じだ。つまりネットワーク製品は、製品の機能とネットワークが密接に連携している。製品にはユーザーを取り込む機能があり、それによってネットワークが広がり、製品の価値が上昇するのだ。職場向けツールのスラックには同僚を招待する機能がある。写真共有アプリのインスタグラムにもフェイスブックの友人を招待し、つながる機能がある。スマホの連絡帳やスマホに搭載されている共有機能を活用して知り合いとつながれる。これらはソフトウェアの機能であり、単に話題性のあるシェアされやすい動画とは違うのだ。

1ステップずつバイラル要素を改善する

エンゲージメント効果を増幅するフィードバックループをステップごとに分けて改善するように、ユーザー獲得効果も同じように分解し、最適化できる。あるユーザーがサービスを知り、登録したとする。製品に価値を感じ、友人や同僚に紹介して、その人たちも登録する。この一連の流れが「バイラルループ」だ。

ループの最適化には、細かいステップに分けて、1ステップずつA／Bテストを実施するのが有効だ。たとえば、ウーバーのドライバー紹介制度は、利用登録の工程に組み込まれている。ドライバーはアプリで登録する際、十数の画面を操作する。電話番号の入力、パスワードの作成、運転免許証のアップロードなどの手順を踏む。より多くのユーザーが登録を完了できるよう、各ステップを最適化できる。また、登録手順で友人の紹介方法と特典について説明しているが、ここも改善できる。登録時の特典を100ドルにするか、300ドルにするか。知人を5人紹介してくれた人には追加の特典を用意すべきか。招待メッセージに招待した人の名前を掲載すべきか、あるいは運営の「ウーバー」を強調すべきか。新規登録時に入力してもらうのはメールだけでいいか、電話番号だけでいいか、それとも両方にすべきか。こうしたことを体系的に試しながらコンバージョン率や招待状の送付数の変化を追おう。A／Bテストで最適化しても各ステップのコンバージョン率は5％、10％しか改善しないかもしれない。しかし、重要なのはそうした細かい改善を積み重ねることだ。何百回と最適化した後の顧客獲得効率は劇的によくなっているだろう。

ユーザー獲得効果を測定し、数字で考える

ユーザー獲得効果を高めるには、まずは効果を測定する必要がある。幸いバイラル成長ではひとつの数字を見ればいい。たとえば、メモを他人と共有するアプリをつくり、開始してまもなく1000人がダウンロードしたとする。そのうちの何人かが同僚や友人を招待し、500人のユーザーが新規登録した。すると今度はその500人が友人を招待して250人の新規登録があり、さらにその人たちの招待により125人が新規登録する。各段階のユーザー数と招待された人数の比率（1000人、500人、250人）に注目してほしい。その比率が「バイラル係数」であり、この場合は「0・5」となる。招待された人数が元の人数の0・5倍だからだ。このアプリのバイラル成長はうまくいっているようだ。当初のユーザー数が1000人でバイラル係数が0・5の場合、バイラル効果がなくなりユーザーがそれ以上増えなくなるまでの合計の新規登録者数は2000人近い。つまりユーザーの増加率は約2倍だ。この増加率は高いほどよい。登録ユーザーが、新規ユーザーを効率的に呼び込めている。

バイラル係数がわかれば、改善に向けてA／Bテストを試したり、新機能を実装したりできる。SNSにシェアする機能や招待状を送った後にSMSで何回かリマインダーを送る機能などがいいかもしれない。ランディングページなら入力項目を減らし、数回のクリックで登録できるようにするのが効果的だろう。バイラル係数を0・6にできたら、ユーザーの増加率は2・5倍になる。0・7なら3・3倍だ。バイラル係数が1に近づくほど効果は強力になる。バイラル係数が0・95で当初のユーザーが1000人の場合、950人が招待され、その人たちがさらに900人を連れてくることになる。最終的な増加率は20倍にもなるのだ。

バイラル係数と増加率は、製品のバイラル成長の様子を数学的に表している。バイラル係数はまれに1を超えることもある。もっとも、そうした状態は長くは続かない。市場の飽和や対象ユーザーの属性の変化などにより、どこかの時点で係数は必ず下がるからだ。

注目すべき指標があると、改善すべき点が特定しやすくなる。大抵の場合、リテンションを高めることがバイラル係数の向上につながる。

ペイパルの場合、ユーザーが数週間、数カ月、数年にわたってサービスを利用し、取引が続くほど広まりやすくなる。取引の度に新しい人が招待される可能性があるからだ。つまり、ペイパルのバイラル係数は時間が経つほど向上し、「1」に近づくのである。一方、ほとんどのユーザーが製品を1回しか利用しない場合、普及させるには一度に大量の招待状を送ってユーザーを獲得する必要がある。これは理想的な形とは言えない。とはいえ、連絡帳のメールアドレスを読み込んで友人を招待する機能や、豪華な特典を付けた紹介制度など、ユーザーを一斉に獲得する施策がダメということではない。ただ、細かな最適化によって高いリテンションを実現した製品でこそ、こうしたバイラル成長を生む施策の効果が発揮されやすいのだ。

バイラル成長の測定と最適化は数学の問題のように感じるかもしれない。だが、実際はどちらかというとコピーライティング、ユーザー心理学、プロダクトデザインの問題である。成長を加速したいなら、過去の事例を調べてみよう。友人の誕生日のお知らせや羊の絵文字を送り合う機能、シェアしたくなる性格検査や友達をタグ付けできる写真のコラージュ作成など、バイラルループの成功例はたくさんある。成功事例の多くはユーザーの心理をうまく突いている。そして人間の本質はコロコロと変わるものではないので、製品に合わせて繰り返し使えるものもある。

真似されにくい最高のバイラル成長の施策は、製品の価値を目を引く形で提案しているものが多い。たとえば、ドロップボックスのフォルダ共有機能によるバイラルループは効果的だ。だが、このようなループは同じ分野の製品でしかつくれない。会議の詳細を記したズームのリンクは簡単にシェアできる効果的なバイラルループだが、会議に関連した製品でないと真似できないのだ。

エンゲージメントのないユーザー獲得はうまくいかない

ひとつ重要なことは、「ユーザー獲得効果」は「エンゲージメント効果」や「経済効果」がなくても発揮される点だ。つまり、多くの顧客を獲得できるがユーザーが定着しないネットワークも成立する。説明のために「チェーンメール」の事例を取り上げよう。そう、今でも時々メールで送られてきたり、SNSで見かけたりするが、そのルーツは1800年代後半にある。当時のチェーンメールは普通の手紙だった。

最も広まったのは、大恐慌からしばらく経った1930年代にデンバーで生まれた「ポスペリティ・クラブ」のチェーンメールだ。手紙にはクラブのメンバーの名前が記載されていて、それぞれに10セントを送金するよう書かれている。この手紙を受け取った人はそこに自分の名前を書き足しコピーしてさらに知り合いへと送る。その手紙を受け取った人もまた名簿の人たちに10セントを送金するのだ。そうすれば最終的に1562ドル50セントが手に入るとこのチェーンメールは謳(うた)っていた。現在の価値に換算すると約2万9000ドル（約300万円）相当だ。「10セントを送る価値はあるでしょう？」。手紙の最後にはそう書かれていた。

メールもSNSもないアナログの時代にもかかわらず、この手紙は驚くほど広まった。デンバー市内に留まらず、数カ月で何十万人もの人々に届いた。現地の郵便局の記録によると、あまりに大量の手紙が届いて処理しきれなかったという。最終的に米国郵便公社は拡散を食い止めるべく、チェーンメールを禁止した。当然だ。とはいえ、「信念！ 希望！ 慈善事業！」と謳ったこのチェーンメールは不況で揺らいだ人々の心にうまくつけ込み、拡散に成功したのである。

当時としてはバイラル効果を使った巧妙な仕掛けだ。さらにこれは1800年代に登場した電話や鉄道をはじめとするアナログなネットワークのひとつでもある。その理由を説明しよう。まず、チェーンメールの参加者の名簿はある種のネットワークだ。名簿に友人や家族、コミュニティの仲間の名前が載っていたので、ポスペリティ・クラブへの信頼感とエンゲージメントが高まった。次に、この仕組みは古典的なネットワーク効果の定義に沿っている。多くの人が参加するほどお金が集まりやすい。また、このネットワークはコールドスタート問題にも直面する。多くの人が参加し、新しい人を招待しないと機能しないのだ。

とはいえ、ネットワーク効果があってもチェーンメールには問題がある。ユーザー獲得の仕組みだけで、強いリテンションを生む仕組みがないのだ。従って、ネットワークを成立させるには新しい人がどんどん参加する状態を保たなくてはならない。その意味でマルチレベルマーケティングやポンジ・スキーム（出資金詐欺）もチェーンメールと非常によく似ている。もちろん、報酬目当ての新規加入が途絶えると破綻する。既存の参加者はお金を受け取れなくなり、ネットワークを離脱して完全に崩壊するというわけだ。ネットワークの成長にはリテンションが不可欠である。新規ユーザーを獲得し続けるだけではダメなのだ。

ユーザー獲得効果のインパクト

ユーザー獲得効果を高めるには、ユーザーが知り合いを製品に招待する流れを理解する必要がある。ユーザーの人脈はアトミックネットワークを形成していることが多く、一部のユーザーが製品に参加するとアトミックネットワークを惹きつけ、ネットワークはさらに広がりやすくなる。

バイラル成長で新しいネットワークをつくり、既存の密度の高いネットワークを拡大することは「ランド・アンド・エクスパンド（着地と拡大）」と呼ばれている。「着地」というのは、バイラル成長でアトミックネットワークが立ち上がることだ。たとえば、広告代理店がクライアント企業の社員をドロップボックスに招待して、共同作業のネットワークに加えたり、ワッツアップのグループチャットに、友達をまとめて招待したりするようなことだ。その後、製品が「拡大」する。やがて社内の社員全員がドロップボックスを利用し始め、ネットワークの密度が高まるのだ。

グーグルプラスが実施したようなビックバン型の立ち上げより、バイラル成長で広がったネットワークの方が丈夫でエンゲージメントが高くなる背景には、こうした成り立ちがある。ビッグバン型の立ち上げは「着地」には優れているものの、「拡大」の部分で失敗しやすい。先に説明したように密度とエンゲージメントの低いネットワークは破綻するリスクが高いのである。一方で密度もエンゲージメントも高いネットワークは新規ユーザーを獲得しやすいだけでなく、エンゲージメント効果も経済効果も高まる。これらの効果はネットワークの密度と規模の影響を受けるからだ。

さて、エンゲージメント効果とユーザー獲得効果がわかったところで、次は経済効果とビジネスモデルについて説明しよう。

21 経済効果 信用調査機関の事例

The Economic Effect — Credit Bureaus

最後は「経済効果」だ。ネットワークが大きくなるにつれて、収益性やユニットエコノミクスなど収益モデルが改善する効果である。ネットワークが大きくなるほど「データネットワーク効果」と呼ぶものが経済効果を促進する場合もある。そして経済効果はプロモーション、インセンティブや特典の施策の効率を上げる。製品部門はこの仕組みを理解して経済効果をさらに強化しよう。

興味深いことに、経済効果の最初期の仕組みは「融資」だった。まずは世界最古の文明の話をしたい。

融資のネットワーク効果

太古の昔から人は金の貸し借りをしてきた。古代文書ハンムラビ法典を見てみよう。紀元前1754年に岩に彫られた罰金と刑罰に関するこの法典には商業的なやりとりに関する規定もある。88条は次のような内容だ。

商人が穀物を貸した場合の利息は1クールにつき100シラ。銀を貸した場合の利息は銀1シェケルにつき6分の1シェケル6グレインとする。[55]

つまり、金利の上限を定めていたのである。ちなみに、古代バビロニアの価値を現代の価値に換算すると、穀物を貸した場合の利息は年33・3%、銀を貸した場合は年20%だ。これはクレジットカードの利息とそう変わらない。

このように融資の仕組みは何千年も前からあるが、この数百年で変わったのは信用についての考え方だ。バビロニアの法典には、そもそもその人にお金を貸すべきかどうかの判断基準については書かれていない。小さなコミュニティなら地元での評判が判断基準になるだろう。

しかし、融資事業が大きくなったならどうだろうか。そこで次に、融資事業が本格化した1700年代後半のロンドンの事例を取り上げたい。産業革命が起きると人々はあらゆる製品を入手できるようになり、衣類や家具などを買い求め、消費者支出が増加した。高額な買い物は分割の方が支払いやすい。これは多くの人に経験があるだろう。従って、この時期にローン制度も広く普及した。

しかし、店に突然やってきて大量の商品を後払いで購入したいという客を店主は信用していいものだろうか。1776年に設立された「詐欺から商売を守るための保護協会」が解決策を提示している。この協会は、550の商店から顧客の評判を集めてデータベースを作成した。悪質な客が複数の店で詐欺を働けなくすることが目的である。協会の原則のひとつは、「各会員は信用に値しない人物の名前と特徴を、遅滞なく協会に報告する義務を負う」というものだった。保護協会のしていたことはつまり詐欺師を排し、融資を受ける顧客の信用度を評価するクレジットスコアの先駆けである。

この時代、この保護協会以外にも多くの信用調査機関が誕生している。同じような組織が何千と設立され、各団体は個人の評価や噂をまとめた冊子を発行していた。現代の巨大信用調査機関であるエクスペリアンとエクィファクスもまた、もともと地域に根ざしたこうした小さな信用調査機関として誕生した。エクスペリアンはマンチェスター保護協会として1800年代初頭に設立し、他の信用調査機関を買収して世界有数の企業になったのである。エクィファクスも1800年代後半にテネシー州の食料品店の店主たちが信用力のある顧客のリストを独自に作成し、やがて連盟を形成したのが始まりだ。

これらの信用調査機関は「データネットワーク効果」と呼ばれる力によって買収統合を繰り返し、規模を拡大してきた。「データネットワーク効果」とはこういうことである。信用機関の加盟店が増えれば増えるほどデータが増え、融資リスクをより正確に評価できるようになる。すると加盟する魅力が高まり、ますます加盟店が増えてどんどんデータが集まるようになるのだ。顧客の信用度を正確に評価できるようになるとネットワークはうまく機能する。消費者は商品を後払いするお金を借りられ、商店は利益を手にし、銀行は融資を引き受けられるのだ。このネットワークをつなぎとめているのが消費者の信用データを一元管理するエクイファックスやエクスペリアンといった信用調査機関なのである。

とはいえ、融資リスクの正確性が上がることだけが「経済効果」ではない。もっとさまざまな効果がある。ネットワークが成長するにつれ、製品のアップセルやコンバージョン率の向上、インセンティブ施策の効率化や施策に伴うリスクの低減などコスト改善といった形で収益化を促進するのだ。経済効果のもたらす作用について詳しく説明しよう。

収益効率を追求するタイミング

これまで説明したように、新しいネットワークを立ち上げるにはハードサイドのユーザー獲得に先行投資し、後から回収する戦略が有効である。クリエイターやインフルエンサーにお金を払ってプラットフォームに参加してもらう方法もこれに含まれる。たとえばマイクロソフトはライブ配信サービスのツイッチに対抗する製品を開始する際、数百万人のフォロワーを持つ人気配信者「Ninja」と数千万ドル相当の契約を結んだ。動画配信業界ではネットフリックス、フールー、アマゾンなどが、独占配信するコンテンツをめぐり数十億ドル規模の争奪戦を繰り広げている。ティーン向けホラー映画や国際的なドキュメンタリー作品などのニッチな分野を取り込んで加入者を獲得するほど、コンテンツに効率的に先行投資できるようになるのだ。これがネットワークの拡大に伴って大きな優位性となる。

ウーバーはこの戦略を多用していた。しかし、2017年初頭になると方向転換を迫られ、インセンティブよりも効率を追求し始める。同社にとって2016年は長く厳しい1年だった。ウーバーは中国市場で次点に終わる。現地でサービスを立ち上げようと乗客とドライバーを確保するために毎週5000万ドル近くを投入していたが市場を制することはできなかった。ウーバー全体での年間支出は10億ドルを超えていた。ちなみに後年、ウーバーは中国事業を現地の競合「DiDi（ディディ）」に売却している。そこでウーバーは「何が何でも成長する」から「黒字化への道をつくる」に方向転換せざるをえなかったのである。2017年初め、CEOのトラビス・カラニックは週次全体会議で新しい目標をいくつか発表したが、最重要目標は「インセンティブよりも効率の追求」、つまりユニットエコノミクスの改善だった。

市場の刺激策に使われた予算10億ドルの大部分を占めていたのがドライバー獲得のためのインセンティブ費用である。中でも、乗客の依頼に応えるために十分なドライバーの確保を狙ったドライバーの報酬保証制度（ウーバーで運転すると4週間は時給30ドル分の報酬を保証するキャンペーン）が大きい。ウーバーは他にもインセンティブ施策を頻繁に打った。サービス立ち上げ時のドライバー獲得に加え、閑散期、特にホリデーシーズン直後の1月中のドライバー確保のための施策などだ。繁忙期のホリデーシーズンに登録したドライバーが一斉に離脱するのを防ぐ意図もあった。さらにウーバーで運転してもらうために競合他社より高い報酬を保証する施策や、「X回乗客を乗せたら報酬にYドルを追加」といった「DxGy」と呼ばれるインセンティブ施策なども実施していた。ウーバーの報酬保証制度は次のような仕組みである。

・ドライバーには時給25ドル分の報酬を保証する
・ネットワークが小さいと1時間に1件しか依頼を受けられない
・依頼の平均報酬額は1件あたり10ドルと仮定
・ドライバーの報酬は時給10ドルとなる。従って会社はドライバーに1時間あたり15ドルの報酬を補填する必要がある
・つまり、ウーバーの負担額は依頼1件あたり15ドルだ。かなりの痛手である

一方、需要と供給の密度が高い大きなネットワークでは、ドライバーはより多くの依頼をこなせる。

・ドライバーに時給25ドル分の報酬を保証する
・ネットワークが大きいと1時間に2件の依頼に応えられる
・依頼の平均報酬額は1件あたり10ドルと仮定すると、ドライバーの報酬は時給20ドル
・この場合、補填分は1時間あたり5ドルで済む。つまり、依頼1件あたりのウーバーの負担額は2・5ドルに抑えられる

この事例から、経済効果によって大きなネットワークほど収益効率が改善することがわかる。需要が多いとウーバーの1件あたりの補填コストが大幅に減るのだ。またネットワークが大きいとハードサイドのユーザーであるドライバーを効率的に獲得できる。ドライバーが集まれば乗客にも品質の高いサービスを低価格で提供できるのだ。乗車料金を下げて乗客を増やすこともできる。初期のウーバーは毎年1月にこの施策を実施していた。ホリデーシーズンのお祝いムードがひと段落すると需要が低下する。そこで料金を下げるのだ。消費者は価格に敏感なので、利用を促進できる。時間あたりの依頼が増えれば、時間あたりの売上を高水準に保てるのである。ドライバーには需要が安定するまでの間、一時的に一定の報酬を保証して値下げに納得してもらっていた。ネットワークが小さいと1件あたりの補填コストが高すぎて、こうした施策もできないのである。

ライドシェアの事例と同様に、動画配信サービスでクリエイターを獲得するのにも、アプリプラットフォームでアプリ開発者を獲得するのにも、同じ効果が働く。ネットワークの成長に伴い、エコシステムを助成する力も強くなる。金銭的な助成は企業が顧客向けに提供する割引クーポンやプロモーション施策をはじめとする販売促進と同じだ。どれも製品やサービスの購入インセンティブということだ。

多くの巨大マーケットプレイスはフル活用されていない資産を取り扱う。エアビーアンドビーは使っていない部屋や物件、ウーバーは走っていないクルマ、人材マーケットプレイスは人々の空いた時間だ。マーケットプレイスはこうした遊休資産を効率的に収益化する機会をユーザーに与え、ネットワークが大きくなるほど利益を得やすくなる。ネットワークが大きくなると多くのデータが蓄積し、細やかなパーソナライズやターゲティングが可能になるからだ。たとえばウーバーなら一律で時給25ドル分の報酬を保証するのではなく、高度な機械学習モデルにもとづいて各ドライバーに個別の報酬条件を提案できる。ユーチューブならクリエイターに視聴者のエンゲージメントの質に応じた報酬体系を設定できる。ボトムアップのＳａａＳ製品ならデータからどの顧客にいつ、どのようにアップセルするか判断しやすくなる。どれも収益モデルの改善につながることだ。

ネットワーク拡大によるコンバージョン率の向上

どのネットワーク製品でも収益モデルの中心にあるのは、何かしらのコンバージョンである。スニーカーやバスケットボール選手のカードを売買するマーケットプレイスでも、無料ユーザーを有料ユーザーに転換するコラボレーションツールでも、基本は同じだ。

ネットワークが成長するほど経済効果によってコンバージョン率が向上する。ドロップボックスでは同僚とフォルダや書類を共有するユーザーほど有料会員になりやすい。フォルダ共有が仕事の一部になれば、まず社員が個人的に有料会員になり、最終的には会社が有料プランに加入してくれる可能性が高まる。法人顧客が多いなら有料プランの機能は個人利用を想定したものではなく、会社で働く人たちにとって便利なものを設計するのがいいだろう。

スラックも有料プランで部門を横断したメッセージの検索機能や質の高い音声通話といった社内利用を想定した機能を提供している。これらの機能はスラックが社内の標準的なコミュニケーション手段になるほど有用で、無料プランから有料プランへの切り替えを後押しする。スラックの創業期にグロースチームを率いていたファリード・モサバットはこう説明している。

スラックユーザー全員にとって便利な有料機能を用意すれば、ＩＴ担当者だけでなく、社内の誰もが有料プランに移行したいと思うようになる。社内でスラックを使う人が増えてエンゲージメントが高まれば、便利な機能を使えるよう誰かがクレジットカードを切る可能性が高まるということだ。[56]

経済効果はコラボレーションツールでだけでコンバージョン率を高めるわけではない。理由は異なるが、マーケットプレイスやアプリストアなどのネットワーク製品でも同様のことが起きる。

マーケットプレイスでは出品者が集まるほど品揃えや在庫が充実し、レビューや評価も多くなる。その結果、買い手は欲しいものを見つけ商品を購入する可能性が高まるのだ。ＳＮＳは注目を集める機能で収益化することが多い。たとえばティンダーには、本当に気になっている相手に通常の「いいね！」よりアピールできる「スーパーライク」という機能がある。この機能は、恋人候補が多くマッチングの可能性が高いネットワークであるほど有用になる。他のユーザーより目立ちたい理由があるからだ。バトルロイヤルゲーム「フォートナイト」のような、多数のプレイヤーが参加する仮想世界でバーチャル商品を提供するサービスにも同じことが言える。フォートナイトは、キャラクターに特定のダンスやポーズを取らせる「エモート」の販売で数億ドルを売り上げている。多くの友人がゲームをプレイしていて、購入したエモートを高く評価してくれる人がいるほど価値が増す。ネットワークが発達するほど、ゲーム内の自分のステータスを高めるアイテムに投資するインセンティブが生まれるというわけだ。これもまた経済効果の作用である。

経済効果のインパクト

経済効果はユーザー獲得効果とエンゲージメント効果と並んで、潜在的な競合を跳ねのける力となる。多くのユーザーを集めてエンゲージメントが高いネットワークをつくれたら、競合はそれをはるかに上回る価値を提供しなければならなくなる。さらに経済効果が効いている場合、市場で最大の製品は他より優れた収益モデルを構築できることが多い。高い経済効果を発揮する大規模なネットワークは高価格を維持しやすく、ネットワークの参加者にとって他のネットワークに移るスイッチングコストが高いからだ。たとえば、グーグルのオークション形式の広告プラットフォームでの出稿料は1クリックあたり数百ドルと高額になる場合もある。これは広告主、メディア、消費者からなるグーグルのネットワークに対抗できる製品がないのがひとつの理由だ。

また、トップ企業にとっては、低価格で参入する競合はさほど脅威にはならない。たとえば、ドロップボックスのような製品が社内で広く使われていれば、たとえ機能が似ていても、社員全員を別製品に移行させるのは難しい。ネットワーク製品が独占的に普及すると、競合製品は簡単に取って代われないのだ。機能をコピーすることは簡単でもネットワークをコピーすることはほぼ不可能なのである。だから市場の勝者が価格決定力を持ち、莫大な経済的利益を得ることになるのだ。

高価格は悪いことのように思えるかもしれないが、ユーザーにも利益をもたらす。特にマーケットプレイスや暗号資産、決済などのネットワークで顕著である。イーベイがコレクターアイテムの売買に最も信頼できる最大のサイトとなりネットワーク内のコンバージョン率と価格が上がれば売り手は売上を増やしやすくなる。動画クリエイターやメールマガジンを発行するライターを支援するパトロンやサブスタックのような製品もすべての関係者に利益をもたらしている。

経済効果は、製品の収益モデルを長期的に高める強力な作用だ。この効果により大手のネットワークは効率的に参加者を獲得し、コンバージョン率を高め、高価格を維持できる。大きなネットワークが脱出速度に到達すると小さなネットワークにとっては非常に不利な状況となる。経済効果、ユーザー獲得効果、エンゲージメント効果の3つの力が合わさると、他社の追随を許さない大きな優位性を生み出すのだ。

とはいえ、3つのネットワーク効果のある会社が永久に無敵であり続けられるわけではない。大規模なネットワークは製品の拡大期にあたる何年かは他と比較にならないほど支配的な力を持つことが多いが、やがて成長を維持しにくくなる。困難な壁にぶつかり、全く成長できなくなってしまうことさえあるのだ。

第5章 天井 THE CEILING

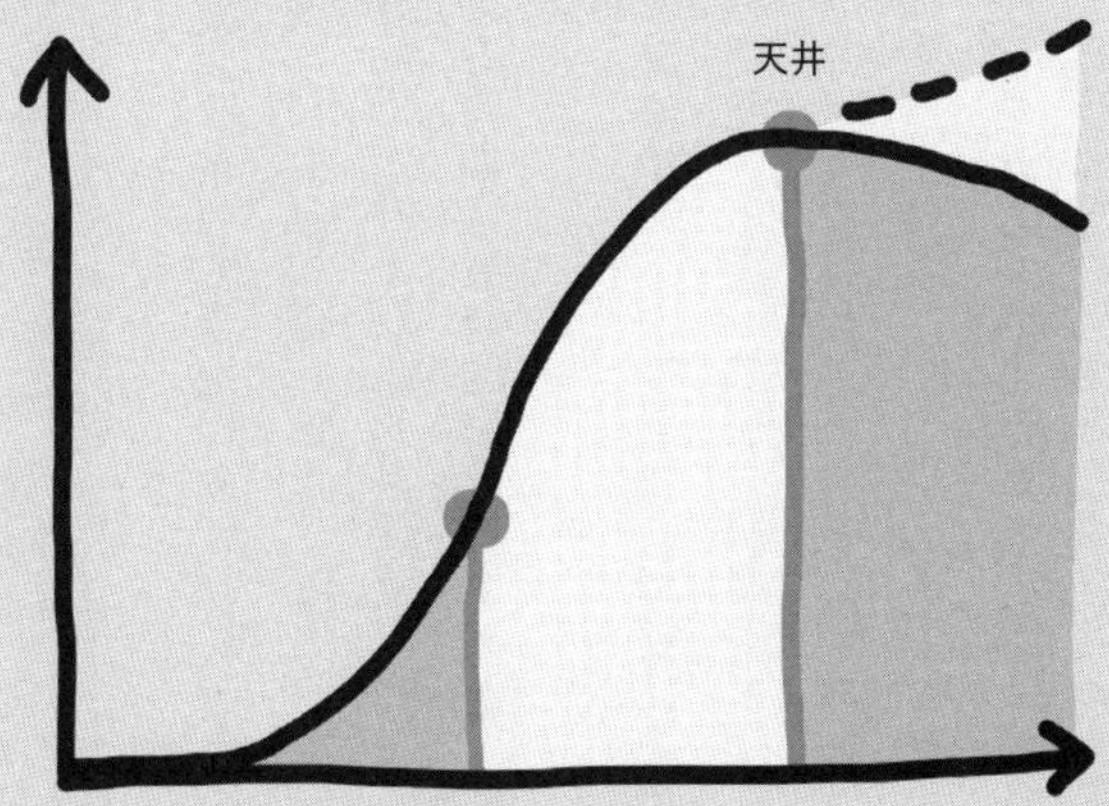

ツイッチの事例

Twitch 22

何年も果てしない成長を続けてきた後に天井に突き当たると、想像以上に大変だ。製品規模が拡大すると、成長曲線はやがて上下に揺れ動くようになる。指数関数的な成長を遂げていた曲線はある時期は爆発的に上昇するが、ある時期は下降するのだ。

ネットワークのライフサイクルの後半には、成長を妨げる要因が増えるのが理由だ。市場の飽和や初期ユーザーの離脱に加え、荒らし、スパム、詐欺といった悪質な行為が増加する。また新規ユーザーのエンゲージメントの質が低下したり、当局から規制をかけられたりする。ユーザーが増えすぎて体験の質が低下することもある。新規ユーザーが増えても既存ユーザーの離脱が増え始めると成長は自然と鈍化してしまうのだ。

このため有力製品でも成長曲線が滑らかに上昇し続けることはほとんどない。フェイスブックやツイッチでさえ成長は間欠的だった。

成長の天井に突き当たると、製品部門はなんとかしようともがくだろう。そして新機能で天井を突き破るが、しばらくするとまた別の天井が現れる。立ち止まるとネットワークは弱くなり、形成されたのと同じスピードでネットワークは霧散し、ユーザー獲得、エンゲージメント、経済の効果が一気に弱まるのだ。天井にぶつかるのは大変な苦痛を伴うのである。

ここで「Justin.tv」と呼ばれるサービスを運営していたスタートアップの事例を紹介しよう。成長の天井を突き破ることでライブ配信サービス「ツイッチ」を生み出した。創業チームのエメット・シアー、ケビン・リン、ジャスティン・カン、マイケル・セイベル、カイル・フォークトは、ツイッチをこの10年で最も象徴的なテクノロジー企業のひとつに育て上げたのである。最終的に9億7000万ドルでアマゾンに買収されたが、これはツイッチの躍進の始まりにすぎない。ツイッチにはゲームやダンス、トークなどの動画配信者が数百万人、そしてそれを視聴するアクティブユーザーが何億人と集まるようになり、同社の価値は買収時の何倍にもなったのだ。

とはいえ、2010年時点の先行きは不透明だった。ツイッチの前身であるJustin.tvは数百万人のユーザーを抱えていたが、壁に突き当たっていたのである。当初はゲームだけでなく、あらゆるジャンルの動画に対応していたが、ユーザー数は頭打ちになり、チームは焦っていた。CEO兼共同創業者のジャスティン・カンは当時をこう語る。

2010年終盤には会社は黒字化していた。頑張ってきたんだけれど、成長が鈍化し、行き詰まってしまったんだ。正直に言うと全く成長していなかった。インターネットの世界でサービスが成長しないということは、もう衰退の瀬戸際、それも急激な衰退が起きる前兆なんだ。[57]

同社の創業ストーリーは面白い。Ｊｕｓｔｉｎ．ｔｖはＣＥＯのジャスティン・カンが野球帽に取り付けたカメラで自分の生活を生配信したのが始まりだった。カメラはバックパックに入れたノートパソコン経由でインターネットとつながっている。カンは初の配信者だった。そしてテック業界の知り合いがカンの配信を見ていた。これがＪｕｓｔｉｎ．ｔｖの最初のアトミックネットワークだった。

私がカンと共同創業者のエメット・シアー、ケビン・リンと知り合ったのもＪｕｓｔｉｎ．ｔｖを見ていたことがきっかけだった。私が自分のスタートアップに取り組んでいた頃で、Ｊｕｓｔｉｎ．ｔｖの発展を配信を通して追っていた。

Ｊｕｓｔｉｎ．ｔｖはやがてカンが使っていた配信ツールを再設計し、誰もが動画を配信できるようにする。ここからユーザー層がぐっと広がった。歌やダンス、スポーツ中継、ゲームを配信する人が集まり、ジャンルを問わない総合的な配信サービスへと進化したのだ。メディア各社が独自の配信サービスを提供するようになるまで私もＪｕｓｔｉｎ．ｔｖでアメフトの試合中継などを見ていた。しかし、Ｊｕｓｔｉｎ．ｔｖはそこそこの成功を収めたもののユーザーのリテンションが十分ではなく、成長は数百万人で停滞してしまう。

数百万人のユーザーをさらに増やしたいというのは贅沢な悩みと思うかもしれない。だが、新しい挑戦がしたくてうずうずしている若いチームには深刻な問題だった。Ｊｕｓｔｉｎ．ｔｖの成長がそのまま横ばいなら、もっと成功しそうな別のアイデアに取り組んだり、他の急成長している大手テック企業に就職したりした方がいいかもしれない。だが、彼らはＪｕｓｔｉｎ．ｔｖをもっと大きな事業に進化させる道を選んだ。規模を拡大し、天井を突き破るには大きな賭けに出なければならない。じゃあどうすればいいのか。悩んだチームは複数のプロジェクトに同時進行で着手することにした。

Ｊｕｓｔｉｎ．ｔｖを引き続き運営しつつ、チームの一部はモバイルでの動画撮影と配信サービスに着手する。これはやがて「ソーシャルカム」という製品になった。エメット・シアーとケビン・リンが率いる別の部隊はゲーム分野に注力することにした。ゲーム系のコンテンツはすでにＪｕｓｔｉｎ．ｔｖにあったが、トラフィックは全体の２〜３％だった。当初、ゲーム配信専用のレトロゲーム風のピクセルアートをあしらったカテゴリーを用意していたものの、メインサービスの１カテゴリーという位置づけにすぎなかった。だが、熱狂的な視聴者たちは実装してほしい機能などをひっきりなしに連絡していた。そこでシアーとリンは何十人かのヘビーユーザーに話を聞き、Ｊｕｓｔｉｎ．ｔｖからゲーム配信をスピンオフさせる計画を立てたのである。

こうして誕生したのが「Xarth.tv」だ（そう、ツイッチの元の名前である）。ただ、会社の取締役会はこの計画に大反対だった。せっかく黒字化したスタートアップを再び数百万ドルの赤字に転落させる計画だ。うまくいくかどうかもわからない。それでもチームはこの計画を実行することにした。そして事業を軌道に乗せるためにエネルギーとリソースを注いだのである。

私はツイッチの紫色が基調のオフィスでエメット・シアーに会い、Ｊｕｓｔｉｎ．ｔｖの当初の戦略と新規事業の戦略の違いについて話を聞いた。

ツイッチではＪｕｓｔｉｎ．ｔｖとはかなり違うことをした。一番の違いは、視聴者ではなく配信者に焦点を当てたことだ。ツイッチでは配信者のためのツールを開発し、時間をかけて改良していったんだ。配信者にとってはたとえ少額でも稼げることが重要だったので、視聴者が配信者にチップを渡せる機能を追加した。Ｊｕｓｔｉｎ．ｔｖでは多くの視聴者が集まることでステータスを築けることが配信の動機となっていた。ただ、配信者にとってはそれよりも月に50ドルでも稼げることが重要で、この機能追加は大きな転換点だったんだ。ウェブサイト全体の設計も見直している。ゲーム別に配信者を見つけられるようにし、人気の配信者を上位に表示するようにした。ツイッチではゲームに特化し、配信者と視聴者の両方のニーズを満たす機能を実装できた。[58]

ツイッチでは配信者のニーズを軸にJustin.tvの機能を調整し、サービスを改善したという。当時は画質の低い配信サービスが多かったが、ゲーム配信ユーザーは高解像度での配信を望んでいた。低解像度だと何十ものキャラクターが登場するゲームのアクションを追いづらいのである。また、配信者がプレイしているゲームごとのカテゴリーをつくり、お目当ての配信を見つけやすくした。具体的には「リーグ・オブ・レジェンド」「PUBG：BATTLEGROUNDS」「グランド・セフト・オート」といった人気のゲームのカテゴリーを追加した。またツイッチでは配信者一覧を視聴者数順で並べ、人気のある配信者（大抵は最も面白い配信者）ほど多くのユーザーの目にとまるように変更している。人気の配信者ほど新たなファンを獲得しやすくしたのだ。

改善したのは製品だけではない。ツイッチは上位の配信者や新進気鋭の配信者にきめ細くサービスを提供するパートナーシップチームを設立した。大規模なeスポーツのトーナメントにも協賛した。一番有名なのは、1億人を動員するようになった人気ゲーム「リーグ・オブ・レジェンド」の協賛だ。加えて、視聴者がお気に入りの配信者に出会える場として年次カンファレンス「ツイッチコン」を主催している。

ツイッチの配信者にはさまざまな人がいるが、ツイッチは当初ユーチューブの動画制作者に配信者になってもらおうとしていた。人気リアルタイムストラテジーゲーム「Starcraft」のプレイ動画をユーチューブに掲載している「Day9」のようなクリエイターを招致し、ツイッチで生配信をしてくれれば、数万人のファンが見に来ると考えた。そこでツイッチは人気ユーチューバーをツイッチに招待したり、ツイッチで配信してみたい人を紹介してくれるようユーチューバーに頼んだりして、2011年のゲーム関連展示会「E3」でサービスを正式発表するまでに配信者を集めたのである。

しかし、ツイッチの仮説は間違っていた。しばらくするとツイッチの生え抜きの配信者が人気を独占するようになっていたのだ。生配信で視聴者を楽しませる技術は、動画を編集して面白いコンテンツをつくる技術とは別物だったのである。この生え抜きの配信者のネットワークが、ツイッチにとってユーチューブや他の動画サービスが配信領域に参入するのを防ぐ防御壁にもなっている。

配信者の獲得で最も重要だったのは、たとえ視聴者が少なくても、再び配信したくなる体験を提供することだった。ツイッチのアトミックネットワークは配信者と視聴者がひとりずついれば成立する。ツイッチはこの考えのもと新機能を開発した。私はツイッチの共同創業者で元COOのケビン・リンの自宅で、この点について話を聞いた。

> 視聴者がひとりしかいなくても、自分ひとりでゲームをするより断然楽しい。ゲームをプレイしているのを見ている人がいて、チャットで話をする。つまりそこで人とのつながりができるのだ。だからまたプレイしたくなる。[59]

もちろん視聴者はひとりでも楽しいが、大勢いるほど楽しい。視聴者が増え、お金が入るようになるとさらに配信が楽しくなる。リンはこう説明する。

ツイッチで十分な数のフォロワーができ、配信時にいつも視聴者がいる状態になると劇的な変化がある。観客がいるからツイッチでの配信が毎回楽しみになるんだ。お金が稼げるようになるともっといい。十分な視聴者が集まれば、やがて最初の1ドルを稼げる。これは本当に劇的な体験だ。月にたった20ドルでも50ドルでも、配信で稼げたのははっとする体験だったと配信者からよく聞く。さらに観客が増えれば、「プロ」として配信をフルタイムの仕事にすることも夢じゃなくなる。

サービス開始からまもなく、上位の配信者は年間30万ドル以上を稼ぐようになった。こうした施策がJustin.tvが天井に突き当たった重要なときに、新規配信者を惹きつけたのである。スピンオフして誕生した製品名は「Xarth」からやがて「ツイッチ」に変わったが、「すべては配信者のために」という方針は引き継がれている。配信者のコンテンツ制作と集客、収益化に焦点を当てることがツイッチの理念だ。

ツイッチの新しい取り組みにかけた労力は1年で報われた。ゲーム配信を軸とし、配信者のニーズを満たす新サービスの開発に成功したツイッチは、Justin.tvをはるかに超える成長を果たしたのである。立ち上げから1カ月でツイッチのユニーク視聴者は800万人となり、それから1年で2000万人に倍増した。今では世界で最も訪問者の多いウェブサイトのひとつとなっている。フォロワーが500万人以上いて、年間数百万ドルの収益を得る配信者も登場した。ちなみに初期のプロジェクト名である「Xarth」は、現在もツイッチのオフィスのメインの役員室の名前として残っている。

Justin.tvのようなある程度成功した製品を進化させ、さらに大きな成功を獲得していく話は印象的だ。ネットワーク製品は市場の飽和、荒らしやスパムの増加、初期ユーザーの離脱といった問題を避けては通れない。フェイスブックでさえ天井に突き当たっている。ワイアード誌のジャーナリストでフェイスブックの本を執筆したスティーブン・レヴィは同社の苦境についてこう書いている。

「ユーザー9000万人辺りで成長が頭打ちになった」とザッカーバーグは振り返る。「その頃、1億人を超えられるのか、と皆気にしていたのを覚えている。僕たちは壁にぶち当たっていて、この課題を超えるために集中する必要があった」[60]

そこでフェイスブックはグロース部門を設立し、停滞を切り抜けるためのプロジェクトに着手する。ユーザーのプロフィールがグーグルの検索結果に表示されやすくするSEO対策や「知り合いかも」の通知など、大小さまざまな施策が含まれていた。

同じように職場向け製品やボトムアップ型のSaaSもネットワーク効果を利用したバイラル成長をするが、やがてアーリーアダプターの最初の顧客層を獲得し尽くしてしまう。さらに事業を広げるには、法人営業を始めなければならない。アンドリーセン・ホロウィッツの同僚のデビッド・ウレビィッチはこう話している。

初期の法人向けスタートアップは他のスタートアップや小さな企業を顧客にすることである程度成長する。これはスラックやズーム、ドロップボックスなどの成長を促進した「ボトムアップ」型の流通モデルだ。問題は、小さな企業は価格に敏感だったり、資金が少なかったり、ビジネスモデルが変わりやすかったりすることで（場合によってはすべての理由から）、離脱する可能性が高い点だ。

一方、大企業に導入してもらうのは難しいが、多くの社員が使うほど収益を伸ばしやすくなる。したがって、法人向けサービスを展開するスタートアップはボトムアップ型の収益モデルを構築しつつ、法人営業の専門部署を設置するというのがよくあるパターンである。[61]

裏を返せば、ボトムアップ型法人向けスタートアップは新たな顧客層である大企業を顧客にできない限り、成長の鈍化は避けられないということだ。スラックやドロップボックスも当初、中小企業を顧客として獲得し、その後法人営業部門を設置している。

ツイッチやフェイスブックなどの消費者向けサービスでも法人向け製品でも、サービス開始直後は猛烈な勢いで成長するが、どこかの時点でその勢いは必ず鈍る。このとき、メディアはその製品は終わったと言う。人々は製品に飽きたと。しかし、チームが一丸となって新機能を実装し続け、成長の鈍化に対抗できれば停滞を切り抜けられるのだ。

天井を突き破れ

ここからは、製品が天井に突き当たり成長が減速したときにできることを話そう。天井とは、成長が停滞してネットワーク効果が弱まり、難しい判断を迫られるあらゆる問題のことだ。市場の飽和、マーケティング効果の減退、過密状態、スパムなど、さまざまな問題が起きる。大規模なネットワーク製品は、こうした問題に対処しようと大勢の人員を雇い始めることが多い。そして製品が突き当たる天井はひとつとは限らない。ひとつ解消してもまた別の天井が現れるのが普通だ。

次の「23 ロケット成長」では、成功の定義、つまり成長が軌道に乗っている状態と、天井に突き当たる状態を解説する。まずは、年間数百%もの成長がなぜ必要なのかという点についてだ。劇的な成長は簡単に達成できることではないが、スタートアップには必要なのである。

だが野心的な目標を達成しようとする過程で、成長率を鈍化させるさまざまなアンチネットワーク効果が発生する。成長の鈍化の理由の筆頭に挙げられるのは「市場の飽和」だ。多くの製品は大学や都市の中のニッチな市場向けに開発され、そこから広がった。しかし、当初の市場が飽和し、次に獲得できる市場を見つけられなかったらどうなるだろうか。成長は確実に減速する。

また、マーケティングの効果はいずれ低下する。私はこれを「クリック率低下の法則」と呼んでいる。バナー広告やメールマーケティングで特に顕著だ。ユーザーに招待メールを送るなど、製品の成長をこうした方法に依存している場合、成長率はどこかの時点で低下し始める。

さらに、ネットワークの力関係が変化することも成長の阻害要因になる。ネットワークが成長するほどネットワークのハードサイドは力を持つようになるからだ。ウーバーにとって有力なドライバーは超重要ユーザーだ。そのドライバーたちが集まってウーバーに賃金の引き上げや福利厚生の改善を要求すれば、同社は難しい状況に直面する。「26 ネットワークが反乱を起こすとき」で説明するが、すべての関係者に満足してもらうことは非常に難しいのだ。

ハードサイドのユーザーだけでなく、ネットワークの他の部分も変化する。ネットワークの初期は参加者を慎重に選んで集めたためコミュニティには独特の雰囲気がある。サービス品質にも共通理解があり、皆が規律を守っている。スラックが当初有力スタートアップにサービスを提供したのも、ティンダーが大学ごとにユーザーを追加する戦略をとったのもこれが理由だ。「27 永遠の9月」で説明するように、残念ながら、メインストリームの顧客を獲得することにはマイナス面がある。多くの人が参加するほど、初期のコミュニティにあった特別感が薄れてしまうのだ。

そして最後に、つながりたい人や見たいコンテンツを発見することが難しくなる現象を説明する。私はネットワークの「過密状態」と呼んでいる。ユーザーとコンテンツが増えたら、適切に管理しなければならない。ひとつの方法は検索機能やアルゴリズムで投稿を表示するフィード、キュレーションツールなどを導入することだ。過密状態を解決できないと次第にユーザーはより小規模で、より質の高いコンテンツが集まる競合製品に流れてしまうのである。

天井の存在は急成長している大規模な製品をつくれている証拠だ。しかし、難しいのはこの問題に正しい答えがないことである。スパムや市場の飽和など、ここで挙げる問題への特効薬はなく、世界最大級のネットワーク製品はいずれもこうした問題の解消に継続的に取り組んでいる。

製品に次の成長の波を引き寄せられるのは、新製品の開発とイノベーションしかない。だからスタートアップはやがて複数の製品を展開するようになる。どの企業もどこまで成長しても「天井」問題への対応が終わることはないのである。

23 ロケット成長
T2D3（3倍、3倍、2倍、2倍、2倍）

Rocketship Growth — T2D3

米国では毎年約600万社が創業しているが、そのうちベンチャーキャピタル（VC）の出資に適しているのは推定数万社だ。活動中のVCは約1000社あり、各社は紹介を通じて知り合った数千社のスタートアップを毎年評価する。そのうち複数回のピッチやミーティングを重ね、投資先として選ばれるのはVCごとに十数社だ。VC業界全体で見ると年間約5000社のアーリーステージのスタートアップに投資している。

これだけ選考が厳しければ、投資されたスタートアップの成功は確実と思うかもしれない。だが、統計的に見ると必ずしもそうではない。

VCから出資を受けたスタートアップの50％以上が失敗していると、ベンチャーキャピタルファンドへの投資で有名なホースリー・ブリッジ・パートナーズは明らかにしている。ベンチャー投資家が利益を得られる可能性はコインの裏表を当てる確率とそう変わらないのだ。新聞の一面はグーグルやアップルの話題で埋め尽くされているが、ベンチャー投資を受けたスタートアップのうち業界が重視する基準、つまり当初の10倍以上の評価額でイグジットできるのはわずか20社に1社なのである。そして年間数百社がイグジットしているが、業界全体に影響を与えるほど大規模なものは10件程度にすぎない。つまり、投資家から出資を受けた有望なチームであっても、イグジットという形でゴールにたどりつけるところはごくわずかということだ。失敗の理由はさまざまだが、迎える結末はどこも同じである。成長が止まって衰退し、消えていく。

こんなにもイグジットできる確率が低いのにスタートアップに投資するのはなぜなのか。なぜ機関投資家からエンジェル投資家まで、年間850億ドル（約11兆9000億円）もの資金をスタートアップに投じているのだろう。[62]

その理由は、本当に成長軌道に乗ったネットワーク製品、特に世界で10億人を超えるユーザーを集める製品のリターンは、莫大なものになるからだ。そこからアマゾン、オラクル、マイクロソフト、アップル、インテル、グーグルのような10万人以上もの雇用を生み出す大企業が誕生する。これらの企業はS&P500種指数の構成銘柄の20%近くを占め、数社は2020年初頭に時価総額1兆ドルを超えるまでになった。

スタンフォード大学の研究者の調査によると、米国株式市場の時価総額の57%をベンチャーキャピタルから投資を受けた企業が占めている。[63] これらの企業は合計で4000万人以上の雇用を生み出し、研究開発に4540億ドルも投じる。ものすごい規模である。そして多くの起業家が夢に見る、世界を変えるような製品を生み出しているのだ。

ロケット軌道の成長率

有力なテクノロジー企業と同じような会社をつくるなら、どれくらいのペースで成長すればいいのだろう。テック企業の成長を表すのに「ロケット成長だ」とか「うまくいっている」とか「脱出速度に到達した」といったフランクな言葉をよく耳にするが、具体的な数字はどの程度なのか。

ここでは事業が軌道に乗るために必要な成長速度を「ロケット成長」と呼ぶことにする。ロケット成長の速度を計算するために、IPOの基準である会社評価額10億ドル超を目標とし、そこから逆算しよう。

類似事業を展開する上場企業の時価総額は、収益のおよそ10倍と仮定する。この場合、評価額10億ドルを達成するには、最低でも1億ドルの年間経常収益が必要だ。これを10年以内に実現したい。10年なら主要な従業員を引き留めやすく、投資家も10年のタイムスパンで投資することが多いからだ。

目標とする収益と期間が決まったので、次は達成までの道筋を計算しよう。ベンチャーキャピタリストで法人向けサービスに投資しているニーラジ・アガーワルは、SaaSの目標にすべき成長率は「T2D3」(Triple, Triple, Double, Double, Double：3倍、3倍、2倍、2倍、2倍)だと言う。[64]

■1年目にプロダクトマーケットフィットを確立
■2年目にARR（年間経常収益）200万ドルを達成
■3年目に前年のARRの3倍の600万ドルを達成
■4年目に前年のARRの3倍の1800万ドルを達成

■5年目に前年のARRの2倍の3600万ドルを達成
■6年目に前年のARRの2倍の7200万ドルを達成
■7年目に前年のARRの2倍の1億4400万ドルを達成

マルケト、ネットスイート、ワークデイ、セールスフォース、ゼンデスクなどのSaaS企業はどこも概ねこの軌道に沿っていた。タイミングも合っている。プロダクトマーケットフィットを達成するまでには1~3年かかるだろう。であれば、目標達成までの残り期間は7~9年だ。もちろん、10年目以降も会社は成長を続けられるかもしれないが、その頃の成長率は2倍、3倍ではなく前年比50%程度になるのが普通である。

企業評価額を10億ドルにすることに関心はなく、5億ドルで十分だと思う人がいるかもしれない。15年かけて100億ドルの会社を育てたいと考える人もいるだろう。それでももちろんよい。計算式の数字を変えて、チームのたどるべき道筋を明確にしよう。VCから資金調達する場合は、10年で評価額10億ドルを達成というのが最低限の目標として求められることが多いが、事業を立ち上げることが一番の目的である場合やエンジェル投資だけ受けたい場合は、目標を下げても構わないのだ。

この「ロケット成長」の水準はもともと定期購入（サブスク）のビジネスモデルを持つSaaS企業向けに提唱されたものだ。つまりドロップボックス、ズーム、スラック、ドキュサインなどのサービスに最も適した指標である。とはいえ、収益は収益なのだからこのフレームワークの概念を消費者向けサービスにも転用できる。どの業種の企業もこの計算式で理想の成長率を算出できるのだ。そのためには次の数値を考える必要がある。

■目標の評価額
■土台となる指標
■いつまでに達成するか
■実際の収益

マーケットプレイスのロケット成長率

マーケットプレイスを例に、このフレームワークを考えてみたい。目標は会社評価額10億ドルだ。まずは評価額を推定するために土台となる指標が何かを知る必要がある。マーケットプレイスでよく使われるのは流通総額（GMV）や純収益である。SNSなどほかの製品ではデイリーアクティブユーザー数や純売上高といった別の指標が適切だろう。いずれにせよ、自社サービスに合う指標を選んでほしい。

次に、似たようなマーケットプレイスサービスで上場している企業を調べる。するとたとえば、純収益のおよそ5倍の時価総額で株式が取引されていることがわかるだろう。つまり、評価額10億ドルを達成するには2億ドルの純収益を得なければならないということだ。そしてこれを10年で達成したい。

次に、中間目標を設定する。1、2年目は製品開発に専念するので収益はまだ上がらないかもしれない。3年目からコールドスタート問題に取り組み始めるとしたら、収益を得られるのは4年目以降になる。その年の収益を年間100万ドルとする。この場合、10年目までに総収益を2億ドルにするには、200倍以上の成長をしなければならない。これを高い目標と感じるかもしれない。なにせ毎年2倍で成長しても64倍にしかならず、期間内に達成できないのだ。
では、毎年何倍で成長したら目標を達成できるのか。それを知るには次の計算式が役に立つ。

ロケット成長率＝（目標収益－開始時の収益）／開始時の収益）＞（1／達成までの残り年数）

先ほどの例をあてはめるとこうなる。

ロケット成長率＝（2億ドル－100万ドル）／100万ドル）＞（1／6）＝2・4倍

年間収益を100万ドルから2億ドル以上にするには、6年で毎年平均2・4倍の成長が必要というわけだ。あくまで平均であり、通常は収益の少ない初期段階の方が成長しやすい。つまり、5倍、4倍、3倍、2倍、1・5倍、1・5倍の成長でも、4倍、3・5倍、3倍、2倍、2倍、1・2倍の成長でも平均が2・4倍以上であれば目標を達成できる。

企業がこの分析をする頃にはすでに1年か2年分の収益データがあるだろうから、この方程式で目標達成までの具体的な道筋を描けるはずだ。収益データがない場合は、同じような事業を展開する先行企業の過去データを参考に、最初の数年の成長を予測してもいい。

このような成長を達成したスタートアップを私は実際に見てきた。最初の数年で5倍以上という非常に高い成長率を達成し、その後も高成長を続けることは可能なのである。

これはマーケットプレイスの例だが、コラボレーションツールでもマルチプレイヤーゲームでもメッセージアプリにも通用する。目標収益を設定し、達成すべき平均成長率を計算したら、目標期間の前半に高めの成長率を振り分ける。IPOやM&Aを想定した目標収益などでも同じ方程式を使える。いずれにしろ世界に影響を与えるような新製品をゼロからつくり上げるには、年間数百%という非常に高い成長率を達成しなければならないことがわかる。

成長し続けなければならないプレッシャー

数字を見ただけでもロケット成長を実現するのは非常に難しいとわかるはずだ。実際は毎年2倍、3倍の成長をしつつ、さらに市場の飽和やマーケティング効果の低下、増え続ける需要への対応といった成長を阻害する要因に対処しなければならない。しかも従業員をどんどん増やし、製品開発や顧客サービスに莫大なお金を投じても、時間とともに成長率が減速することは避けられない。

製品チームの意識にも変化が出る。成長の減速は社内の士気に悪影響を及ぼすのだ。最初は順調かもしれない。急成長を達成した翌年は、前年と同じかそれ以上のスピードで成長できると感じる。そしてビジョンも野心もむくむく大きくなる。大学生のためのSNSだった製品が、世界中のすべての人をつなぐサービスになろうとする。リムジンを呼ぶサービスは、世界中でクルマ移動を水道のような普遍的なサービスにしようとする。精力的なチームはより多くのリソースと人材をかき集め、野望をどんどん大きくするのだ。200人目の社員は、今後も会社の株価が上がり、受け取ったストックオプションの価値が高まることを見込んで入社する。投資家は会社の評価額が上がることを見込んで出資する。1年後には収益が2倍か3倍、時にはそれ以上になることを期待しているのだ。

当初はニッチ市場を狙った製品でも、膨らんだ大きな期待に応えるには、市場すべてを取り込むことを狙わなければならなくなる。以前は途方もないと思えた目標にも手が届きそうに感じるかもしれない。「次のフェイスブック、次のユーチューブやスラックになれるかもしれない」と。以前はこうした発言は真面目な話とは思われず笑いが起きたり、肩をすくめられたりするだけだったが、真剣に取り合ってもらえるようになる。そして「もちろんなれる。その理由はこうこう」と答えるのが当然になるのだ。

疑い深い人にはハッタリにしか聞こえないかもしれない。しかし、製品が右肩上がりの高成長を続けると、多くの人がその成長に乗っかり始める。経営陣や投資家、顧問、さらにはフェイスブックやグーグル、ツイッター、セールスフォースなどビジョンを実現した会社の元社員を雇い入れ、ロケット成長を続けるために専門性を得ていく。同時に成功への期待もどんどん膨らんでいくのだ。

だからこそ、天井に突き当たるのはとても危険なのである。一度成長が減速し、再び成長軌道に乗れない製品の展望は暗い。流動性の高い雇用市場にいる一流のプロダクトデザイナー、ソフトウェア開発者、技術者はどの製品が波に乗っていて、どの製品が停滞しているかを敏感に感じ取る。成長率がより高く話題性のあるスタートアップにどんどん人材が流出する。

資金調達も難しくなる。リスクを取ることを生業にしているＶＣは先を見て投資する。会社が成長している間は、資金調達は比較的容易だ。しかし、そうでないと厳しい。評価額が横ばいになったり、下がったりすれば、従業員を引き留めるために必要な報酬を出せなくなる可能性がある。

よいことと悪いこと

早期にロケット成長率を達成した新製品もやがて成長スピードが鈍化する。これは避けられない。前半で勢いよく成長し、後半の成長はゆるやかになる。スタートアップのピッチにある成長予測を見てよく思うのは、最終的な数字は同じになるとしても、成長のパターンは起業家が思っているのと逆になるということだ。毎年3倍、4倍、5倍と成長するのではなく、5倍、4倍、3倍のように成長することが多いのである。

理由は単純で、成長を促進するわかりやすい手段ほど先に着手するからだ。しばらくするとわかりやすい施策は減り、効果が小さいものが残る。顧客獲得のコスト効率の悪化に対抗する最善の方法が広告の出稿先を開拓することとわかっていれば、すでにそれを試しているはずだ。サービス申し込みのステップが多すぎるのなら、一番手間がかかる部分をまず改善するだろう。わかりやすい施策はすべて実行した後は成長率を維持しにくくなる。天井に突き当たるとはこういうことなのだ。

よいニュースは、ネットワーク効果のある製品は、ない製品に比べると打開策が多くある点だ。衣料品をオンラインで販売するネットワーク効果のないアパレルブランドについて考えてみよう。事業が拡大するにつれて、やがてマーケティング効果は減退する。SNS広告のコストが上がり、チームはクリエイティブ、メディア露出の戦略、製品の特徴を最適化しようとするが、それだけでは高い成長率を維持できない。ネットワーク効果のない製品はマーケティングコストを抑えながら、収益を倍増させることは非常に難しい。消費財メーカーのビジネスが、早い段階で成長が頭打ちとなり、何百億ドルもの価値を持つ大企業になりづらい要因はここにある。

一方、ネットワーク製品には成長の鈍化に対抗できるネットワーク効果がある。マーケティング施策の効果の減退は避けられないが、新規登録の工程の最適化や招待する友人のレコメンド機能の実装などを通じ、バイラル成長を増幅させられるのだ。ユーザーの「過密化」によってコンテンツの発見が困難になった場合もアルゴリズムによるレコメンド機能やフィードの実装といった手段で対抗できる。またユーザーが多いほど、ネットワーク効果を強化できるのも利点だ。これにより、従来のマーケティング施策の効果が弱まっても、高い成長率を維持できる。世界で最も価値のある製品、つまり10億人以上のユーザーを持つアプリやプラットフォームのほとんどが、ネットワーク製品である理由がこれだ。一度うまくいくと、長期にわたってネットワーク効果が続くのである。

ここからは、成長の停滞が避けられない具体的かつ根本的な理由について説明する。まずは、ネットワークが成功しすぎることによって生じる強力なマイナスの力「市場の飽和」について解説しよう。

24 市場の飽和

イーベイの事例

Saturation — eBay

製品は成功すると必ず「市場の飽和」という問題に直面する。新製品は新規ユーザーを増やすことで成長するが、やがて続かなくなるのだ。ターゲット市場のほぼ全員がネットワークに参加し、刈り取れるユーザーが残っていない状態になる。この時点で会社は、新規ユーザーの獲得から、既存ユーザー向けの新サービスの開発や新しい収益モデルの模索へと戦略を変える必要がある。

創業からしばらく経ったイーベイもこの問題に直面し、解決策を探していた。アンドリーセン・ホロウィッツ（a16z）の同僚のジェフ・ジョーダンはこの問題の経験者だ。彼はイーベイの米国事業の責任者を務めていて、そのときの経験を記事にしたり講演したりしている。

イーベイの米国事業の成長が前月比で初めて伸び悩んだのは2000年のことだった。イーベイの売上と収益のほとんどは米国事業で上がっていたため、米国市場の減速は事業全体の減速を意味していた。早くなんとかしなければならない。こういう場合、中核事業を伸ばそうとしがちだ。新規事業にはリスクがあるから、既存の大きな収益基盤を少しでも改善した方がいいように思える。しかし、市場が飽和していたら、改善しても製品の成長は加速どころか、減速するばかりである。イノベーションを続ける以外に成長率を維持する方法はない。イーベイが次の成長期を迎えるために打った施策についてジョーダンはこう説明している。

当時のイーベイでユーザーが商品を売買する方法はオークション形式のみだった。このためシンプルでわかりやすい固定価格での取引を望んでいた顧客を取り込めないでいた。興味深いことに、イーベイの利用者はオークションの競争的な側面を楽しむ傾向にある男性が多かった。そこで私たちが最初に取り組んだのは、サイトに「今すぐ購入」ボタンを追加し、固定価格での出品という古くて新しい買い方を導入することだった。

固定価格の導入はユーザーにもイーベイの社員にも意外な戦略で、議論を呼んだ。それでもリスクを取って機能を実装した結果、うまくいった。今では固定価格の売買はイーベイの流通額の62%に相当する400億ドル以上を占めている。[65]

「今すぐ購入」機能の実装は、全取引に関わる大きな変更だった。次にイーベイは売り手と買い手、双方の体験の改善に着手する。

最初の施策が成功し、次に成長を促進する他の施策に注力した。まずは「ストア」機能を導入している。この機能でイーベイの掲載点数は劇的に増えた。また、出品した商品をより多くの人に見てもらえるようにする売り手用のオプション機能も拡充した。

さらにイーベイのサイトでペイパルを簡単に利用できるようにするなど決済の流れも大幅に改善し、取引周りの体験を改善している。こうした一つひとつの施策がビジネスの成長を支え、停滞を防いだのである。

それから数年経った現在、ジョーダンはa16zのゼネラルパートナとしてエアビーアンドビーやインスタカート、ピンタレストといったネットワーク製品を展開するスタートアップに投資し、成長を後押ししている。彼と一緒に仕事ができて私は幸運だ。ジョーダンはa16zのブログで、イーベイの成長戦略は「ケーキの層を重ねる」ように新しい収益手段を増やすことだったと説明している。図12を見るとわかりやすい。

米国事業の成長がホッケースティック曲線から

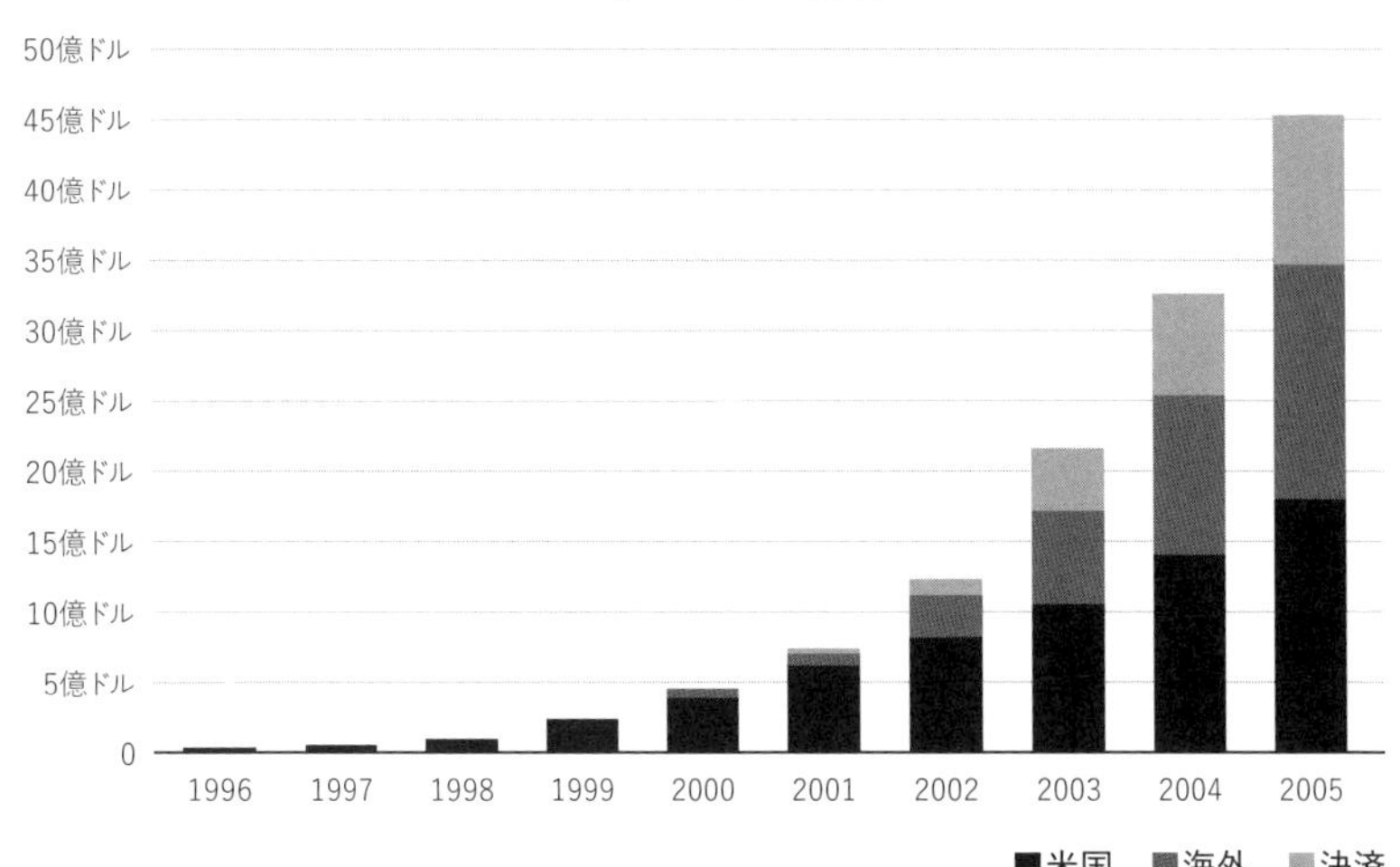

図12　イーベイの段階的な成長

直線に近づく頃、イーベイは海外事業と決済事業を積み増した。全体で見ると事業の成長はホッケーティック曲線のように見えるが、実際は直線的な成長を遂げるいくつかの事業の組み合わせなのだ。

このパターンで成長するスタートアップはよくある。ウーバーの類まれな成長曲線も毎年多くの都市でサービスを展開し、さらに相乗りやフードデリバリーといった新規事業を積み増した結果である。どの事業も各市場が飽和状態に近づくと成長は必ず減速する。しかし、新規事業を次々と展開することで飽和に対抗できるのだ。

「ネットワークの飽和」と「市場の飽和」

こうした現象は総じて「市場の飽和」と呼ばれることが多いが、ネットワーク製品では別の変化も起きている。それは「ネットワークの飽和」と私が呼んでいる現象だ。ネットワークの飽和とは、ネットワークの密度が高くなるにつれて、最初ほど新たなつながりによる価値の増加が見込めなくなることである。100人目のつながりは、最初の数人とのつながりより価値が低いということだ。たとえば、イーベイで「ビンテージ ロレックス デイトナ」を検索したとしよう。表示される出品数が0件から数件に増えると、サービスの体験とコンバージョン率は劇的に上がる。検索結果が数十件になるまではどんどんよくなるだろう。しかし、1000件、5000件もある必要はない。買い手がすべてを確認することはないだろう。これはウーバーにも当てはまる。乗車予約をするためにアプリを開いたとき、100台のクルマが稼働していることは重要だが、多ければ多いほどいいわけではない。旅行予約サイトやアプリストア、その他のマーケットプレイスでも同じだ。

SNSでも同じである。後からつながった友人は、最初につながった友人ほどの価値はない。スナップチャットのCEOであるエバン・シュピーゲルは社内向けのメッセージで、友人とつながる価値が下がることを数字で説明している。

スナップで1週間にやりとりしたメッセージの25%は、一番の友人同士で発生している。つながる友人が18人に増えても、後からつながった友人とのメッセージの増加分は1%にも満たない。[66]

これはフェイスブックの「10日間で7人の友人とつながる」という目標が妥当だったことを示す内容でもある。友人7人より14人とつながっていた方がフェイスブックの体験は確かによくなる。しかし、2倍いいかと聞かれたら、そうではない。すべてのユーザーがそれぞれ1万人の友人とつながっていたとしても、エンゲージメントが1万倍になるわけではないのだ。過密化の影響でかえってエンゲージメントは下がる可能性がある。

ネットワークの飽和も市場の飽和も、どちらも成長を鈍化させる。市場の飽和は、ネットワークの上限人数を獲得したら起きる。つまり、やがてコラボレーションツールに登録する企業や、マルチプレイヤーゲームに加わるゲーマーがいなくなるということだ。一方で、ネットワークの飽和は新たなつながりの価値が減少し、ユーザーのエンゲージメントが頭打ちになることである。飽和したネットワークはこの2つの作用で成長が鈍化する。これらの避けられない作用に対抗するには、製品、ターゲット市場、機能を常に進化させなければならない。他に方法はないのだ。

隣接ネットワークを獲得せよ

ネットワークは小さなネットワークの集合体だ。通常は、最初のネットワークが、最もうまく機能している。そのネットワークから少し離れると、あまり活動していないユーザーが見つかり、さらに離れると全く機能していないネットワークが見つかるものだ。

初期のイーベイの重要な市場は米国のコレクターのコミュニティであり、たとえば自動車のような高額商品を売買したいユーザーにとってはあまり魅力的な製品ではなかった。イーベイには海外との決済機能がなかったので、海外市場のネットワークも機能しなかった。

こうした隣接ネットワークの特徴を把握することが、ユーザー獲得の鍵になる。私の友人で、インスタグラムのグロース担当を務めたバンガリー・カバは、この考えを「隣接ユーザー理論」と呼んでいる。開始から数年後のインスタグラムは急成長していたものの、ロケット成長ではなかった。カバはこう話している。

2016年にインスタグラムに入社したとき、ユーザー数は4億人を超えていたが成長は鈍化していた。指数関数的ではなく、直線的だったんだ。他の製品ならそれでも素晴らしい成功と見なされるかもしれないが、インスタグラムのような口コミで広がるソーシャル製品ではそれでは足りなかった。それから3年間、私とグロース部門は成長が鈍化した原因を突き止め、再び加速できるよう手を尽くした。おかげで私が退職するまでに10億人以上のユーザーを獲得できた。

このとき使った戦略を私は「隣接ユーザー理論」と呼んでいる。隣接ユーザーとは、製品は知っている、あるいは試したことがあるけれど、使い続けなかった人たちのことだ。使い続けないのは製品のポジショニングや続けるまでの体験に何か問題があるからだ。インスタグラムは4億人以上のユーザーにプロダクトマーケットフィットしていたものの、インスタグラムはどんな製品で、それが自分の生活にどう役立つか理解していないユーザーが何十億人といたのである。[67]

インスタグラムの成長では、小さなネットワークをそれぞれ体系的に評価することが重要だったとカバは説明する。積極的に意見を言い、製品の意思決定に影響を与える少数のヘビーユーザーではなく、ヘビーユーザーのネットワークに隣接しているが、体験に満足していないユーザーの獲得に焦点を当てる。うまく機能していない隣接ネットワークは複数存在している可能性があり、それぞれの体験を改善するには工夫が必要だ。あるネットワークでは、機能を調整することが重要かもしれない。たとえばiPhoneアプリだけでなく、低価格帯のアンドロイド端末向けのアプリを改善するなどだ。あるいは適切なクリエイターやセレブがいないなど、ネットワークの質に問題があるのかもしれない。ある隣接ネットワークの体験を改善しユーザーを獲得できたら、次もまた機能していない隣接ネットワークを特定し、体験を改善する。これを繰り返すのである。カバはこう説明している。

インスタグラムに入社した頃の「隣接ユーザー」はフェイスブックのアカウントを持っているものの、インスタグラムを使う価値がよくわかっていない35歳から45歳の米国の女性だった。インスタグラムを退社した頃の隣接ユーザーは、3G回線の古いアンドロイド端末をプリペイドのモバイルプランで使っているジャカルタの女性だった。ここにたどり着くまでに、他に8つの隣接ユーザーの体験を改善している。

米国女性という隣接ユーザーのニーズを満たすためにインスタグラムが取り組んだのは、フェイスブックのネットワークからユーザーを引き込むことだった。フェイスブックのプロフィールと友人のつながりを参照し、フォローできる友人や家族、関心のあるインフルエンサーをユーザーに提案するアルゴリズムをつくったのである。

一方、ジャカルタやその他の発展途上国のユーザーを獲得するには全く異なるアプローチをとった。低価格帯のアンドロイド端末をデータ通信量の少ないプランで使っているユーザーが多いので、サービスを快適に使ってもらえるよう、アンドロイド版のアプリを改良したのだ。

隣接ユーザーの考え方は特にマーケットプレイスやSNSでのハードサイドのユーザー獲得に役立つだろう。いずれそうしたユーザーの獲得が難しくなるからだ。ウーバーではドライバー、エアビーアンドビーではホスト、SNSではクリエイター、アプリストアでは開発者を獲得できなくなる。

隣接ユーザーの考え方は、売り手やクリエイターといったユーザー層をどんどん惹きつけるためにサービスを常に進化させる必要性を示している。たとえば、ウーバーがフルタイムで働けるリムジンのドライバーを獲得し尽くしたときに次に狙ったのは、普段自家用車を運転しているが運転を仕事にしたことがない人たちだった。やがてそうした人たちを獲得し尽くすと、今度は自動車を保有していないユーザーにクルマを貸してドライバーになってもらおうとした。このように隣接ユーザーを獲得し続ける必要がある。

隣接ネットワークのニーズを満たすことに焦点を当てよう。そのためには中核市場ではなく、別の市場に目を向けることが重要になる。これは中核市場が収益のほとんどを生み出していると意外に難しい。中核市場の成長を促すには別の方法がある。ユーザー同士がつながれる新たなフォーマットを追加するのだ。

新しい使い方を増やす

イーベイの「今すぐ購入」「ストア」を導入した施策は、既存の買い手と売り手のネットワークを活用しつつ、新たな使い方を創出した点が素晴らしかった。ネットワーク内の人々が互いに関わり合い、つながる新しいフォーマットを提供したのだ。

スナップチャットの場合は、サービスの中核機能である写真とメッセージ機能と並行して、写真を友人に配信するストーリーのフォーマット追加することで利用を促進した。1対1のコミュニケーションに適した写真もあれば、ストーリーに適した写真もある。ストーリー機能の追加でスナップチャットはそのどちらもサービス内に取り込むことに成功した。

イーベイの場合、「今すぐ購入」の実装で一部の商品が購入しやすくなった。オークション形式はたとえば、小説『ロード・オブ・ザ・リング』の希少な初版本を適正価格で売りたい場合には適しているが、新品の本の売買には向いていない。固定価格の出品機能を追加したことで商品の幅が広がり、ネットワークの拡大以外の方法で利用を増やせたのである。

市場を積み増す

イーベイの海外展開のように、新市場への進出は成長を積み増す別の方法である。都市ごとに展開するオープンテーブルやイェルプ、ウーバー、ティンダーやフェイスブックのように大学ごとに成長するローカル色の強いサービスでよく見かける戦略だ。SaaSやメッセージアプリのような純粋なデジタル製品は、対応言語や現地の決済方法に対応するなど、よりグローバルな展開がしやすい。ただし新市場への展開はメリットがあるものの、市場ごとにコールドスタート問題に直面する。

新市場が既存ネットワークに隣接しているなら、進出は比較的簡単だ。ローカル色の強いネットワークが、サンフランシスコから近隣都市のロサンゼルスに進出する場合はうまくいきやすい。ユーザーが被っていることが多いからだ。ティンダーのような製品なら、都市間を移動しているユーザーがいるだろう。オープンテーブルを利用するレストランのオーナーもサンフランシスコとロサンゼルスの両方に店舗を持っている可能性が高い。

隣接ネットワークは都市ではなく、密接に関連する企業の場合もある。ある企業でコラボレーションツールが普及すれば、その企業の提携企業も同じツールを採用する可能性が高いということだ。ある会計事務所のクライアントが皆ドロップボックスを導入していたら、その会計事務所も導入する確率が高いのである。

しかし、うまくいかないケースもある。市場にはそれぞれ固有の特徴がある。たとえばサンフランシスコはアーリーアダプターが多い、生活費が高い、大部分が都会的な環境、非常に教育された消費者が多い市場だ。フェニックスやデトロイトのような市場とは特徴が大きく異なるのだ。たとえば、犬の散歩サービスの場合、富裕層が多い都市部では需要があっても、裏庭のある一戸建て住宅が多い地域では需要がないかもしれない。2つ目、3つ目の市場でサービスを立ち上げる際に、こうした違いに気づくことがあるだろう。

地理的に離れた市場でのサービス立ち上げは難しい。ゼロからネットワークを立ち上げなければならない上、コンテンツのローカライズ、現地パートナーの発掘、新しい決済手段の実装などさまざまな業務が発生するからだ。事業の提供価値を正確に翻訳できず、コンセプトの見直しを迫られる場合もある。エアビーアンドビーのようなグローバル規模のネットワーク効果を持つ稀有な製品でない限り、コールドスタート問題をまた一から攻略しなければならないのである。

海外に挑むなら、全社の各部門の機能を結集させる必要があるだろう。市場ごとにどれだけ状況が違うかを示す事例を紹介しよう。ウーバーはユーザーがクルマを呼べるｉＰｈｏｎｅアプリで成功を収めたが、バンコクで展開する際は全く別の製品にせざるをえなかった。バンコクのユーザーはウーバーを利用するのに、低価格帯のアンドロイド端末から電話番号で登録した（クレジットカードもメールでの登録も必要ない）。そしてスマートフォンから「Ｕｂｅｒ Ｍｏｔｏ」のアプリで予約する。迎えに来るのはクルマではなくバイクである。乗客は後部座席に乗って、ドライバーにしっかりと掴まり目的地に着いたら、アプリの指示に従って運賃を現金で支払う仕組みだ。バンコクでのクレジットカードの普及率が低いので現金払いに変えたのである。

バンコクのバイク、インドのトゥクトゥク、さらにはスクーターやバイクのレンタル事業まで、ウーバーではその市場に合った事業を展開している。そしてそれにはオペレーションと技術の両方の専門知識が欠かせなかった。オペレーション、開発、フィンテック、現地のパートナー企業の開拓など、多くの要素が組み合わさって初めて現地に合った体験がつくれるのである。

市場の飽和の対処が難しい理由

市場飽和への対抗策はどれも単純に聞こえる。新しい市場への展開、新たなフォーマットやビジネスモデルの追加など、どれも当たり前のアドバイスと思うかもしれない。だが、一番難しい問題はこれを実際にどう実行するかである。中核市場で急成長を続けながら、世界の主要地域で事業を展開するのは簡単ではない。しかしイーベイは成し遂げた。海外事業を展開し、「今すぐ購入」機能の開発や新しい商品分野を開拓して、1990年代で最も価値のあるインターネット企業となったのである。

打てる手をすべて実行し尽くしたら次はどうすべきか。最終的には、新製品を開発しなければならない。しかし、新製品をゼロから立ち上げ、育てるのもまた難しい。大きくなった会社の社内政治や仕事の多さ、リソース不足、人材獲得競争など、さまざまな課題がある中で進めなければならないのだ。また、成功した大規模なサービスを成長させる仕事に慣れた社員の多くはコールドスタート問題に直面したことがなく、新規事業の立ち上げに必要な経験やノウハウがないかもしれない。

だが、新規事業の成功率がスタートアップの成功率と同程度だと考えると、約半数は成功する。成功パターンもスタートアップの立ち上げと同じなら、20回に1回はものすごく大きなリターンを得られるかもしれない。

大企業にとっての近道は脱出速度に到達したスタートアップを買収し、自社のネットワークに統合することである。イーベイがペイパルを買収したようにだ。これはテック業界での最高の買収劇のひとつと言われている。イーベイにとっても大正解だった。ペイパルの時価総額は、最終的にイーベイ以上になったのだから。とはいえ、最近はスタートアップの買収は難しく、費用もかかる。質の低い買収が増え、独占禁止法で大企業は動きづらくなっている。スタートアップの価格も高騰し、今の環境は買収に理想的とは言えない。しかし、成功の結果として天井に突き当たるのは避けられず、停滞させたくなければ、企業は何かしらの対応を講じなければならないのである。

25 クリック率低下の法則
バナー広告で起きたこと

The Law of Shitty Clickthroughs — Banner Ads

「クリック率低下の法則」とは、あらゆるマーケティング手法の効果が、時間とともに低下することだ。メール、広告、SNS、動画などの媒体に関係なくクリック率やエンゲージメント、コンバージョン率はやがて低下する。これが製品の成長が停滞する大きな原因になる。マーケティング効果の低下に伴って、製品の成長曲線も下降するのだ。

スタートアップは新規ユーザーを貪欲に追い求めている。最初のうちは新規ユーザーの獲得が成長に必要不可欠だからだ。数字を見るとよくわかる。ファイル共有サービスを使うユーザー数が少なければ、共有ファイル数を現状の100倍にしたり、利用頻度を100倍にしたりすることはできない。製品の利用頻度やユーザーの活動量はユーザー数と相関している。ユーザーは週に何回かファイルを共有できればそれで満足し、それ以上使うことはないのだ。一方、新規ユーザーを獲得できればネットワーク内の活動は活発になる。新規ユーザーが100倍、1000倍になれば、それに応じてエンゲージメントと収益の総量も上がるのである。

問題は、うまくいっていたマーケティング施策（イベントの開催でも、SEO対策でも、広告展開でも）、いずれ必要なペースで新規ユーザーを獲得できなくなってしまうことにある。ロケット成長を始めたばかりの製品が年間200％以上で成長を続けるには、ユーザー獲得のためのマーケティング施策もそれと同じペースで拡充しなければならない。しかし、現実はそううまくいかない。理由を説明しよう。

広告のないインターネットを想像してみてほしい。信じられないかもしれないが、1989年から1994年まで、インターネットに広告は存在しなかった。まだ発明されていなかったのである。

バナー広告を初めて掲載したのは初の商業用ウェブマガジン「ホットワイアード」だった。ホットワイアードはワイアード・ベンチャーズの取り組みで、雑誌「ワイアード」の従兄弟のような存在だ。当時、広告代理店のユーロRSCG（現ハバス・ワールドワイド）のフランク・ダンジェロは、ウェブでの最初の広告主となるクライアントを集めていたときのことをこう振り返っている。

最初のキャンペーンではクライアントのMCI、ボルボ、クラブメッド、ビズコミュニケーションズの「1-800-COLLECT」の4社が広告バナーを掲載した（他の2社の広告主はAT&Tとジーマ）。1994年のことだ。世界初のグラフィカル・ウェブ・ブラウザであるNCSA Mosaicが登場してからまだ1年も経っていない（それからまもなくネットスケープがNCSA Mosaicに取って代わる）。誰もがダイヤルアップ接続でウェブにアクセスしていた。通信速度は速くて24・4kbpsだったので広告の表示には時間がかかった。それに米国のオンライン人口はまだ200万人程度だった。[68]

広告主が掲載した最初のバナー広告は、「広告をマウスでクリックしたことある？ 試してみなよ」と呼びかけるものだった。フェイスブックやグーグルをはじめとする世界の巨大テック企業のインターネット広告事業はすべてここから発展していったのである。

現在、バナー広告のクリック率は0・3〜1％程度だが、最初の広告は78％という驚異的な数字を獲得した。バナー広告は広告主と消費者をつなぐ全く新しい方法だった。だからこそ人々の好奇心をくすぐり、クリックされたのである。しかし、それから20年以上が経った今ではクリック率は当初の100分の1の水準にまで落ち込んでいる。

オンライン広告だけでなくメールも同じ末路をたどった。登場したばかりの頃はSNSへの招待メールや同僚が文書を編集したことを知らせる通知メールは目新しかった。しかし、いまや受信箱はこうしたメールであふれかえっている。Gmailなどのメールソフトは重要なメールと、宣伝や「ビーコン」（スパムとまではいかないが、あまり興味を持たれない通知メール）を分け、メールの確認を楽にしている。また、消費者はより大事なやりとりをメールではなくSMSやスラック、ワッツアップなどのメッセージアプリでするようになっている。こうした理由から、メールマーケティングでのクリック率もバナー広告と同じように下がったのだ。この10年間にメールマーケティングのクリック率は30％から半分以下の13％に低下したと、デジタルマーケティング業界のブログメディア「ClickZ」は報じている。同じことがどのマーケティング手法でも起きるのだ。

ミクロに見ると、個別のマーケティングキャンペーンでも、時間とともにクリック率が低下するのが一般的である。だから、メッセージや画像、手法を日々改善しなければならない。

よりマクロなレベルではメールやオンライン広告のようなマーケティング手法の効果は数年かけて低

下する。場合によっては、もっと早く効果が下がることもある。たとえば、2010年代のゲーム会社ジンガが多用したフェイスブック広告は数年ではなく数カ月で効果が下がった。その理由は、消費者が特定のブランドやマーケティング手法、謳(うた)い文句に慣れ、注意を向けなくなるからだ。

人間には広告を無視しコンテンツにだけ注意を向ける優れたスキルがあると示した研究がある。この研究では実験参加者にウェブページを見せ、視線を追跡してサイトのどの部分を見ているかを調査した。1998年にはユーザーが広告を無視する事象が発見され、ユーザービリティの研究者(ジャン・パネロ・ベンウェイとデイビッド・M・レーン、ライス大学)により、「バナーブラインドネス」と名づけられている。

近年流行りの動画や拡張現実を使った新しい広告形態が続々と登場しているが、どれもやがて効果が落ちてしまうのである。これはマクロのマーケティングチャネルのみならず、特定のマーケティング施策でも起きる。これが「クリック率低下の法則」だ。

ネットワークの劣化が進む

マーケティング効果の低下は深刻な問題だ。ネットワーク効果のひとつであるユーザー獲得効果を強める手段として、ユーザーがメールで知り合いを招待し、招待された人がまた別の人を招待するバイラルループを強化する方法を本書で紹介した。このループには新規ユーザーに招待メールを送るという工程があるが、このメールの開封率が半減してしまったらどうなるだろう。

同僚と書類を共同編集できるグーグルワークプレイスのようなコラボレーションツールがあるとする。多くの社員が編集に参加するほどループは強くなる。しかし、このループには外部要素がある。招待メールや、書類が編集されたことを通知するメールを確認しなければならない。

ここで「クリック率低下の法則」が起きたらどうなるか。製品から多くのメールが届くようになるとユーザーは徐々にそれを無視するようになる。編集した書類が同僚に見られていないと感じれば作成者はサービスを使わなくなり、ネットワーク効果は鈍化し始めるのだ。

製品に定性的な影響があるだけでなく、定量的な影響もある。新しいSNSがバイラルに成長しているとしよう。新規登録した100人のユーザーが75人を招待し、その75人が56人を招待し、さらにその56人が42人を招待するといった連鎖が起きる。これは「ユーザー獲得効果」の章で説明したようにバイラル係数0・75の健康的な成長率だ。しかし、招待メールがスパムフォルダに振り分けられコンバージョン率が50%に低下したらどうなるか。100人の新規登録者は37人しか招待せず、その37人が招待するのはたった14人だ。その次に招待される人数は5人と、早い段階で招待の連鎖は終わってしまう。計算してみるとよくわかる。招待メールのコンバージョンが半減するとバイラル係数も下がり、最終的に獲得できるユーザーの総数は80%も減ってしまうのである。

さらに、新規ユーザーの減少は既存ユーザーにも影響を及ぼす。新規ユーザーは交流する意欲が高い。既存ユーザーも新規ユーザーが参加すると歓迎し、使い方を教えたり、誰かを紹介したりする。新規ユーザーの流入がなくなれば、既存ユーザーのエンゲージメントも低下しやすいということだ。

新しいマーケティング手法を常に開拓する

「クリック率低下の法則」に対処するには、まず低下は避けられない現象だと理解することが重要だ。

ユーザー獲得に優れたマーケティング手法があったとしても、やがて使えなくなる。ドロップボックスの場合、製品の予告動画をソーシャルニュースサイト「ハッカーニュース」やSNSで見た人たちが大勢押し寄せた。こうした方法での成長は素晴らしいが、長期間成長を持続させられるものではない。

現状のマーケティング手法で週に数百ダウンロードを獲得しているなら、それを2倍、10倍、究極的には1000倍にするためには何ができるだろうか。よくある回答は、マーケティングにもっと投資するというものだ。しかし、この方法は後で問題になる。たとえばあるスタートアップが効率の高いマーケティング施策に金をかけ、投資した金額を6カ月で回収できると予測したとする。マーケティングコストは必ず上昇する。マーケティングへの投資額を増やしても効果は悪化し続ける。そこでマーケティング投資の回収期間を12カ月、18カ月と経済的に理屈が通らなくなるまで延長してしまう。やがてマーケティング予算の上限に達し、それ以上投資できなくなると成長率は頭打ちになる。

どの製品にとってもベストプラクティスは、新しいマーケティング手法を常に開拓することである。つまり、消費者向けアプリならユーチューブ、スナップチャット、インスタグラムなどの広告プラットフォームにどんどん出稿することだ。それと同時に、バイラルループを強化し、コンテンツ制作者を惹きつけよう。コンテンツマーケティングを展開し、グーグルでの検索順位を上げるSEO対策に注力するのもよいだろう。

マーケティング人材の採用も重要である。どの手法がどんなユーザーの獲得に最適かを理解し、その分野でマーケティング経験のある人を採用しよう。正社員として採用できない場合は、SEO／SEMを専門とするアドバイザーやフリーランサー、企業に外注することもできる。

法人向け製品の場合、消費者向けサービスがよく使うボトムアップ型のユーザー獲得と、各種マーケティング手法と連携する営業部門を設置することも有効だ。たとえば、新規ユーザーや頻繁に製品を使っているユーザーのメールアドレスのドメインから潜在顧客の企業を特定できる。あるいはユーザーに所属企業名とその規模を聞いて、会社に営業をかけるという方法もある。料金プランのページに「お問い合わせ」機能を追加するだけで効果的なこともある。

こうした施策と同時にコンテンツマーケティングやイベントの開催など、ファネルのリードを増やす取り組みも進めよう。個々のアカウントを評価するグロース部門を設立し、どこの会社の社員が製品を多く使っているか分析できるはずだ。利用が一定量を超えたら営業部門に知らせる仕組みをつくる。複数の手法を活用した包括的な戦略を立てることが重要だ。

もうひとつできるのは、新しいマーケティング手法の開拓に早くから取り掛かることである。およそ3年から5年ごとに、新しいメディアやプラットフォームが台頭する。最近ではティックトック、ツイッチ、インスタグラムといった視覚情報の豊富なメディアが急増し、インフルエンサーや動画配信者を通じてマーケティングをするスタートアップが増えた。法人向け企業も消費者向け製品と同じように紹介制度やショート動画などを活用できる。

状況は刻々と変化している。数年おきに新しい製品やプラットフォームが登場していて、他社に先駆けて潜在顧客に製品を紹介できる機会が生まれているのだ。

ネットワークのユーザー獲得効果を活用せよ

従来製品は営業やマーケティングに多く投資していたが、ネットワーク製品はバイラルループを最適化すればコストをかけずに成長できる。ツイッチは配信者に適切なツールや収益化の手段を提供し、ユーザーを惹きつけることに成功した。そして配信者の満足度が高まるとライブ配信の頻度が上がり、視聴者も増え、全体のエンゲージメントと収益化が向上したのである。マーケティング予算を増やしてユーザーを獲得しようと考えがちだが、ツイッチは代わりに配信者を惹きつけるネットワーク効果を増幅させたのだ。

世界で最も成功している製品の多くは、ユーザー獲得にネットワーク効果を活用する戦略を当たり前のように使っている。広告で10億人以上のアクティブユーザーを獲得しようというのはそもそも無理だ。ウーバーのような一般消費者向けカテゴリーでのモバイルアプリのインストール広告の出稿料は、場合によっては10ドル程度かかる。個人向けの金融サービスや法人向けサービスならその数倍かかるだろう。こうした広告で10億人のアクティブユーザーを獲得しようとするなら、いくら必要か。そんな莫大な額をマーケティングにかけられないのは明らかである。

だから「クリック率低下の法則」に対抗するにはネットワーク効果の強化が重要なのである。

26 ネットワークが反乱を起こすとき

ウーバーの事例

When the Network Revolts — Uber

2016年、ウーバーにとって最も重要な顧客がオフィス前で抗議活動を始めた。いったい何が起きたのだろう。

当時私は、サンフランシスコのウーバー本社すぐ近くにあるロフト付きマンションに住んでいた。路地にある小さなカフェで買ったアメリカーノを手に、洒落たバーやレストラン、ブティックが並ぶ道を通って出勤する。短くも爽やかな道のりだった。しかし年に数回、そう爽やかではない出来事が起きる。不満を訴えるドライバーが10人ほどオフィス前に集まり、プラカードを掲げているのだ。何時間も大声で言い分を叫んだり、ドラムを叩いたり、怒りをぶちまけている。社員が通れるよう警備員が正面に道を空けるが、見ていて気持ちいい光景ではなかった。

ウーバーではこうしたことが定期的に起きていた。事態が深刻になると総務部がメールで全社員に裏手の非常口から退社するよう指示することもあった。個人を狙った活動もある。会社に抗議したいあるドライバーが、私がウーバーで働いていることをSNSのプロフィールを見て知り、話をしようと何時間も会社のロビーで待っていたのだ。大声で名前を呼ばれたときは急いでエレベーターに向かった。それでも、朝一の会議で毎回話し合うのはウーバーのネットワークで最も重要な存在、ドライバーをいかにネットワークに維持するかについてだった。

ドライバーはウーバーのネットワークのハードサイドのユーザーである。そしてドライバーはユーザー全体の約5％だけにもかかわらず（ウーバーのユーザー比率はドライバーひとりに対して乗客が20〜30人程度）、会社のリソースの大半をドライバーに注いでいた。乗客の獲得に20〜50ドルかかるとしたら、アクティブドライバーの獲得にはその10倍以上かかる。サンフランシスコのような供給が逼迫（ひっぱく）する市場ではドライバーをひとり獲得するのに1000ドル、2000ドルかかることもあった。

抗議活動はごく少数しかいないドライバーの重要性が増したことに起因している。数百万人いるアクティブドライバーのほとんどは隙間時間に仕事をするだけだが、パワードライバーと呼ばれる最も依頼をこなすドライバーは、週に40時間以上も働いている。ウーバーにとってこうしたパワードライバーが最も重要な存在になっていた。そして手書きのプラカードを持ち、報酬アップから福利厚生、待遇の改善まで、あらゆることを要求していたのもこのパワードライバーだった。彼らの気持ちは理解できる。だがここで話したいのは、どうすればこうした問題を解決し、ネットワークの参加者全員を満足させられるかということだ。

ハードサイドのハードシングス

ウーバーは多くの問題に直面してきた（やや控えめな言い方だ）が、ハードサイドのユーザーの重要性と希少性が増すにつれて、ユーザーと会社の利害がずれていくのは決して珍しいことではない。

ネットワーク製品の多くで同じことが起きている。イーベイのハードサイドのユーザーである出品者は、同社が出品料を変更する度に反発していた。エアビーアンドビーのホスト、インスタカートの配送員、アマゾンの出品者も同じである。変更の多くは、手数料の引き下げや製品保証の充実といったイージーサイドのユーザーを惹きつける施策と関連していることが多い。しかし、多数派のユーザーのための施策は少数派のユーザーを圧迫することがある。

マイクロソフトのウィンドウズや、ｉＯＳのような開発者向けプラットフォームでも同じことが起きている。プラットフォームの成功はハードサイドのユーザーであるソフトウェア開発者の働きにかかっている。開発者は時に何百万ドルを投資し、何年もかけてネットワークのイージーサイドである消費者のニーズを満たす製品をつくっているのだ。マイクロソフトの場合、１９８０年代から９０年代にかけて開発パートナーのネットスケープ、ノベル、ボーランド、ロータスなどと激しい争いを繰り広げた。マイクロソフトのネットワークには個人だけではなく、ベンチャーキャピタル（ＶＣ）の出資を受けた大手上場企業も参加していたのである。

フェイスブックも同じく開発者向けプラットフォームをつくり、ジンガやピンタレストといったスタートアップを惹きつけていた。初めは順調だったものの、いつしか通知やソーシャル共有機能などを提供するフェイスブックのＡＰＩの過剰利用をめぐって対立するようになった。

レディットのコミュニティの管理人、つまりユーザーをまとめ、コンテンツの作成と編集を担うハードサイドのユーザーも同社に抗議したことがある。レディットの定めた方針に意義を唱えるため、一時的にサイトの利用をやめ、サービスのエンゲージメントとトラフィックを大幅に減少させたのだ。

ハードサイドの主要メンバーが組織的に反乱を起こすと製品が完全にダメになることもある。これはかつてツイッターが3000万ドルで買収したヴァインで起きたことだ。ヴァインは6秒のループ動画を作成・閲覧できるアプリだ。当時としては先進的で、ティックトックで人気の動画形式と似ているかもしれない。大成功する動画クリエイターが登場し、彼らが視聴者を惹きつける重要な役割を担っていた。買収から数年後、トップクリエイターのうち十数人が集まり、同社に抗議したのである。

クリエイターのマーカス・ジョンとピケが率いるグループは人気クリエイターにそれぞれ120万ドルを支払った上で、アプリの機能修正をするようヴァインに求めた。この条件をヴァインが受け入れれば各クリエイターは月に12本の動画をサイトに投稿する。そうでなければ、18人全員がヴァインを去るという。デストーム・パワーは、「ヴァインを離れるまでに私たちは何十億もの閲覧数を稼いでいた」と説明している。[69]

ヴァインはこの条件を飲まず、その数年後にサービスを閉鎖した。

ハードサイドのユーザーは育てる価値があるのだ。中でも多作で最も成功しているユーザーは、他のユーザーに最良のサービスを提供していて、自らの影響力を強めるための投資を惜しまない。サービスに引き留められれば、競合他社の参入に対して強力な抑止力になる。

ウーバーの場合、パワードライバーは全ドライバーの上位15%に相当し、依頼の40%以上を引き受けていた。安全運転で、乗客からの評価も高い。パワードライバーにとってウーバーが主な収入源であることが、質の高いサービスを提供する動機になっていたのだ。

他分野でのパワーユーザーの貢献度の偏りはさらに極端だ。アプリプラットフォームではたった20個のアプリが、全ダウンロード数の15%を占めている。iOSアプリの人気上位の約半数は、グーグル、フェイスブック、マイクロソフト、アマゾンといった優秀な開発者を多く抱える一握りの会社が提供しているのだ。

SaaSのコラボレーションツールのハードサイドのユーザーがどういう人たちかは、有料登録ユーザーの偏りからわかる。ツール導入の予算を認め、実際に導入し、社員に利用するよう取り計るのはIT担当者か経営陣なのだ。

どの会社の数字を見ても偏っている。スラックの上場資料には、収益の40%は1%未満のユーザーが創出していると記載されていた。ズームでは344ユーザーが収益の30%をもたらしている。これもまた顧客基盤の1%未満だ。SNSも同様だ。最も組織化されたユーチューブのチャンネルやインスタグラムのインフルエンサーは、当初は個人で創作を始めたのかもしれないが、今では制作体制を整え、何百万人という視聴者にコンテンツを提供している。

レディットでは2000万人もの登録者を抱える大規模なコミュニティをまとめている管理人がハードサイドのユーザーだ。登録者数の多い順にコミュニティを並べると、登録者数の偏りがわかる。98パーセンタイルのコミュニティ（200万以上のサブレディットのうち2万位以下）の登録者数はそれぞれわずか数千人なのである。

このような偏りはネットワークの質を高めるフィードバックループによるものだ。優れたコンテンツは多くの「いいね！」やフォローを獲得し、シェアされ、アルゴリズムによってさらに拡散される。一方、質の低いコンテンツにはフィードバックは集まらず、エンゲージメントは下がる。コンテンツクリエイターはやがて受け身の視聴者になるか、離脱するのだ。他のネットワークも同じだ。コラボレーションツールを使うよいリーダーは仲間を招待し、プロジェクトを作成したり、新しいコンテンツを投稿したりしてアクティブな状態を維持できる。質の低いリーダーはエンゲージメントを獲得できないプロジェクトを作成し、やがて離脱するか、誰かがプロジェクトを引き継ぐことになるのだ。フードデリバリーサービスに登録し、優良なサービスを提供するレストランは5つ星の評価を獲得する。やがて宅配専用のキッチンを設置し、エリアを広げ、収益を増やす。一方、質の低いレストランは低評価を受け、サービスから離脱することになる。こうしたフィードバックループは一部のユーザーにエンゲージメントを集中させるものの、ネットワーク全体に利益をもたらすのである。

ハードサイドのユーザー獲得に役立つので、一般的なネットワーク製品はユーザーをプロ化させようとする。つまり個人の出品者を強力な販売店に、個人の開発者をソフトウェア開発企業に進化させようとするのだ。プロ化が重要なのは、ハードサイドのユーザーの供給量を高め、飽和状態に伴うユーザー獲得とエンゲージメントの低下に抗うためである。だからこそ、ネットワーク製品は職業訓練やマニュアルを提供し、ユーザーの収益化を支援するのだ。

具体的な施策としては、法人向け機能を加えることが多い。たとえば、ＩＴ部門が社内ネットワークやツールを管理できる機能や、ＳＮＳマーケティングの代理店が顧客に主要な指標を報告できるアナリティクス機能などだ。

こうしたプロ向け、あるいは法人向けのサービスを高価格プランで提供し、専任チームが対応にあたる。高価格プランを契約することで他サービスへの流出を防ぎ、売上を得る代わりに、カスタマーサクセス部門による手厚いサービスを提供するのだ。

とはいえ、まだネットワークを構築している初期の段階で、供給側のプロ化を図る先行投資にはリスクが伴う。ウーバーの失敗例を挙げよう。供給を拡大しようと、自動車を所有していないユーザーをドライバーにする方法を考えていた。そこで立ち上げたのが、ユーザーに自動車の購入代金を融資する「XChange Leasing」というサービスだ。自動車代金の返済はドライバーとしての収益から天引きできるし、ドライバーの評価や乗車回数といったデータをローン契約に活用できると想定していた。

だが、結局この事業は5億2500万ドルもの損失を出し、ドライバーのプロ化は失敗に終わる。問題は、金が欲しい（通常はよい方向に働くことが多いが）、信用力の低い人たちを引き寄せたことだった。彼らはウーバーが提供するクルマで競合他社の仕事を引き受け、報酬の天引きを免れようとした。返済もままならない。クルマを半額の値段で売ってしまう人さえいた。ウーバーはクルマを取り戻そうと大規模な施策を展開するが、時すでに遅し、クルマの多くは違法に売り払われていた。GPSが取り付けられたままイラクやアフガニスタンといった遠くの国に渡ったものもあった。これは供給側の拡大を求め、金が絡む施策を急いで展開すると厄介な問題を引き寄せることを示している。

失敗例はあるものの、通常はユーザーのプロ化のメリットは大きい。すでにうまくいっているユーザーをさらに後押しし、事業の成長を促進できるのだ。うまくいっているハードサイドのユーザーがプロに転向できる可能性が最も高く、成功するノウハウを持っている。彼らが従業員を雇って教育し、組織化することで新しいサービスを展開したり、別の分野にも進出したりできるようになる。さらには資金調達をし、リスクを取って新しいことに挑めば、ネットワーク上で提供するサービスの品質の維持につながる。彼らはやがてネットワークの最良のパートナーとなり、深い共生関係を築くことになるだろう。

しかし、同時にパラドックスも生まれる。ハードサイドのユーザーがプロ化することで、サービスの品質が向上し、最も優秀なユーザーがより広く事業を展開できるようになる。一方で、やがてネットワークの運営側とハードサイドのユーザーの間で利害の不一致が生まれる。そしてドライバー、出品者、クリエイターはネットワークに抗議しだすのだ。アプリ開発者は反発したり、ネットワークから離脱したり、競合になったりする。ＳａａＳのパートナーは価格交渉を求めたり、独自の機能を要求したり、契約を打ち切ると脅したりするだろう。事態を受け止め、対応する以外に道はない。

プロ化はどう起きるのか

プロ化には「生え抜きユーザーのプロ化」と「ネットワーク外のプロの進出」の2種類がある。イーベイを例に生え抜きユーザーのプロ化について説明しよう。空いた時間にイーベイで古着を売る個人ユーザーがいたとする。このユーザーはやがてイーベイでの古着販売をフルタイムの仕事にし、自分の店を立ち上げ、従業員を雇うようになり「パワーユーザー」となる。つまり個人ユーザーが、イーベイやアマゾンなどのサービスで商品を販売する事業者になるプロ化である。

法人向けサービスの場合は、新製品を試したマネジャーがやがて製品導入の専門チームを立ち上げ、最終的に多くの企業向けに導入を手伝うコンサルタントになるようなことだ。法人向けのＣＲＭ（顧客関係管理）ソフトウェアでこのようなことが起きている。

プロ化した組織の規模は、ユーザーの集めやすさに関係する。動画クリエイターやアプリ開発者が事業を拡大する方が、エアビーアンドビーのホストとして規模を拡大するより簡単である。10代のスターが登場したように、ユーチューバーでは定期的な動画投稿で人気を得られるだろう。だが、エアビーの有力ホストになるには不動産に何百万ドルもの投資が必要だ。飲食業界のネットワークはどうか。オープンテーブルのハードサイドのユーザーは飲食店だが、飲食業界は非常に細分化されている。巨大なレストランチェーンがプラットフォームの売上の大部分を占めるようになるとは考えにくい。一方でソーシャルプラットフォームではほんのひと握りの成功者に人気が集中しやすく、規模も大きくなる傾向がある。

ネットワークの最大ユーザーが投資家の出資を受けて大規模なスタートアップになることもある。たとえば、iOS、インターネット、ウィンドウズ向けのソフトウェア開発者はこのよい例だ。独自のネットワーク効果を発揮し、投資家やVCの出資を受けて成功している。最終的にIPOして大企業になることさえある。本書で説明するスタートアップは、このようなユーザーが誕生するネットワークを展開しているところが多い。ユーチューブからはプロの制作会社が誕生した。2014年にウォルト・ディズニーに5億ドルで買収されたメイカースタジオがこれに該当する。「オーバーウォッチ」「リーグ・オブ・レジェンド」「フォートナイト」といった人気のマルチプレイヤーゲームは、ゲーマーをeスポーツチームのプロ選手に変えた。

最近はズームを活用したスタートアップが増えている。子供の教育やビジネスパーソンの人脈づくり、イベント、カンファレンスなど、さまざまな分野のサービスをズーム越しに提供するスタートアップが登場し、一流のVCから出資を受けているのだ。これらはすべてプロ化の事例である。

ハードサイドのプロ化は、ネットワーク外のプロのプレイヤーが参入した場合も起きる。アップルのアプリストアが登場したとき、最初にフォースクエアやウーバーなど生え抜きの開発者がアプリを提供した。彼らが成功してから、大手テック企業のフェイスブックやイェルプ、イーベイなどが続々とアプリに参入している。マイクロソフトがｉＯＳアプリを提供するようになったのはそれから数年後のことだ。サティア・ナデラがＣＥＯに就任し、オフィス製品を自社だけでなく、すべてのプラットフォームで展開する戦略を打ち出したのがきっかけだった。

任天堂はしばらく様子を見ていた。自社ネットワークにユーザーを惹きつけることを期待して、「スーパーマリオ」や「ゼルダ」のような人気の内製ゲームは自社のハードウェアだけで展開していた。しかし、モバイルアプリが無視できない規模になると、ｉＯＳアプリも提供するようになった。

ネットワークが大きく成長し、参加者が多様になると「エコノミー」と呼ばれるようになる。「ギグ・エコノミー」「アテンション・エコノミー」「クリエイター・エコノミー」など聞いたことがあるだろう。ギグ・エコノミーではエアビーアンドビー、ウーバー、インスタカート、アテンション・エコノミーではフェイスブック、グーグル、クリエイター・エコノミーではティックトック、ユーチューブ、サブスタックなどが中心的な製品になっている。そしてこうした製品の周囲に多様なプレイヤーのエコシステムができ上がる。そしてカンファレンス、イベント、メディアに加えて、未来の社員がそれぞれのエコシステムに参加できるように準備を整える研修プログラムなどが登場するのだ。

こうしたエコノミーに特化したＶＣもやがて現れる。エコノミーに加わる企業もまた大きく成長できる可能性があるからだ。エコシステム内のさまざまな製品が十分な優位性と事業の安定性を築き、製品が長く存続すると信頼できるようになったのである。ネットワークの規模が拡大して市場が飽和し始めると、ハードサイドの新規ユーザーの獲得が難しくなるため、この点は非常に重要である。

成長以外の道はない

ハードサイドのユーザー獲得は非常に困難でコストがかかる。市場が飽和すると、最終的にはハードサイドの新規ユーザーを獲得し続けるよりも、各ユーザーの供給量や生産力を高める方が重要になる。

ウーバーもそうだった。当初は、スケールしにくい手段でドライバーを確実に獲得していた。オペレーションチームが人力でドライバーを獲得したり、クレイグスリストで求人募集をしたりといったことだ。けれども市場が成熟し、何万人ものドライバーを獲得しなければならなくなると、こうした方法は通用しなくなる。当初はクレイグスリストに70ドルで広告を出せばドライバーが集まったのに、やがてひとり獲得するのに1000ドル以上かかるようになってしまうのだ。広告や紹介制度、さらにはテレビやラジオのCMといったすべてでコストが上昇する。

市場の飽和は、新規加入する人たちが変わり始めたということだ。プロのドライバーを獲得し尽くしたので、やがてウーバーは運転を仕事にしたことがない人たちをドライバーに転向させる施策に乗り出した。だが、そうしてドライバーになった人たちには乗客との接し方を教育・指導しなければならない。初期のウーバーのドライバーは、リムジンの配車事業のライセンスを持つプロだったので、仕事の仕方をすでに知っていた。しかし、新しいドライバーは乗客を迎える方法や空港での迎車のルールを知らず、ウーバーから情報を提供する必要があったのである。

ネットワーク製品は、ユーザーが適切な交流方法を知っているとうまく機能する。つまり、クリエイターならそのプラットフォームにハマるコンテンツを理解すれば成功できるということだ。ティックトックなら巧みなダンス、ポッドキャストなら物語の連載などだろう。マーケットプレイスの売り手なら商品やサービスの見せ方を理解することが重要かもしれない。エアビーアンドビーで掲載する物件の写真をプロに撮ってもらうことや、インスタグラムで紹介したい商品の見せ方を工夫するといったことだ。

　ハードサイドのユーザーを多く獲得できても、ユーザーの成功を後押しできなければ悪影響が大きい。離脱が起きるのだ。イノベーターやアーリーアダプターとは異なり、ハードサイドのユーザーは製品が斬新で面白いという理由だけでは製品に定着しない。何らかの問題を解決するため、あるいは生計を立てるために、ネットワーク製品を利用している。それが叶わなければすぐに離脱してしまうのだ。

　ネットワーク製品のジレンマは深刻である。ハードサイドのプロ化を受け入れれば、ネットワークの規模拡大というメリットを享受できる。けれどもそれにより一部のユーザーに権力が集中し、利害の不一致が生まれやすくなるのだ。オフィスの外で抗議デモが起きないことを祈ろう。ハードサイドのユーザー拡大を抑え、停滞させることはできるが、ハードサイドのプロ化に伴う問題にうまく対応する方が最善の道であるはずだ。

　だた、これもそう簡単ではない。ほぼすべてのマーケットプレイスは労働問題に直面しているし、ほぼすべてのアプリプラットフォームがアプリ開発者と競争したり、決裂したりしている。しかし、実現できたときのメリットはコストを上回るだろう。いずれぶち当たることになる成長の限界を突破するための重要な鍵であり、うまく対処すればネットワークのよい面をさらに引き出せるのである。

27 永遠の9月

ユーズネットの事例

Eternal September — Usenet

スナップチャット、フェイスブック、フレンドスター、さらにはジオシティーズやヤフーグループの前に、インターネットコミュニティの元祖ともいえるサービス「ユーズネット」が存在した。世界初のSNSである。インターネットの黎明期、1980年に誕生したユーズネットは世界初の分散型掲示板サービスだった。そこには政治から映画、ワイン醸造まであらゆるテーマごとのニュースグループがあった。ウェブやブラウザがなかった時代、世界中の人（その多くが初期のインターネットに接続できた大学や研究機関の人たち）がユーズネットの掲示板で交流していたのである。

初期のインターネットでユーズネットの存在感は大きく、さまざまな歴史的な出来事の舞台だった。たとえば、ティム・バーナーズ＝リーがワールドワイドウェブの立ち上げを発表したのも、リーナス・トーバルズがリナックスOSを発表したのも、a16zの共同創業者であるマーク・アンドリーセンが先進的なグラフィカル・ウェブ・ブラウザを発表したのもここだった。ユーズネットは公開されてから十数年間、グローバルなインターネットコミュニティの中心地だった。

レディットやツイッターの成長を後押ししたのと同じく、ユーズネットにもネットワーク効果があったのは明らかである。ユーザー数が最も多く、多様なトピックを扱っていたので、ユーザーは他の掲示板サービスを利用する理由がなかった。

しかし、2000年頃にはユーザーは去り、衰退していた。ユーズネットは天井にぶち当たり、立て直せなかったのである。いったい何が起きたのだろうか。

ユーズネットに降りかかった問題は、現代のSNSが抱える問題と同じだ。しかし、当時はインターネットが登場したばかりで、ネットワークが直面する深刻な問題の存在はもちろん、その対処法を誰も知らなかった。たとえば、今でこそ誰もが「スパム」がどんなものかを知っているが、これはユーズネットで初めて登場した。そう、初期のインターネットにはスパムがない素晴らしい時代があり、中身のあるメッセージのやりとりしかなかったのである。だが、この状態は長くは続かなかった。ユーズネットの参加者が増えると、商品やサービスを売ろうと無遠慮に同じメッセージをいくつものニュースグループに投稿する人が現れたのだ。

今もそうだが、ユーズネットのようなSNSは成功すると必ずスパムや炎上、荒らしが発生する。当時、「ゴドウィンの法則」という言葉が広まっていた。これはインターネット上で議論が白熱すると、誰かが必ずナチス・ドイツを引き合いに出し、議論の質が下がることを指す。対処が難しいことも変わっていない。ユーズネットは悪質な行為への対処を迫られた最初のグローバルなインターネットコミュニティだった。そしてユーズネットは無秩序に成長していたため、対応が難しかった。

ユーズネットの最初のアトミックネットワークは、開発者のジム・エリスとトム・トラスコットが在籍していたデューク大学で誕生した。その後、近くのノースカロライナ大学、ベル研究所、リード大学、オクラホマ大学などの研究機関が次々と加わった。そして毎年9月の新学期の時期になると各大学の新入生が大勢参加するようになったのである。

9月からの数カ月でユーズネットの社会的規範、専門用語、文化、「ネチケット（インターネット上のマナー）」を学んだ新規ユーザーはコミュニティに溶け込めるが、そうでないユーザーは疎外され、離脱していく。初期のユーズネットでは、参加者の多くが共通の学問や研究を通じて知り合ったり、実生活でも接点があったりすることが多かったため、節度を持って交流する文化が醸成されていた。

しかし、1993年9月に状況が一変する。当時インターネットプロバイダーの最大手だったAOLは何百万枚ものCD-ROMとフロッピーディスクを消費者に郵送する大規模なキャンペーンを始め、ユーズネットを顧客に紹介したのだ。これにより、何百万人規模のさまざまな属性の人たちが参加し始めた。ユーザーは果てしなく増えるように思われた。数カ月後、ユーズネットの初期の貢献者であるデイブ・フィッシャーはこう振り返っている。

> 1993年9月は、ネットの歴史に「永遠の9月」として語り継がれるだろう。[70]

実際、この出来事は「永遠の9月」としてインターネットの歴史に刻まれている。新規ユーザーの急増でユーズネットのコミュニティとネチケットは激変し、その文化も変わらざるをえなくなった。

議論するトピックが増えて用途が多様化し、ユーザーは運営側に新機能を求めた。ユーズネットにとってこれはよい面もあった。新機能を開発したことで、サービスはより高速かつ大容量になり、写真や音楽、動画などのファイルにも対応できるようなった。しかし、同時にポルノや映画や音楽の海賊版など有害コンテンツが急増した。さらには不適切なコンテンツやスパムが増え、ユーズネットは段々と使いづらくなっていったのである。またネチケットが崩壊したことで、ユーズネットの初期の特徴だった質の高い議論がしにくくなっていた。だから人々はユーズネットを離れ、他のオンライングループやメーリングリスト、そしてやがて登場するＳＮＳへと移行していったのである。

こうしてユーズネットのネットワークは崩壊し、デューク大学はサービスの提供開始から30年経った２０１０年にサービスを停止した。ＡＯＬ、ベライゾン、マイクロソフトなどの大手プロバイダも同時期に海賊版やポルノなどの問題が増え、利用が減少したことを理由にユーズネットへのアクセスを停止している。この頃、ユーズネットの崩壊は１９９３年9月から始まったとする記事「ユーズネットは何年も前から死に向かっていた」が公開された。

ユーズネットの盛衰はネットワーク製品が大規模化したときの訓話である。スパム、荒らしなどの不適切な行為でネットワーク効果が弱まるのだ。さらに深刻なのは文化の崩壊だ。バイラルループを弱らせ、ネットワークの成長を打ち消してしまう。長期間放置すればネットワークは蝕まれ、やがて崩壊してしまうのだ。

コンテキストの崩壊

特定分野のアトミックネットワークから始まったネットワークのユーザーには、共通のネチケットが浸透している。初期段階で、このサービスで何をすべきで何をすべきでないかという共通理解が根づくのだ。しかし、ネットワークの規模が拡大すると共通認識が揺らぎやすくなる。ネットワーク製品特有の繊細な問題だ。この点についてフェイスブックの元CTOで、現在はクォーラのCEOを務めるアダム・ダンジェロはこう説明している。

親しい友人と一緒に始めたSNSはすぐに利用したくなる。写真やコメントをたくさん投稿するようになるんだ。内輪ネタや共通の話題で盛り上がれる。製品を気に入ると友人が他の友人や家族を招待し、連鎖していく。けれども、やがて親しい友人向けに投稿した写真やコンテンツに、あまり親しくない人たちからもコメントが返ってくるようになる。親や学校の先生、上司も現れる。そうした人たちに、この前参加したパーティの写真を見られたら困ったことになるかもしれない。[71]

これは消費者向けサービスの話だが、同じことは職場向けの製品でも起きる。親しい友人を同僚に、両親や教師を上司や他部門の同僚、経営陣に置き換えてみるとわかるだろう。同僚への1対1での建設的なフィードバックも、あるプロジェクトについての不満も、大勢が見ている場にはふさわしくないかもしれない。ユーザーとの接し方やどんな投稿内容が適切なのかはコンテキストによる。

コンテキストの崩壊は、複数のネットワークが一点になだれ込むことで起きる。特にSNSでこれが深刻な問題なのは、ハードサイドのユーザーであるクリエイターの活動を阻害するからだ。コンテキストが多いと全員を楽しませられるような写真を投稿しにくくなる。研究者のマイケル・ウェッシュはユーチューブのコンテキストの崩壊についてこう説明している。

世界や未来に対して何と言えるだろうか。問題はコンテキストの欠如ではない。コンテキストの崩壊である。無限のコンテキストがその一瞬の動画に折り重なってしまうことが問題なのだ。レンズがとらえた映像、行動、言葉は、地球上のどこからでも見られ、永久に残る（演者はそれを想定しなければならない）。小さなガラスのレンズはすべての時間と空間、つまり想定されるあらゆるコンテキストを吸い込むブラックホールだ。このコンテキストのブラックホールを前に動画の撮影者は凍りつき、自己呈示の危機に直面するのである。[72]

ウェッシュの考えを噛み砕くとこういうことだ。ユーチューブに投稿された動画は、世界中どこからでも、先々にわたって視聴される可能性がある。動画の内容が真面目なものであろうと、笑い話であろうと、メッセージは適切に伝わらなければならない。動画が想定とは異なる文脈で捉えられ、誰かを不快にしたり、批判を浴びたりしないと誰が言い切れるだろう。このような「自己呈示の危機」がクリエイター側のアンチネットワーク効果を生み出すのである。

これは、ネットワークのユーザーに悪影響を及ぼす。親や教師、上司はおそらくユーザーの人生に大きな影響力を持つ。製品のアルゴリズムにより、ユーザーの投稿がそうした近しい人たちの目にとまる可能性が高い。スラック、リンクトン、フェイスブックなど実名制のネットワークでは特に深刻な問題になる。投稿内容がその人の評判に直接関わるからだ。ネットワークが大きければ大きいほど、より多くの人が投稿を見る可能性があり、安心して投稿できなくなるのである。

ダンジェロはこれをネットワークの「分解」と呼んでいる。トップクリエイターを失うと、多くの消費者も離れていく。そして消費者が減ると、コンテンツを制作する魅力も減る。この悪循環が続けばネットワーク内の小さなネットワークがいずれ離脱することになる。

コンテキストの崩壊はSNSだけの問題ではない。すべてのアトミックネットワークは独自の「ネチケット」を持つ特定のユーザー層から始まり、独自の文化を育んでいる。たとえば、クレイグスリストには低価格で飾り気のない文化、エアビーアンドビーには珍しい物件を貸し出す文化、スラックにはテックコミュニティのアーリーアダプター特有の文化がある。3つの別分野の製品なのに同じ問題に直面している。ネットワークが成長するにつれて、ハードサイドのユーザーは製品を利用しにくくなるのだ。

コラボレーションツールでのコンテキストの崩壊は、たとえば、社内で導入が進むにつれて、接点の少ない社員が参加することで起きる。地理的に遠く離れたオフィスの社員や管理職など何百人もの社員が加わると、チーム内では楽しく受け止められた雑なジョークやカジュアルな会話は不適切になる。そうして初期ユーザーは利用しづらくなるのだ。

マーケットプレイスでも同じようなことが起きる。高級スニーカーの愛好家コミュニティから始まったスニーカーのマーケットプレイスがあるとする。初期ユーザーは、ネットワークの成長とともに手頃な価格の商品にばかり注目する買い手が増えるのを好ましく思わないかもしれない。古参の出品者は、新規ユーザーが初期ユーザーほどスニーカーに価値を見出していなかったり、価値観が合わないことを言ったりするとネットワークを離れる可能性が高まる。また古参の買い手にとっては、手頃だが魅力の欠ける商品ばかりになると、欲しいスニーカーを見つけづらくなる。あるコンテキストでは魅力的な商品でも、別のコンテキストではそうでない場合もあるのだ。

ネットワークの成長とともにユーザー体験は徐々に劣化する。一方、運営はネットワークの成長を促進する施策を続け、成長の鈍化に対抗しようとしている。つまり、ネットワーク効果対アンチネットワーク効果の駆け引きが起きているのだ。そしてアンチネットワーク効果がチームの努力を打ち消すほど強くなると、製品は天井に突き当たるのである。

ネットワーク内ネットワークをつくる

コンテキストの崩壊を防ぐにはどうしたらいいだろう。メッセージアプリにヒントがある。友人や家族と1対1、あるいはグループで話すメッセージアプリは、ネットワークの参加者が数百万人になっても使い勝手がほぼ変わらない。また、スラックにはチャンネルを開設する機能がある。多くの社員が参加するようになると、近い同僚とだけ交流できる別チャンネルを立ち上げられるのだ。

つまり、コンテキストの崩壊が起きづらい製品には、ネットワークを分ける機能があるということである。フェイスブックはメインのニュースフィードとは別にグループをつくれる機能を提供している。スナップチャットのストーリーも、アプリの1対1のメッセージ機能を補完する別機能である。どちらも独自のコンテキストを持つ、ネットワーク内ネットワークをつくるものだ。インスタグラムには、「フィンスタ（裏アカ）」（2次、3次アカウント）をつくる機能がある。それぞれのアカウントで別のフォロワーを集められるので、親や上司などに見られる心配なくコンテンツを共有できる。

また、別のコンテキストがあるとユーザーに意識させる機能があると、コンテキストの崩壊を防げる。たとえば、スラックには、チャンネルにメッセージを送る際、受信者が別のタイムゾーンにいると通知する機能がある。送信者が勤務時間中に仕事のメッセージを送っているつもりでも、相手は週末に受信することになるかもしれない。自分の状況と相手の状況が異なることをユーザーに意識させようとしているのだ。グーグルドキュメントの書類を共有する権限とプライバシー設定も、コンテキストを設定するための機能だ。特定の同僚やグループ、または同じ会社の人というように、共有範囲を設定できるのである。

とはいえ、小さな個別グループをつくる機能を実装する際は、全体のバランスを考える必要がある。コンテキストの崩壊を防ぐ特効薬ではないからだ。ネットワークが細かくなりすぎると、その場限りのチャンネルやグループが多くなり、使い勝手が悪くなる可能性がある。チャンネルやダイレクトメッセージのスレッドが増えると目的のものが探しづらくなる。メッセージアプリでもたくさんの友人や友人グループと同時に会話をしていると使いづらくなるのだ。

ネットワークを維持するには、十分な交流を維持しつつ、初期ユーザーが疎外感を感じたり、コンテンツの多さに圧倒されたりしないよう慎重に対処しなければならない。

低評価を付けることの意味

コンテキストの崩壊は、ユーズネットを長い間悩ませてきたスパムや荒らしの問題とも関連している。それらは最近登場した問題ではない。

匿名のメッセージを受け取ったところを想像してみてほしい。「知らない人から手紙を受け取って驚いていることでしょう。それもあなたにお願いをしようとしているのですから」。手紙の送り主はフランスの王族を名乗る人物で、一連の事故により大金を失ってしまったという。しかし、あなたの協力があればお金を取り戻せる。すべてうまくいったら取り戻したお金の一部を報酬として提供するというのだ。

あなたも過去に同じような詐欺メールを受け取ったことがあるのではないだろうか。ただし、これはメールやリンクトインのメッセージではなく手紙だ。金の単位は金フランで侯爵の従者が書いたという手紙の宛先はフランスの住民たちだった。この種の手紙は「エルサレムの手紙」と呼ばれ、犯罪者から探偵に転身したフランスのウジェーヌ＝フランソワ・ヴィドックが1828年に出版した自身の回想録にその詳細が記載されている。[73]

200年近く前からある詐欺だが、今でも同種の詐欺メールが出回っている。ただし、中身は進化した。200年前の詐欺はロマンス詐欺に近いものだが、いまでは出会い系アプリを通じたなりすましや暗号資産のICOへの投資詐欺、オンデマンドマーケットプレイスアプリを使ったマネーロンダリングなど、あらゆるものが登場している。

ネットワーク製品は規模が拡大するとやがて成長が鈍化するが、さらに詐欺やスパム、荒らしにも対処しなければならない。不届き者はネットワークのオープン性や決済、メッセージ、フォローなどユーザー同士をつなぐ機能を悪用し、何世紀も前から使われてきた詐欺の手口で盗みを働こうとするのだ。詐欺師がボットでネットワーク中のユーザーに大量のスパムを送り付けると、ユーザー同士の健全なメッセージのやりとりが阻害される。クレイグスリストやマッチングアプリといったマーケットプレイスでは詐欺のメッセージが横行する。メールで認証情報を盗もうとする高度なフィッシング攻撃も発生するようになる。

こうした悪質な行為はネットワークを劣化させ、ようやくの思いでつくったネットワークの機能性を削ぐものだ。メッセージの送信者が本当の友達か、あるいはスパムかと疑うようになると、ユーザーのリテンションは低下する。ユーザーがコンテンツをシェアするのをやめたり、知り合いをサービスに招待するのを避けたりするようになれば、ユーザー獲得は難しくなる。詐欺や虚偽の取引がさらに増えれば価値の高いユーザーは離れ、収益にも悪影響が及ぶのだ。

こうした問題への持続的な解決法は、ネットワークの機能を悪質行為の防止に使うことである。ネットワークが大きくなるにつれて、より多くのユーザーがコンテンツを監視できるようになる。報酬がなくても手を貸してくれるユーザーは多い。ユーザーにスパムの報告や不審なアカウントのフラグ付け機能、悪質なコンテンツをブロックする機能などを提供しよう。ユーザーは利用体験をよい方向に調整する機能として利用できるし、運営側も悪質な行為を取り締まれるのだ。

レディットは複雑で活発なネットワークを長年運営しており、ノウハウを持つ。同社の共同創業者兼CEOのスティーブ・ハフマンは、米国下院に提出した供述書の中で同社の哲学を次のように説明していた。

現在、レディットがコンテンツを統制している方法は業界でもユニークなものです。国の民主主義に似たガバナンスモデルを採用しています。誰もがルールに従いますが、ユーザーには投票したり、自律的に活動したりする権限があり、突き詰めるとプラットフォーム運営を部分的に担っていると言えます。

ユーザーはどんなコンテンツを受け入れるか拒否するかを決められるのです。多くのプラットフォームにはコンテンツに対し承認や同意を表す「高評価」の機能がありますが、レディットでは「低評価」も同様に重要と考えています。認められない行為や低品質なコンテンツを低評価で拒否することにより、コミュニティの文化が形成されるのです。[74]

ハフマンはレディットを都市に、運営の役割を都市計画者によくたとえている。レディットが目指すのは都市活動をすべて管理することではなく、大小さまざまなコミュニティが育つ環境を整えることだ。都市を管理するには法律や文化、ベストプラクティスが必要で、レディットはそれらをすべてソフトウェアに組み込んでいる。

レディットの低評価の機能も、ライドシェアの運転手に1つ星を付けるのも、食後に体調が悪くなったタイ料理店への批判をイェルプに書くのも、すべて同じことである。コンテンツにフラグを付けたり、ブロックしたりする機能は悪質な行為への対策としても重要だ。こうした仕組みでネットワークの自浄作用を促せる。ハフマンが指摘するように、政府が他者との適切な関わり方を定めた法律という枠組みの中で市民が生活しているように、ネットワーク製品はコード、つまりソフトウェアを基盤に形成される文化という枠組みの中でユーザーが活動しているのである。

実のところ、ソフトウェアによる統制が、多くの人が参加するネットワークを管理し、不適切な行為を抑制する唯一の方法ではないだろうか。

安定的な人間関係を維持できる上限を示す「ダンバー数」という理論がある。イギリスの進化心理学者であるロビン・ダンバーは、「大きくなる社会集団をまとめ、管理する必要性によって、霊長類の脳は進化した」と主張した。そして人が持てる人間関係の広さの基準を示している。本当に親しい友人や家族からなる3〜5人のグループ。仲間や知人のグループは約150人で、場合によってはそれが1000〜2000人になることもある。

しかし、物理世界に縛られないネットワーク製品には15万人、1億5000万人、10億人規模のユーザーが集まっている。現代の人脈の規模はダンバー数の数百万倍なのである。大規模なコミュニティで人々を自由にさせているだけではグループ共通の基準や自治を維持できない。だからこそ、ネットワーク製品にはユーザーの適切な交流を促す機能が必要なのだ。

レディットの高評価と低評価は、誰かのためになるコメント投稿を奨励している。グーグルカレンダーの「勤務時間」の表示機能は、時差のある場所で働く同僚への配慮を奨励している。ツイッターのハッキングされた疑いのあるアカウントを報告する機能で、ユーザーは運営に介入を求めることができる。

こうした施策と機械学習や自動化した機能を組み合わせることで詐欺師を検知し、排除できる。つまり、ソフトウェアでネットワークを利用するための共通理解をつくり、浸透させる枠組みを築けるということだ。これが製品の「ネチケット」になる。

ネットワークの規模が大きくなったら、ユーザーによる自治を促進する機能を提供しよう。

ユーズネットの崩壊は防げたのか

この数十年のコミュニケーションアプリやソフトウェアの知見があったら、ユーズネットを救えただろうか。答えは「イエス」だと思う。ユーズネットと同じ時代に生まれたメールやウェブのようなプロトコルは今なお使われているのだ。

メールは性質上、小さなスペース（1対1の会話やグループでのスレッド）をつくることで成り立っている。スパムや荒らしが登場しても利用され続け、メールクライアントはホットメール、アウトルック、Gm ａｉｌと進化し、何十億人ものユーザーがいる。ウェブも同じようにウェブドメイン、検索エンジン、リンク、ブラウザの機能により無限のプライベート空間が存在する。

ユーズネットを救うのは簡単ではなかっただろう。スパムや国家が支援するボット、荒らしが存在せず、インターネットがオープンで信頼できる場所であった時代につくられたユーズネットが生き残るには、多くの対策が必要だったはずだ。それでもユーズネットにアルゴリズムによるフィード、ダイレクトメッセージ、より小さなネットワークの開設機能などが追加されていたら現在も使われていたかもしれない。ただ、それですべての問題を解決できるわけではないだろう。現代のネットワーク製品でさえ降りかかる問題をすべて解消できてはいないのだ。

また、ユーズネットが当時一般的であった分散型オープンソースで構築されたことは長所でもあり短所でもあった。ネットワーク製品はユーザーの行動やニーズの変化に合わせて常に調整し、改善しなければならない。中央集権的な運営（資金力のある企業による場合が多い）はネットワークの拡大に伴って発生する無数の課題に対処するには都合がよい。多くのソーシャルアプリがそうであるように企業が運営しているなら、ユーザーと新しいコンテンツとをつなぐアルゴリズムの実装やインターフェースの変更、コンテンツのモデレーターの採用といった施策を素早く実行できる。一方ユーズネットは法人ではなく、資金調達もせず、フルタイムの社員を何百人と採用することもなかったのだ。

「永遠の9月」のように何百万人ものユーザーが押し寄せたら、対応が必要になる。乗り切るには十分なリソースとノウハウが必要だ。進化を怠ると製品の成長は減速し、やがて止まってしまうのである。

28 過密化 ユーチューブの事例

Overcrowding — YouTube

ユーチューブが直面した問題は、動画が数百万本規模になり、見たい動画を見つけづらくなったことだ。製品が成長したからこそだが、さらに成長するにはこの課題を解決しなければならない。私はユーチューブの共同創業者であるスティーブ・チェンに会い、規模が大きくなっても動画を見つけやすくするために何をしたか話を聞いた。

動画が多すぎるというのは「過密化」の代表例である。ネットワーク効果を弱らせ、やがて製品をダメにしてしまう深刻な問題だ。過密化とは、コメントやスレッド、届くメールなどが増えすぎてしまうことだ。SNSではたくさんの人をフォローするあまり、投稿が追いきれなくなる状態である。マルチプレイヤーゲームならプレイヤーが多すぎてサーバーの負荷が上昇したり、ゲーム内で適切な対戦相手を見つけられなくなったりすることである。

チェンはペイパルでソフトウェアエンジニアとして働いた後、2005年にユーチューブを共同創業した。現在はゲームやSNS、動画など、さまざまな分野のスタートアップに積極的に投資するエンジェル投資家としても活動しており、業界についての知見が豊富だ。20代、30代のほとんどをサンフランシスコで過ごしたが、少し前に家族とともに台湾に移住しており、今回はビデオ会議で話をした。

立ち上げ当初のサービス内容は今とはかなり違うものだった。出会いのために自己紹介動画をプロフィールの一部としてアップロードするサービスだったのだ。そう、ユーチューブはマッチングサービスとして始まったのである。

一覧、人気順、おすすめなどユーチューブの対策

マッチングサービスとしてのユーチューブは長くは続かなかった。開始から数週間後には、創業者のスティーブ・チェン、チャド・ハーリー、ジョード・カリムの3人は出会いを求める人だけでなく、あらゆる動画を投稿できるようにした方がいいと思い直したのである。動画に付ける「ハート」のアイコンを星に変更し、さまざまな動画をアップロードできるようにした。最初の投稿は「動物園にて」と題した19秒の動画だった。赤とグレーのジャケットを着たカリムが象の厩舎の前に立って「鼻が、めちゃくちゃ長い」と話している。そして「かっこいいよね。言うべきことはこれくらいかな」と言って終わるのだ。

本書で説明してきたように、ネットワーク製品は派手に登場して一気に広がるのではなく、地味に立ち上がることが多い。ユーチューブも例外ではなかった。チェンは最初期のコンテンツと、どう広がっていったかについてこう説明している。

最初は整理するほどコンテンツがなかった。動画を１０００本にするまでがユーチューブを運営してきた中で一番大変な時期で、当時は動画を増やすことばかり考えていた。動画の整理は後回しで、最新の動画を一覧表示していただけだった。

動画をアップロードした人がたとえば10人にシェアし、５人が実際に見て、少なくともひとりがまた別の動画をアップロードするようになるのを期待していた。その後、動画の埋め込み機能やリアルタイムのトランスコードなど、いくつか重要な機能を追加すると急に広がり始めたんだ。[75]

つまり、初期の焦点はコールドスタート問題を解決することだった。おすすめ動画を表示する精巧なアルゴリズムの開発ではなかったのである。動画が増えてからもコンテンツを見つけやすくするために改良したのは、カテゴリーや国ごとの人気動画を表示するといった基本的なことだったという。

動画がかなり増えてから、面白い動画を見つけやすくするためにユーチューブの設計を見直した。最初に人気トップ１００の動画を日、週、月の順に並べ替えるページを用意し、国別に閲覧できるようにした。

運営側が管理していたのはトップページだけだ。ここには10本の動画を選んで掲載している。ドキュメンタリーやセミプロが制作した優れたコンテンツを中心に選んでいた。ユーチューブのトップページを訪れるユーザー、特に広告主に「素晴らしいコンテンツがある」と印象づけるためにね。

初期はあらゆる動画が同列に並んでいた。カテゴリー別に動画を分けたのは掲載本数がかなり増えてからだった。また動画の増加に伴い、視聴者のコメントなどのコンテンツも増えた。

最初から、クリエイターより視聴者の方が100倍多いことがわかっていた。当時どのSNSにもコメント機能があったから、ユーチューブにも実装している。コメントは視聴者がコンテンツと関われる唯一の方法だった。単純な発想だけれど、動画やコメントの量を増やすことだけを考えていた。品質は頭になかった。フェイク動画が投稿されるなんて想定していなかったよ。

その頃は「とにかくできるだけ多くのコメントを集めよう、過激なものでもいい」と考えていた。コメントがひとつもない動画の方が圧倒的に多かったからね。視聴者からのフィードバックを増やせば、動画制作者の体験は向上すると考えていた。もちろん、ある程度のエンゲージメントを獲得してからは、違う方向性を追求しなければならなかった。

1年もするとユーチューブの動画、コメント、チャンネル、プロフィールの数はチームの予想を上回るほど伸び、初年度に設定した目標をあっという間に突破していた。当初の1日の目標再生数は1000回だったが、すぐに1万を超え、1年足らずで100万再生に到達したのである。まさしくロケット成長だった。

この頃からユーチューブは動画の過密化の解消に向けた施策を開始する。まずはシンプルな改善から取り掛かった。アップロードされたばかりの動画を一覧ページに掲載し、人気順での並び替えや国別に表示する機能を追加した。

ユーチューブの過密化対策は、手作業でトップに掲載する動画を選ぶところから、人気順などで動画を表示する機能の実装、そしてアルゴリズムでおすすめ動画をフィードに表示するように進化した。どのネットワーク製品も同じような過程をたどることが多い。

マーケットプレイスでの過密化でも同じことが起きる。最初は掲載点数が多くないため売り手同士の競争はない。消費者は限られた商品の中から欲しいものを探す。しかし、ユーザーが数百万人規模になると、似たような商品を扱う売り手が増え、欲しい商品が見つけづらくなる。

職場向けのコミュニケーションアプリの価値は、同僚から重要なメッセージを受け取れることにある。所属する部門の人たちだけがアプリを使っている間は大事なメッセージだけが届くので利便性が高い。しかし、社員全員が同じアプリを使うようになると、さまざまなメッセージが届き、使いづらくなってしまうのだ。

ユーチューブが過密化対策のために初めは手動で掲載動画を選んでいたように、どの製品も簡単にできるところから始める。つまり、運営側がトップに掲載するコンテンツを選別したり、ユーザーが自分でコンテンツを選んで並べる機能を提供したりするようなことだ。

アプリストアには何百万というアプリがある。アップルが年に一度「App Store Awards」で優れたアプリを表彰するのは、デザイン性が高く質のよいアプリを奨励するとともに、消費者にアプリを見つけてもらいやすくする目的がある。

ユーザーにコンテンツの整理を手伝ってもらう方法もある。ユーザー生成コンテンツ（UGC）に、いまや多くのネットワーク製品で使われているハッシュダグを付けてもらうのだ。アマゾンのほしい物リストも運営の手が加わらないユーザー生成コンテンツであり、バイラルに広がる効果がある。また、コンテンツの属性や、発信者の会社名や大学名のドメインといったネットワークから得られるデータを使ってユーザー同士を結びつけることもできる。ツイッターはネットワークのユーザーの活動データを分析することで注目の話題を特定し、それを担当者がストーリー形式に編集するというハイブリッドな手法でコンテンツを整理している。

富める者がさらに富むという問題

ユーチューブの視聴者側の体験を軸に説明してきたが、動画制作者の存在も忘れてはいけない。動画制作者はユーチューブにとって、多様な動画や番組を制作する重要なハードサイドのユーザーだ。当初、ユーチューブで最も人気の動画はテレビのトーク番組「サタデーナイトライブ」で放送されたミュージックビデオ「Lazy Sunday」だった。だが、しばらくするとユーザーが制作した数多の動画の方が重要になった。ユーチューブ独自の動画ライブラリを構成しているのはこうした動画だ。

視聴者と動画制作者とでは過密化の影響の受け方が違う。動画制作者にとって、動画の過密化は「どうやって動画を視聴してもらうか」「いかにして目立つか」という問題に直結している。特に新人の動画制作者には深刻な問題である。「富める者がさらに富む」現象が起きる場合があるからだ。多くのネットワーク製品はユーザーが他のユーザーに価値を提供すると何らかの報酬をもらえる仕組みになっている。これはよい循環を生み出す。よいサービスを提供すると5つ星の評価を獲得したり、フォロワーを大勢獲得できたりする。トップページで目立つよう取り上げられたり、人気ランキングで上位に入ったりすることもある。そうして視聴者と動画の出会いが促進される。だが、高評価を得たユーザーばかり評価されるという問題が生じる。何百万ものフォロワーがいて何千回と5つ星の評価を得ているユーザーが多くいると、新規ユーザーは注目されにくくなるのだ。

フールーの元CTOでテック業界の思想家として知られるユージン・ウェイは、大規模ネットワークで新規ユーザーが活躍しづらくなる理由についてこう説明している。

ネットワークによっては、先にフォロワーを獲得したユーザーの投稿をさらに多くの人の目に触れやすくしている。したがって、投稿の品質にかかわらず、フォロワーを獲得しやすい状態が続くのだ。なぜSNSは規模が大きくなると勢いを失いがちなのか。理由のひとつはこうした「オールドマネー」が一掃されず、ニューマネーが参加する魅力が下がるからだろう。オールドマネーや古いソーシャルキャピタルの存在がSNSを停滞させる直接の原因ではない。だが、SNSはユーザーの使用歴にかかわらず、最高品質のコンテンツを優先的に拡散する必要がある。そうしなければソーシャルキャピタルの不平等が生じ、別製品に乗り換えるコストが現実世界よりずっと低いバーチャルの世界では、新しいユーザーは自分の働きがより適切に報われ、ステータスの流動性が高い別のネットワークに簡単に移ってしまうのだ。[76]

これはSNS以外のネットワーク製品にも当てはまる。評価システム、レビュー、フォロワー、広告はどれもネットワークで先に台頭したユーザーが有利な状態を維持しやすくする。質の高いユーザーが注目を独占しているならまだマシだが、そうでなければ問題はかなり深刻である。最も物議を醸し、過激な意見を発信するユーザーに最も多くの反応が集まるSNSはどうなるか。アップルのアプリストアの初期におならアプリが急増したように、低品質のアプリが最もダウンロードされ、ランキングの上位を独占した開発者プラットフォームはどうなるか。こうした循環は断ち切らなければならない。放っておけば、ネットワークは運営者の望まない方向に発展してしまうだろう。

この循環は「優先的アタッチメント（preferential attachment）」と呼ばれていて、「接続数の多いノードほど、新たな接続を得やすくなる」と定義される。ネットワークのハードサイドの成長を抑制するものだ。この状態が続くネットワーク製品のユーザーは、成功しやすい別のネットワークを探し始めるだろう。公平な競争の場を求め、競合他社の製品を試す。成長を目指すネットワークにとっては望ましくないことだ。

データとアルゴリズムの力

ユーチューブでの視聴者とクリエイターの双方の過密化の対策には、グーグルが手を貸している。グーグルが創業から2年も経たないユーチューブを16億5000万ドルで買収したのは2006年のことだ。当時は途方もない高額買収に思われていたが、ユーチューブの成長はすさまじく、ネットワーク効果も強力だった。単体での企業価値はいまや3000億ドル以上だとするアナリストもいる。

買収から数年間のユーチューブの方針はシンプルだった。「とにかくトラフィックの増加に対応することだけを考えていた」とチェンは言う。大規模な機能は実装していない。インターネット最大の動画プラットフォームになるため、インフラの拡充に焦点を当てていたのだ。

機能面では、ユーザーと関連性の高い動画の検出、検索機能、アルゴリズムによるおすすめ動画の表示機能の改良に的を絞っていた。言い換えれば、細分化されすぎて混沌とした動画の過密化を解消する機能開発に注力したということだ。

ここで膨大な量のデータを扱ってきたグーグルの経験が、その後ユーチューブの重要機能となる「検索」と「関連動画の検出」の開発の鍵となる。どちらもユーザーが見たい動画を素早く見つけられるようにするものだ。アルゴリズムで動くため、社員がコンテンツを選別する必要はない。

この時期から画像認識技術で動画を整理する試みもひそかに始めている。動画から検出した文字列を検索結果の表示に役立てるというものだ。だがこの段階では、動画の内容を示す単語より、被写体の後ろに映る箱の商品名などを読み取ってしまうことが多かったという。

いずれにしろユーチューブは動画と視聴者をうまくマッチングさせる施策により、10億人超のユーザーを抱える製品では避けて通れない過密化の問題を解消できた。新規制作者によるニッチな作品とそれを求める視聴者をすぐにつなぐアルゴリズムは、ネットワーク内に新たなネットワークをつくる後押しになった。人気の動画制作者が新規の制作者を邪魔せず、視聴者に新鮮な動画を届けられる。ネットワーク内のコンテンツの需要と供給を結びつけたのだ。

共同創業者のチェン、ハーリーをはじめ初期メンバーの多くがユーチューブを去ってからしばらく経つが、月間アクティブユーザー数が20億人という規模になった今でも動画を見つけやすくする取り組みは続いている。ユーチューブの人気の動画は現在、1年で40億回再生されることもある。

ユーチューブは近年、サブスクリプション機能とユーザーが関心を持ちそうな動画を次々と表示するアルゴリズムの改良に力を入れている。関連性の高い動画を自動再生する機能がユーザーの視聴時間を伸ばすことに貢献しているのだ。

グーグルの自動音声認識技術も活用している。動画の音声を自動で取得して分析し、検索精度を高めたのだ。また、説明文などのテキストを自動翻訳する機能を搭載し、海外の視聴者にも動画を見てもらいやすくした。当初は質の低さが目立ったコメント欄も劇的に改善している。ランキングのアルゴリズムを開発し、質の高いコメントを上位に表示するようになったのだ。

機械学習が役立つのは、関連動画のおすすめ表示だけではない。ネットワークの密度を高めるのにも使える。わかりやすい例は、多くのSNSに搭載されている知り合いの可能性が高いユーザーを提案する機能だ。

大規模なネットワーク製品がアルゴリズムを使った何かしらの機能を実装しているのは、それがずば抜けて機能的だからである。リンクトインのグロース担当役員を務め、私の友人でもあるアーテフ・アワンは同社で何百万人というユーザー獲得の施策を展開し、マイクロソフトによる買収を取りまとめた人物だ。アワンはアルゴリズムの効果をこう説明する。

リンクトインの成功の鍵は「つながりの提案」にある。これでネットワーク内に数十億のつながりをつくれた。この機能では「つながりの三角形を見つける」ところから始まる。たとえば、あなたはつながっていないが、あなたの友達の多くがアリスとつながっているとする。この場合、あなたもアリスを知っている可能性が高いことがわかる。

ユーザーの行動を分析するようにもなった。アリスが勤務先をあなたと同じ会社に更新した、あるいはアリスがあなたのプロフィールを数日間で数回閲覧したといった行動だ。こうしたデータをすべて機械学習モデルに取り込むことで提案の精度を高め、リンクトインは長年にわたり市場で有利な立ち位置を維持したのである。[77]

つながりの提案機能のおかげでネットワークの密度を高められ、ユーザーが何百人とつながってからも、さらに別のユーザーを提案できたという。これは機械学習でSNSの過密化を直接緩和した事例だ。同じように機械学習を活用して、フードデリバリーアプリで好みの料理を紹介することもできる。どれもユーザーの行動データが可能にしているのだ。

アルゴリズムによる提案機能が、そのネットワーク製品の最大の価値となっている場合もある。ティックトックの例がわかりやすい。ティックトックのユーザーは主に「おすすめ」のフィードで動画を視聴する。このフィードは、ユーザーの行動データから動画を選定している。同社のブログ記事はこう説明していた。

ティックトックの「おすすめ」フィードに登場する動画はユーザーの好みを反映しています。新規登録した際に設定した興味のある分野と興味のない分野をはじめ、いくつかの要素にもとづいて動画を評価し、パーソナライズした動画を表示しています。要素には次のようなものがあります。

- **ユーザーの行動**：「いいね！」や「シェア」した動画、フォローしたアカウント、投稿したコメント、投稿動画など
- **動画の情報**：キャプチャや音声、ハッシュタグなど動画に付随する情報を含む
- **言語や国、端末の種類といった端末の情報やアカウントの設定**（これらの要素はシステムのパフォーマ

ンスを最適化するために参照します。ただし、ユーザーが明示的に表明したデータではないので、他のデータと比べておすすめ動画の表示のシステム内での重み付けは低くなります)[78]

関連動画を検出するアルゴリズムにより、何百万もの動画が追加されてもティックトックは動画とそれを見たい視聴者とをつなげられるのである。

こうしたアルゴリズムもネットワークの影響を受けている。アルゴリズムの精度は「データネットワーク効果」で高まるのだ。アルゴリズムは何億人ものユーザーの行動データをもとにおすすめ動画を表示している。ユーザーが多ければ多いほど行動データも多くなり、その結果アルゴリズムは洗練され、よりきめ細かなパーソナライズが可能になるのである。

最適化の道は続く

過密問題に直面するのはユーチューブやリンクトイン、ティックトックといったサービスだけではない。どの製品もネットワークが拡大するほど、ユーザーとユーザーが欲しいものを結びつけにくくなる。数百人の厳選した出品者しかいなかったマーケットプレイスに数十万人、数百万人の出品者が集まると掲載点数が増え、サービスの使い勝手は悪くなる。職場向けのコラボレーションツールもフォルダやユーザーが少ないうちは使いやすい。だが全社で導入が進み数百人が利用するようになると、多数のプロジェクトから目的のフォルダを見つけ出せるようＵＩを進化させなければならない。アプリストアでも同じ現象が起きている。「アプリストアには25万を超えるアプリがありますが、おならアプリはこれ以上必要ありません」と過去にアップルは発言している。コンテンツが増えると、優良コンテンツの選別、ランキング表示、検索、アルゴリズムによるフィードなどでコンテンツの見せ方を工夫する必要があるのだ。

とはいえ、アルゴリズムにせよ何にせよ、1回実装すれば万事解決なんてことはない。過密化はずっと続く終わりのない問題なのだ。

フィードバックループが意図しない結果を招くという問題もある。SNSを見ればわかるように、何に最適化すべきか注意深く見極めなければならない。純粋にエンゲージメントに最適化すると、アルゴリズムは物議を醸す釣りタイトルの投稿ばかりフィードに表示することになりかねない。マーケットプレイスでは、収益だけに最適化するとユーザーの探しているものと関連性が低く、値段の高い商品ばかりが表示されるようになるかもしれない。利益が上がっても、質と価格が見合わないと購入者の満足度は下がるだろう。

スティーブ・チェンの話では、初期のユーチューブは製品内のコンテンツ（動画、ユーザー、コメント）の整理に焦点を当てていた。とはいえ、ユーザーが数百万人に増え、グーグルの買収後も急成長を遂げる間、同社はユーザーと動画をつなげる手法をどんどん発展させている。1回の対策だけでは終わらなかったのだ。創業から10年以上経った今も過密化に対処するため、より洗練されたツールを導入している。

最新の統計によるとユーチューブには毎分600時間近い動画が投稿され、ウェブとモバイルを合わせたユーザー数は数十億人規模である。

ユーチューブの事例からネットワーク製品が必ず通る道筋が浮かび上がる。ネットワークが立ち上がったばかりはコンテンツが少ないが、ネットワークが成長すると、ユーザーとコンテンツを適切につなぐ仕組みをどんどんつくっていかなければならない。最初は社内の編集者やユーザー自身でコンテンツを整理するが、やがてデータとアルゴリズムを活用するようになる。しかし、何年経っても、ネットワークを健全に保つ戦いに終わりが来ることはないのである。

第6章 参入障壁 THE MOAT

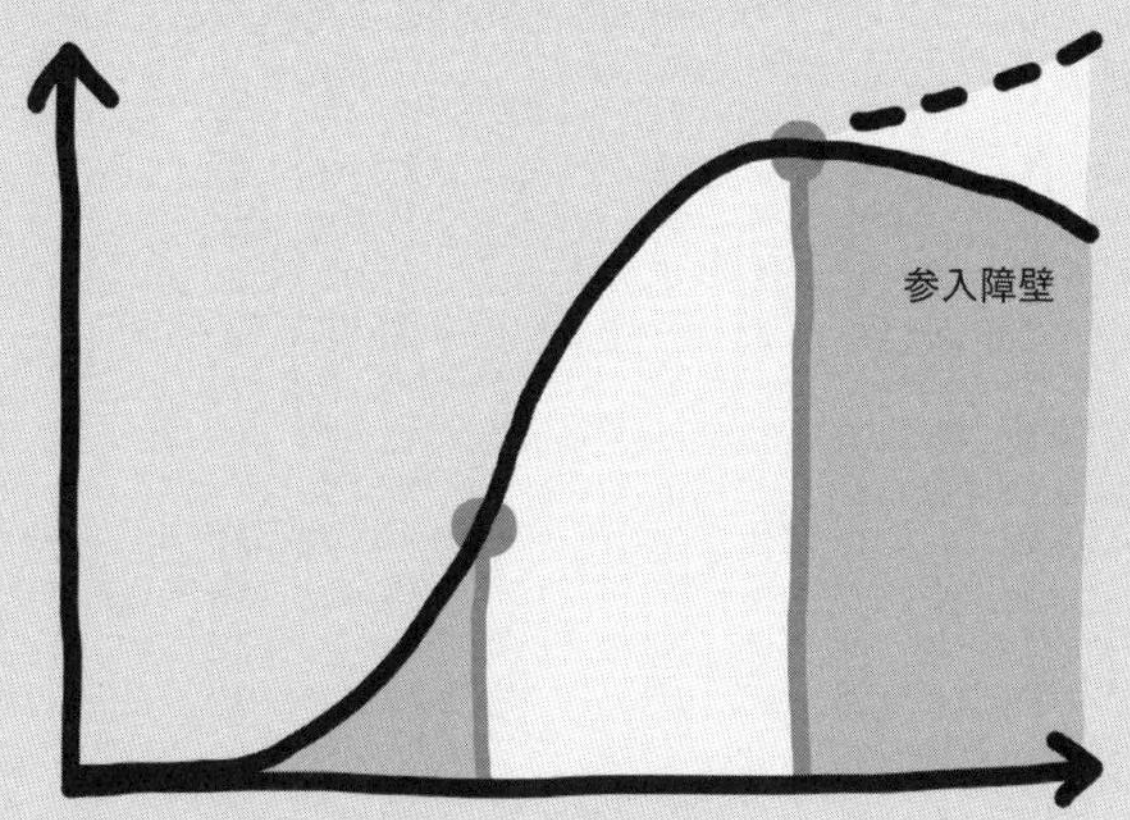

29 ウィムドゥ対エアビーアンドビー

Wimdu versus Airbnb

自社製品にネットワーク効果があれば、競合にもある可能性が高く、ぶつかるとやっかいな状況になる。エアビーアンドビーは2011年にこれを経験した。ベルリン発の勢いのあるスタートアップ「ウィムドゥ」と戦うことになったのである。

ウィムドゥのサイトはエアビーのサイトと非常によく似ていた。意図的にそうしていたのだ。ウィムドゥのサイトの見出しは「宿泊、ベッドと朝食」とあり、キャッチコピーは「お気に入りの宿泊先を探そう」だった。エアビーのキャッチコピー「宿泊先を探そう」から着想を得たようだ。サイトには彼らの事業コンセプトがニューヨーク・タイムズ紙で紹介されたと書いてあるが、ウィムドゥではなくエアビーについての記事だった。

エアビーそっくりのウィムドゥが狙っていたのは欧州市場である。だが、サービス開始初日からウィムドゥはエアビーにとって恐るべき競合だった。欧州のスタートアップとしては過去最大の9000万ドルの資金調達を実施し、創業から100日も経たないうちに社員を400人以上採用して、数千件の物件をサイトに掲載していた。

ウィムドゥを創業したのはスタートアップスタジオ「ロケットインターネット」を運営するサンバー兄弟だ。彼らの戦略は米国で成功している事業を丸ごとコピーして欧州で展開することだった。そしてこの方法はうまくいっていた。イーベイと同じネットオークションサイトの「アランド」を立ち上げ、最終的にイーベイに5000万ドルで売却した。グルーポンの類似サービス「シティディール」も開始からわずか5カ月でグルーポンに1億7000万ドルで売却した。ロケットインターネットは堂々と競合サイトのデザインからキャッチコピー、機能まで丸パクリすることで知られていた。そして今度はエアビーアンドビーに狙いを定めたのである。

エアビーにとってウィムドゥの登場はうれしい話ではなかった。エアビー共同創業者兼CEOのブライアン・チェスキーは『ブリッツスケーリング』（日経BP）のインタビューでサンバー兄弟についてこう語っている。

> 聞くところによると、サンバー兄弟はコピーしたサービスを殺そうとするそうだ。クローンによる襲撃のようなものさ。しかも、彼らのサービスは、少なくともその時点では急成長し、成功は確実と言われていた。巨大なドラゴンが突然現れたようなものだ。こんなの倒せるわけがないと思ってしまう。当時のエアビーの調達額はたった700万ドルだったのだから。[79]

当時のエアビーは創業からわずか2年半で、従業員数は40人、ベンチャーキャピタルから調達した額もわずかだった。サイトで決済できる通貨は米ドルのみで、サイトの文言を英語以外の言語に翻訳すらしていなかった。一方、ウィムドゥは数カ月の間に400人の従業員を雇い、9000万ドルを調達していた。数字だけ見るとエアビーの10分の1の期間で10倍の規模になったわけだ。

欧州市場だけの問題ではなかった。旅行業界には別の地域で育った競合とグローバル市場で、直接競争するようになった前例がある。欧州発祥のブッキングドットコムは大きく成長し、エクスペディアやトリップアドバイザーといった米国のスタートアップと競合した。ウィムドゥが欧州で強力なネットワークを構築すれば、エアビーにとって世界中の多くの市場で直接張り合う可能性があった。

エアビーにとってウィムドゥとの戦いが重要だったのは、ウィムドゥが直接の競合だったからだ。それまでの競合は事業内容がやや違ったり、脅威にはならない規模だったりした。たとえば1995年に立ち上がったVRBO（Vacation Rental by Owner）は、創業者が所有するスキーリゾートのコンドミニアムを貸し出したことから発展したサービスだ。VRBOは後にホームアウェーと合併するが、どちらも郊外の宿泊先に焦点を当てていた点がエアビーと違った。エアビーは当初、人口密度の高い都市部の宿泊先に焦点を当てていたのだ。

もうひとつ「カウチサーフィング」という尖ったサービスもあった。2003年に誕生した非営利のサービスで、自宅のソファーを宿泊先として貸し出し、金銭のやりとりは発生しない。ユーザーがお互いの地元を案内するというコミュニティの交流がサービスコンセプトだった。利用する明確な理由や経済的な動機がなく、よいか悪いかは別に、時々男女の出会いが生まれるというものだった。

クレイグスリストも競合だった。だが、空き部屋や短期滞在の募集を掲載するカテゴリーはあるものの、物件の説明や宿泊可能期間、写真の充実度、安全性などの面で一貫性に欠けていた。

ウィムドゥが欧州市場を積極的に攻略し始めたのは2011年半ばのことである。掲載物件を増やすため、ボットとマンパワーによる施策でエアビーの掲載物件を自社サービスにも掲載する施策を展開した。まずはエアビーの説明文や写真、空室状況などの情報をコピーするボットを開発し、ホストが両サービスに物件を簡単に掲載できるようにした。とはいえ、ユーザーの報告によるとウィムドゥの掲載物件には、偽物も含まれていたという。予約しようとすると他の予約可能な掲載物件に誘導するようになっていたのだ。現地ではウィムドゥの社員がゲストを装ってエアビーの掲載物件を借り、物件のホストにウィムドゥにも掲載するよう営業して回った。このような施策と欧州全域での大々的なプロモーションによって5万件以上の宿泊先を集め、初年度の総売上は1億3000万ドルに達した。2012年の記事には、ウィムドゥの快進撃についてこう書いてあった。

1年でウィムドゥのウェブサイトは100カ国以上に及ぶ5万件の物件を掲載し、欧州発のソーシャルな宿泊先検索サイトとして最大規模を誇るようになった。ウィムドゥはまだ駆け出しだが、現在月500万ユーロ（660万ドル）の売上を上げている。繰り返しになるが、たった1年でだ。加えて、2012年の売上は1億ユーロ（1億3200万ドル）以上と見込まれている。事業は引き続き伸び、ウィムドゥによると過去3カ月で月次の収益は4倍になった。[80]

しかし、快進撃の後に信じられないようなことが起きる。売上が急落し、ゼロになったのだ。ウィムドゥの崩壊に2年もかかっていない。2014年には従業員を解雇し始め、欧州市場でトップシェアを失ったことを認めている。そして何度かのM&Aを経て2018年には全従業員を解雇した。

ウィムドゥは掲載物件集めに近道を使った。供給量は増やせたものの、重大な問題があった。エアビーの17番目の社員で、国際的な競合戦略を指揮したマイケル・シェーカーはこう説明する。

すべての物件の価値は同じではない。ウィムドゥの上位10%の物件は、エアビーアンドビーの下位10%の物件だった。ウィムドゥは掲載数を増やすため、低価格帯のホステル（簡易宿泊施設）を数百戸管理する大規模な不動産オーナーを当たっていた。10人のオーナーを説得して1000件の掲載物件を獲得する簡単な道を選んだわけだが、旅行客はサイトを見てがっかりする。

初期のエアビーではよい意味での「期待値のギャップ」づくりをいつも話し合っていた。サービスが新しい段階では、ゲストの期待値も低い。そこで素晴らしい体験を提供できれば感動してもらえる。満足したユーザーは友人にサービスを広めてくれるし、ホストも物件を掲載しやすくなる。近道を選んだ競合他社はユーザーの期待に応えられなかったんだ。[81]

ウィムドゥは短期間で驚異的な数字をつくったが、ネットワークの品質が伴っていなかった。また急激に増えた供給サイドを満足させるには、需要も爆発的に増やさなければならない。そのため旅行者の獲得でもスピードを優先し、質を犠牲にしている。ウィムドゥは若いサービスだったため口コミやバイラルマーケティング、SEO施策による低コストのユーザー獲得手法に頼れず、広告を利用するほかなかった。広告による獲得でもアトミックワークが素早く形成され、ネットワーク効果が生まれれば、ネットワークの両サイドを拡大できる。しかし、ウィムドゥのネットワークには品質の問題があり、ネットワークが機能するまで時間がかかった。

一方、エアビーアンドビーはウィムドゥに強硬な姿勢をとる。ウィムドゥに比べるとチームの規模は小さいが、「これまで平和な時代が続いていたが、今は戦時下だ」という考えのもと攻勢に転じた。やることはたくさんあった。当時、エアビーの物件の多くはユーザーが自ら掲載したもので、運営は掲載数を増やす施策に力を入れていなかった。ホストは地図アプリ「グーグルマップ」で住所を表示できる物件ならどこでも掲載できる。そのため欧州各国の決済方法やサイトのローカライズをしていなかったにもかかわらず、欧州の物件も増えていた。またブライアン・チェスキーと初期チームは時々現地を訪れ、カンファレンスで講演したり、パーティやイベントを主催したりしていたが、ウィムドゥの急成長に対抗できるフルタイムの社員は現地にはいなかった。この体制も大きく変えた。

欧州でもすでに個性的で高品質な物件がエアビーに掲載されていた。米国より数は少ないものの、欧州でもアトミックネットワークが形成されていたのである。米国の旅行者はエアビーを見て、ペイパル支払いを受け付ける欧州の物件を予約し、宿泊料を米ドルで支払っていた。エアビーは米国市場での成功で欧州市場に進出する足がかりをつくれていたのだ。

これは「グローバルネットワーク効果」と呼ばれている。エアビーの欧州での課題はコールドスタート問題を解決するのではなく、形成されたネットワークをどう拡大するかにあった。

ウィムドゥのCEOはサービス開始直後にエアビーに連絡を入れ、協力しないかと提案している。サンバー兄弟はグルーポンやイーベイのときと同じく買収によるイグジットを狙っていた。エアビーはウィムドゥの共同創業者や投資家と何度かミーティングをしている。選択肢を把握するためにウィムドゥのオフィスを見学したり、グルーポンの創業者アンドリュー・メイソンなどから話を聞いたりもした。最終的にエアビーは戦うと決める。ブライアン・チェスキーは決断までの経緯をこう説明している。

相手への最大の罰で復讐となるのは、長期にわたって事業を運営させることだと考えた。子供を産んだら育てなければならない。18年間はその義務がある。彼が会社を売りたがっていることはわかっていた。1年は先行されるかもしれないけれど、それ以上は続けられないと踏んでいた。だから、私たちは長期を見据えてエアビーを発展させる戦略を取った。最終的に私たちが勝てたのはよりよいコミュニティをつくれたからだ。彼はコミュニティをわかっていなかった。製品自体も私たちの方がよかったと思う。[82]

エアビーは製品チームを動員し、海外展開を急ピッチで進める。エアビーの初代プロダクトマネジャーを務めたジョナサン・ゴールデンは当時の取り組みをこう説明する。

初期のエアビーの物件掲載の方法は基本的なものだった。フォームに必要項目を入力し、写真を1枚アップロードするだけだ。写真はどれも素人っぽい。掲載情報は後からでも編集できた。また初期のモバイルアプリは簡素なもので物件を閲覧できても予約はできなかった。当時は、1件か2件の掲載物件しかない市場もたくさんあった。それに米ドルにしか対応していなかったから使えたのは米国の旅行者のみだ。ホストも売上は小口決済システム経由で銀行口座に送金するか、ペイパルで引き出すしかない。

ウィムドゥに対抗するには、この骨組みの状態のサービスを国際市場でも通用するものに進化させる必要があった。そこで海外でも使えるようサイトをすべての主要言語に翻訳し、さらに対応通貨を

32種類に増やした。また英国ではairbnb.co.uk、スペインはairbnb.esのように現地のドメインも揃えている。欧州でのビジネスチャンスを掴むために素早く行動することが重要だった。[83]

ウィムドゥの主戦場で勝つ最速の方法は、製品の改良とともに欧州市場で広告を展開しつつ、何年もかけてエアビーが築いてきた口コミの力を利用することだった。

もうひとつ重要だったのは現地に拠点を開設したことである。同社初の国際責任者にマーティン・リーターが就任すると、ロケットインターネットの同業でドイツのインキュベーターである「スピリングスター」と提携し国際展開を本格化する。スペインのレンタルオフィスでエアビーの各地域のマネジャー候補が集まり、「欧州侵攻」の計画を立てたのは2012年のことだ。ここからエアビーは4カ月で欧州諸国に7つのオフィスを設立する。そして各地域にローカライズしたウェブサイトを立ち上げると同時に派手な広報活動と、フェイスブック広告やメールを使ったマーケティングキャンペーンを展開した。

その甲斐あってエアビーは欧州市場を勝ち取ることに成功する。ウィムドゥとエアビーの話が面白いのは、ネットワーク製品同士の競争には直感に反する部分があるからだ。大きな競合に、まだ小さかったエアビーが勝ったのである。

グローバルネットワーク同士の争いでは、いかに早く十分な密度のネットワークを各地域で築くかを競う。また、量より質が重要なこと、そしてネットワークのイージーサイドとハードサイドの獲得では異なる戦略が必要なことも見て取れる。ウーバー対ドアダッシュ、スラック対マイクロソフトチームズといった、他のネットワーク製品同士の競争でも同じことが起きていた。この事例はネットワーク製品同士の競争に重要な要素がいくつかあることを示している。

参入障壁の理論

コールドスタート問題のフレームワークの最終ステージ「参入障壁」では、ネットワーク同士が競合するときに何が起こるのか、そしてなぜネットワーク同士の競合は独特なのかを説明したい。ここでは参入障壁の理論とクレイグスリスト、ウーバー、グーグルプラス、イーベイ、マイクロソフトの事例を紹介する。

「30 好循環と悪循環」では、敗者がゼロになる一方で勝者がネットワーク効果で市場を獲得するという極端な結末になる理由を説明したい。競合の力学は直感に反するものだ。ネットワーク製品の場合、競合もネットワーク効果を持っていることが多い。そこでは会社が若く小さなダビデか、巨人のゴリアテかによって取るべき戦略は異なる。ゴリアテは勢いのある新しいスタートアップが出現したらどうすべきか、ダビデは巨人が素早く追随してきたらどうすべきだろうか。

ネットワーク製品同士の競合で重要な戦略のひとつは「チェリーピッキング」である。既存企業は無敵に見えるかもしれない。だが、どれだけネットワークが大きく見えても、どれもが小さなネットワークの集合体であり、その中には他製品になびきやすいものもある。クレイグスリストとエアビーアンドビーなど、大きなサービスの1分野に特化したサービスがあることを見ればこれは一目瞭然だ。

市場最大手の立場からすると、急成長中の新興企業を出し抜こうと派手に製品を立ち上げたくなる。スティーブ・ジョブズがかつてしたようなメディア主導の大規模な発表をしたくなるのだ。グーグルプラスもそんな立ち上げ方をした。だが、この方法で立ち上げたネットワークの密度は低く、崩壊しやすい。「ビッグバン型の立ち上げ」は失敗に終わることが多いのだ。

第6章の最後ではネットワーク製品同士の競争で繰り返し登場する「非対称性」を取り上げる。小さなプレイヤーと大きなプレイヤーとでは戦い方が違う。そして最も激しい戦いが起きるのは、ネットワーク同士が最も価値のあるユーザーを取り合う「ハードサイドをめぐる競争」だ。ドライバー、クリエイター、オーガナイザーは非常に価値がある。既存のネットワークの綻びからこうしたユーザーを勝ち取ることに、新しいネットワークが興隆するチャンスがある。

もちろん大手には別の戦略がある。中でも強力なのが「バンドル戦略」だ。市場で確固たる地位を築いた大手企業は、製品を組み合わせることで、隣接市場を勝ち取れる。この説明には1990年代のブラウザ戦争を取り上げたい。マイクロソフトはネットスケープとの戦いでインターネットエクスプローラをバンドル提供したのは有名な話だ。だが、この戦略はうまくいくときといかないときがある。

「参入障壁」はコールドスタート理論の最終段階である。本書ではゼロからネットワークを立ち上げ、規模を拡大し、やがて業界で独占的な地位を確立するようになるまでの過程を説明してきた。参入障壁は成長したネットワークが小規模な新興ネットワークとの永続的な戦いの中でネットワーク効果を利用し、シェアを守ることのすべてに関連する。

30 好循環と悪循環

Vicious Cycle, Virtuous Cycle

伝説の投資家ウォーレン・バフェットは、自らの投資戦略を語る中で会社の競争力となる「参入障壁」という概念を世に広めた。

投資の鍵は、その産業が社会に与える影響の大きさや今後どれほど成長するかではなく、その企業の競争上の優位性、とりわけ優位性の強さを見極めることだ。広大で今後も続く参入障壁を備えた製品やサービスが投資家に利益をもたらすのである。[84]

バフェットが主に投資しているのは、コカ・コーラやお菓子メーカーのシーズ・キャンディーズのようなテック関連ではない企業であり、彼の言う「参入障壁」は強いブランド力や特徴的なビジネスモデルを指している。ネットワーク製品の強力な参入障壁はそれとは違う。ネットワーク製品の参入障壁は、競合他社が同等の機能とネットワーク効果を備える製品をつくるために費やす手間、時間、資本の多さと関連しているのだ。

今の時代、同じ機能を持つソフトウェアをつくるのは難しくない。スラックやエアビーアンドビーと全く同じ機能のサービスを開発するには多少時間がかかるかもしれないが、できないことではないのだ。難しいのは先行製品に匹敵するネットワークをつくることであり、それが製品の参入障壁となる。

競争力としての参入障壁の事例を紹介していこう。

エアビーアンドビーが競合のいない新しい都市で事業を展開しようとしているところを想像してほしい。エアビーの初期メンバーが説明していたように、新市場での立ち上げで一番難しいのは300件以上の宿泊先と100件の評価を集め、市場の転換点に到達することだ。コミュニケーションアプリのように2、3人で成り立つ製品と違って、エアビーのネットワークが成立する必要最低限の規模は非常に大きいため、相当な労力をかけなければならないのである。しかし、製品の成長が脱出速度に到達できれば、コールドスタート問題そのものが他社の参入を防ぐ障壁となる。競合はコールドスタート問題を攻略し、密度の高いネットワークをつくらなければならない。先行企業にとってもゼロからサービスを立ち上げ、転換点に到達するのは難しいが、後発という不利な状況からの参入はなおのこと難しい。というのも、先行企業のいる市場に後発企業が参入すると次のようなことが起きるからだ。エアビーは300件の掲載物件で転換点に到達できたが、後発企業は同じ条件では転換点に到達できない。先行企業はネットワークをある程度広げ、口コミでさらに成長が見込める状況なら、すでに最も良質で容易に獲得できる需要と供給サイドのユーザーの大部分を獲得しているだろう。後発企業はすでに掲載物件を揃え、どんどん成長する先行企業に追いつかなければならない。また、先行企業の製品がある程度普及しているなら、後発企業はエアビーより優れ、差別化した体験をゲストやホストに提供する必要がある。

そうでなければ、わざわざ便利に使えている製品から別の製品に乗り換える理由はないのだ。
これがエアビーにとっての「参入障壁」であり、後発企業が攻略しなければならないコールドスタート問題である。先発企業のネットワークが強力なほど、後発企業は製品の成長を軌道に乗せづらくなるのだ。

ただし、特定の範囲外では参入障壁の効果が限定的な場合もある。たとえばウーバーはサービスを展開している都市以外、スラックはサービスが導入されている会社以外では参入障壁の効果は小さい。ネットワーク効果は各都市、あるいは各企業に紐づいているからだ。ウーバーがニューヨーク市場を独占しているからといって、それはサンディエゴでもサービスを成功させる助けにはならないのである。

これはウーバーによく向けられていた批判であり、同社が都市ごとに泥臭い塹壕(ざんごう)戦を繰り広げなければならなかった根本原因である。とはいえ、特定範囲にしか効果がない参入障壁の強度が低いわけではない。新しい企業がサンフランシスコやニューヨークなどウーバーが強い勢力を誇る市場でサービスを立ち上げるには莫大な資金が必要になる。だからこれらの成熟した市場で新しいライドシェアサービスが登場しなくなったのだ。ただし都市ごとに形成されるネットワークの構造から、ネットワーク効果が都市を越えて作用することはない。

これに対しエアビーアンドビーの参入障壁は「旅行」という性質上、ウーバーの参入障壁よりもはるかに強力だ。エアビーのホストはマイアミにもオースティンにもサンディエゴにもいる。供給側のグローバルネットワークが形成され、需要側である旅行者のネットワークもグローバル規模になる。つまり、後発企業が対抗するには世界中の旅行者を獲得しなければならない。主要な市場だけを狙う場合も、後発企業は先発企業よりはるかに多くの資本が必要になる。

他の製品カテゴリーでも同じことが起きている。スラック、ドロップボックス、グーグルワークプレイスといった製品は基本的に会社ごとに利用されるため、その会社以外では参入障壁の効果は小さい。一方、ズームのネットワークは会社の枠組みを超えてユーザーをつないでいるため参入障壁はより広く強力だ。

「コールドスタート問題」のフレームワークの最後の部分「参入障壁」では、ネットワーク製品同士の競争について説明しよう。具体的には他の競争との違いやスタートアップの優位性、先行企業と後発企業がとるべき戦略についてだ。初めに、なぜこのような力学を知ることが重要なのかを説明したい。

ネットワーク同士のシビアな戦い

ネットワーク同士の戦いでは、勝敗の結果はシビアになる。一方の製品の成功が競合の消滅を意味することがあるのだ。エアビーアンドビー対ウィムドゥだけでなく、スラック対ヒップチャット、ウーバー対サイドカーなどの事例を見るとわかる。どの対決も一方は数十億ドル規模の企業となり、一方は消滅してしまった。ネットワーク製品の市場は勝者総取りになりやすいからだ。ひとつのアトミックネットワークを築けても、それは特定のグループの人たちがその製品を気に入ったということにすぎない。しかし、アトミックネットワークの形成を何度か繰り返すうちにネットワークを次々と獲得する方法が見つかり、やがて市場を独占できるようになる。これには、ユーザーが利便性のために友人や同僚と使う製品を統一することと関係している。たとえば、職場では部門内、あるいは会社全体で導入するのは、一分野につきひとつの製品だ。重要な文書の作成、同僚とのメッセージのやりとり、スプレッドシートの編集にそれぞれひとつのツールを採用する。このため、各カテゴリーでひとつのサービスがエンゲージメントの大半を独占する。スラックを使っているチームはマイクロソフトチームズを使わない。通常はどちらか一方になるのだ。

そして競合他社よりも早く複数のネットワークを勝ち取った製品の優位性はどんどん高まる。新規ユーザー獲得、エンゲージメント、収益化が強化されるということだ。小規模なネットワークからは成功している製品にユーザーが流出し、やがて崩壊する。だからこそすべてのネットワーク製品は勝者総取りが起きやすい環境でどう戦うべきかを考えなければならない。

それにしても、ネットワーク製品では何が勝敗を分けるのか。まず勝敗とは関係のない要素を明確にしておこう。機能の充実度は勝敗には関係ない。フードデリバリーやメッセージアプリはどれも機能が同じに見える。特徴的な機能があったとしても、ソフトウェアでは比較的簡単に真似できて、いずれ差別化の要素にはならなくなる。つまり、大きな違いを生むのは機能ではなく、製品の根底にあるユーザーのネットワークだ。

たとえば、ドアダッシュとウーバーイーツのアプリの機能はよく似ている。だが、ドアダッシュは郊外や学生街で価値が高く、競合の少ない地域に焦点を当ててネットワークを広げていて、それがシェア獲得に大きな違いを生んだ。現在、ドアダッシュのシェアはウーバーイーツの2倍になっている。

フェイスブックは大学を起点に非常に密で関わりの深いユーザーのネットワークを構築した。一方、グーグルプラスの立ち上げではユーザーが分散し、つながりの弱いネットワークしかつくれなかった。ネットワーク製品同士の競争を機能追加で制した者はいない。ネットワーク効果をいかに活用し、製品の優位性を強化するかが勝負を分けるのだ。

また、ネットワークの規模で勝敗が決まることもない。「先行者利益」は業界の思い込みだ。後発の小さなスタートアップが大企業の製品に打ち勝った事例は多い。巨大なネットワークであるクレイグスリストの1分野を「アンバンドル」した製品もある。つまり、エアビーアンドビー、ジロー、サムタック、インディードなど、クレイグスリストのサブカテゴリーから独立したようなサービスのことだ。

フェイスブックも当時すでに大きく成長していたマイスペースに打ち勝った。最近では、ノーションやズームのようなコラボレーションツールが、グーグルワークプレイスやウェブエックス、スカイプといった大手企業が先行している分野で成功を収めている。つまり、ネットワーク製品の競争で重要なのは、ネットワークの大きさではなく「質」だ。だからこそ、新規参入者はどこからネットワークを立ち上げるべきか慎重に検討すべきなのである。これについては次の「31 チェリーピッキング」で具体的に説明する。

大企業、あるいはスタートアップは競合にどう対処すべきだろうか。ネットワーク製品同士の競争には独特のダイナミクスがある。スタートアップで働いている読者は、一挙手一投足を真似してくる大企業とやりあうなんて不可能と思うかもしれない。大企業にいる読者は、ニッチ市場で着々とネットワークを広げ、自社の主要市場に急速に近づくスタートアップにどう対処すべきか悩んでいるかもしれない。この戦いに未来がかかっているなら、ネットワーク製品はどう対応するのが最適なのだろうか。

競合にもネットワーク効果がある

競合への対応としてまずは、防御力と参入障壁についてのよくある思い込みを捨てよう。ネットワーク効果で競合他社を魔法のようには撃退できない。できると言うスタートアップを私は投資家向けのピッチなどで何度も見てきたが、それは起業家が自分自身に言い聞かせている嘘なのである。

ネットワーク効果があるだけでは十分ではない。自社製品にネットワーク効果があるなら、おそらく競合にもあるからだ。マーケットプレイスだろうとSNSだろうと職場向けのコラボレーションツールだろうとアプリストアだろうと、どれも「ネットワークカテゴリー」に分類される製品だ。このカテゴリーに入るすべての製品はユーザー同士をつなぐネットワークを持ち、コールドスタート理論の影響を受ける。そしてどの製品でも最も効果的な競争戦略は、いかにネットワーク効果を最善の方法で拡大し、活用するかなのだ。

メトカーフの法則に反して、小さなプレーヤーが大きなプレーヤーを打ち負かすことがよくある。あるカテゴリーのすべてがネットワーク製品なら、誰が一番早く最大のネットワークを築けたかは問題ではない。ユーザー獲得効果、エンゲージメント効果、経済効果を増幅し、規模を拡大するために最善の手を打ち続ける企業が勝者となるのである。

過去に何度も起きていることだ。2000年代半ば時点で最大のSNSはマイスペースだったが、大学生のネットワークに焦点を当て、製品を構築する能力が高かった後発のフェイスブックに敗れた。ヒップチャットも職場向けコミュニケーションツールとして先行していたにもかかわらず、スラックに逆転を許した。グラブハブは黒字化を達成した数十億ドル規模のフードデリバリー事業で成功したが、ドアダッシュやウーバーイーツに急速にシェアを奪われている。

つまり、マーケットプレイス、メッセージアプリ、SNS、コラボレーションツールなどの製品を展開する会社にとってのよいニュースは、自社製品にネットワーク効果があるということだ。しかし、悪いニュースは、競合他社にもネットワーク効果があることだ。大事なのは、ネットワークをどう拡大するかである。

ネットワークの破綻

市場の成熟度も競争に影響する。製品カテゴリー自体が黎明期にあれば、どのネットワーク製品にもユーザーが少しずつ集まるので争いは起きない。SNSが登場したばかりの頃はマイスペースやビーボ、ハイファイブ、タグドをはじめ数十社の製品が登場し、どれも育っていた。しかし、市場が成熟するにつれてユーザー獲得はゼロサムになる。

コールドスタート理論は、競争が市場に好循環と同時に悪循環をもたらすことを示している。ネットワーク効果は勝者に恩恵をもたらすが、敗者には強い負の効果をもたらすのだ。ユーザーの参加によってネットワークの価値は指数関数的に増大するが、その逆も起きる。ユーザーが去るとネットワークの価値は指数関数的に減少し、ユーザー獲得効果、エンゲージメント効果、経済効果が失われる。口コミと紹介によるバイラル成長は停滞し、ユーザーのエンゲージメントと収益が下がる。ユーザーがさらに離れるとネットワークはついに破綻して、コールドスタート問題を攻略する以前の状態に戻ってしまうのだ。ネットワークが完全になくなる（あるいはそれに近い状態）こともあれば、小規模なアトミックネットワークだけが残ることもある。ニッチなユーザーは留まるが、かつてのネットワークのほんの一部にすぎないだろう。

フェイスブックが台頭しても、リンクトインやツイッターは生き残り、独自の発展を遂げた。これらの製品の用途は少し違ったからだ。だが、マイスペースやその他多くの直接的な競合製品からはユーザーが離れてしまった。この悪循環は、コールドスタート問題の章で説明したネットワークがゼロへと向かう力よりも危険である。ネットワークが完全に崩壊する可能性があるからだ。ウィムドゥで起きたことはまさにこれだった。アトミックネットワークがひとつ崩壊すると、関わりの深い隣接ネットワークも崩壊しやすくなる。ある意味ドミノ倒しのようなことが起きるのである。ベルリンのホストがウィムドゥでの物件の掲載を取り下げるとドイツだけでなく欧州全体でサービスの利便性が下がる。そうなればユーザーのエンゲージメントは下がり、さらに掲載数が減る。悪循環とはこういうことだ。

ダビデ対ゴリアテ

ネットワーク同士の競争は非対称的だ。コールドスタート理論で見ると、大きなネットワークと小さなネットワークは別のステージにあるので、取る戦略も異なる。

大企業は、ネットワークが成長し市場が飽和するにつれて強まるネットワークを弱体化させる力に対抗している。利益を確保しつつ新機能を追加したり、新しいユーザー層に製品を試してもらったりするのだ。一方、スタートアップはコールドスタート問題の攻略に挑み、ニッチなユーザー層を獲得している。収益はあまり気にせず、売上を伸ばし、ネットワークを拡大する施策に注力できる。

大企業とスタートアップがぶつかるときには、当然だが、それぞれの競争戦略は各社の目標やリソースを反映したものになる。大企業は潤沢なリソースや人材、製品ラインナップの面で有利だ。だが、すべてで有利というわけではない。組織が大きいと施策の実行ペースが遅くなり、リスク回避的な思考になる。また、新製品は既存事業と関連させなければならない「戦略税」とも言える制約が発生する。このためコールドスタート問題の攻略が難しくなるのだ。従業員が数万人規模になると、事業の立案・実行のサイクルから人事評価まで、あらゆる面で厳格なプロセスが敷かれるのは避けられない。社員は仕事に集中しやすくなるが、起業家的なリスクは取りにくい環境になる。

私はこれをウーバーで身をもって体験した。当初のウーバーの文化は起業家精神を重んじるものだった。だが、私が退社した頃には、収益性と数万人の社員をどうまとめるかが重要になっていた。これはよいことでもあるが、新しい取り組みを始めるには難しい環境でもある。

ダビデとゴリアテがぶつかるとき、それは多くの場合1社のゴリアテに対して投資家から出資を受けた数多くのダビデがいる状況になるが、その結果生じる動きと駆け引きは非常に面白い。

さて、コールドスタート理論での競争はどのようなものか説明したので、ここからはネットワーク製品同士の競争で最も効果的な戦略を紐解いていこう。

31 チェリーピッキング

クレイグスリストの事例

Cherry Picking — Craigslist

エアビーアンドビーはウィムドゥとの対決前に、クレイグスリストと対決している。クレイグスリストはクラシファイドサイトと呼ばれる掲示板サービスだが、パラドックスを抱えていた。クレイグスリストは昔からあまり代わり映えがなく、1990年代のウェブデザインのままだ。青文字のリンクと灰色の枠で構成され、新機能やデザインの改良、新製品の追加といった継続的な更新はない。それでもクレイグスリストは巨大企業である。現在世界570都市で展開し、年間売上は10億ドルと推定されている。驚くべきことに、創業者のクレイグ・ニューマークとジム・バックマスターが100%会社を所有している。この2人はテック業界で最も目立たない億万長者だと言えるだろう。

クレイグスリストの創業ストーリーは面白い。地元のイベント情報を伝えるメールマガジン（文字通り「クレイグのつくったリスト」）として1995年に誕生した。その後求人や宿泊、サービス提供、物品販売などのカテゴリーがあるウェブサイトへと発展したのだ。現在では各地に根ざしたあらゆるカテゴリーを扱っている。月8000万件の投稿があり、200億のページビューを獲得するインターネットでトップ100に入るサイトだ。しかも、わずか数十人のスタッフで運営している。クレイグスリストは大成功を収めたが、価値の高いユーザーは他のスタートアップに「チェリーピッキング」されている。「クレイグスリストのアンバンドル」と呼ばれる現象だ。

「チェリーピッキング」は2010年、当時ニューヨークのスタートアップ投資家だったアンドリュー・パーカーが提唱した概念だ。[85] 求人欄はインディード、チケットの売買はスタブハブ、ハンドメイド作品やアート作品の売買はエッツィといったように、スタートアップによってクレイグスリストの各分野がもぎとられていることを指す。しばらくするとクレイグスリストの分野をさらにアンバンドルしたエアビーアンドビー、ティンダー、ジロー、レディットなど数十億ドル規模の企業が台頭した。クレイグスリストは、非常に価値あるカテゴリーを掌握していたはずなのに、ユーザーを奪われてしまったのである。いったい何が起きたのか。

クレイグスリストは掲示板を中心とするひとつの巨大なネットワークではなく、ネットワークの集合体だと考えるのが自然だ。クレイグスリストのシアトルのユーザーとマイアミのユーザーの性質は異なる。同じ地域のユーザーでも求人欄を見ている人とコミュニティ欄を見ている人は同じではない。求人欄には会社と求職者をつなぐネットワークがあるが、コミュニティ欄には出会いを求めるユーザーのネットワークがあるのだ。両方を利用しているユーザーもいるかもしれないがごく少数である。

つまり、こうしたカテゴリーのユーザーは、ニーズをもっと満たしてくれるネットワーク製品が登場すれば、そちらに移ってしまう可能性が高いのだ。そこにスタートアップがユーザーを獲得し、成長するチャンスがある。

市場を独占する巨大ネットワークは崩せないように見えるかもしれない。だが、「ネットワークの集合体」と考えると、巨大ネットワークにも弱い部分があると理解できる。巨大サービスは一部の顧客には十分なサービスを提供できているかもしれないが、別の顧客にはもっとよいサービスを提供できてもおかしくない。そこに、完全に定着していないユーザーを奪い、魅力的な分野を「チェリーピッキング」してサービスを立ち上げる余地がある。スタートアップはアトミックネットワークを形成できそうな領域をひとつ決めて参入すればいい。だが、既存企業が新規参入を阻止するにはすべての領域を守らなければならない。これがネットワーク製品の競争の非対称性だ。

イーベイ、クレイグスリスト、リンクトイン、ユーチューブのような巨大ネットワークは、よく見ると多様なニーズを持つネットワークの集合体である。巨大なマーケットプレイスで高級スニーカーを売買するユーザーと、中古車を売買するユーザーとではニーズが異なる。そして何千ものコミュニティを抱えるネットワークには、サービスに満足していないコミュニティもあるだろう。

特に、ユーザーとコンテンツを適切につなげられなくなったり、品質を保てなくなったりするなどの問題に突き当たっている製品には多いはずだ。そしてこうした小さなネットワークが競合に最も奪われやすい。

大規模なネットワークから一部を「アンバンドル」するには、特定のコミュニティのニーズを満たせる製品を開発すると同時に、そのコミュニティとつながるネットワークに対して、メッセージや広告などで新製品を普及させる必要がある。

エアビーの立ち上げはうまくいった例だ。クレイグスリストにはその地域に密着した商品やサービスのカテゴリーが何十とある。部屋を貸すという小さなカテゴリーも存在した。しかし、使い勝手は悪かった。宿泊料金の詳細や部屋の写真がないものが多かったのだ。また空きを簡単に確認する方法もなく、評価やレビューといったお馴染みの機能もなかった。エアビーはこうした問題をすべて解決する優れた体験を用意したのである。エアビーの掲載情報には地図や物件の概要、価格などの詳細が記載されている。なおかつ写真が充実し、レビューや評価、決済、予約、ホストのプロフィールを閲覧できる機能も搭載していた。2008年にAirbedandbreakfast.comのドメインでサービスが立ち上がると、ユーザーはそのサイトから掲載物件を探し、価格やホストの連絡先を確認できたのである。

今から見れば、エアビーの機能はどれもあって当然のように思えるものばかりだ。理論上は、クレイグスリストもそれらの機能を実装できた。だが、クレイグスリストの少人数のチームが他のカテゴリーもチェリーピッキングされるリスクがある中、特定の分野に注力することは難しかっただろう。エアビーが登場したのと同時期に、デートのマッチングや不動産売買、ギグワークといったクレイグスリストのアンバンドルを狙うネットワーク製品が続々と登場していた。クレイグスリストにとっては特定分野を狙う他社に対抗するより、サイト全体で役立つ機能の開発に注力する方が自然だったのだ。

競合の弱点を見つける

これはイノベーションのジレンマである。クレイトン・クリステンセンはビジネス戦略の名著『イノベーションのジレンマ』（翔泳社）で次のように説明している。既存企業は最も収益性の高い分野や利用法を追求する。一方スタートアップは、大企業が成功の望みが薄いと感じるニッチな分野からシェアを拡大する。クリステンセンは製鉄所、ディスクドライブ、掘削機を例に挙げながら、既存企業は新機能を追加しても思うほど製品の価値を高められなくなり、必要以上のサービスを提供するようになると指摘している。一方、スタートアップは革新的な技術を使った製品でニッチな分野を独占すると、より大きな主要市場へと進出する。

ネットワーク製品でも同じことが起きる。しかし、ネットワーク分野でディスラプション理論をよく理解するには、アトミックネットワークを加味して考える必要がある。

アトミックネットワークの概念は、新しいネットワークが目指すべき明確な目標を指し示している。つまり、特徴的な高密度のアトミックネットワークを立ち上げるということだ。他のネットワークから奪ってもいいし、ゼロから立ち上げてもいい。

クレイグスリストは巨大に見えた。部屋の貸し借りができるニッチなサービスよりもユーザーが多く、機能も洗練されていた。しかし、エアビーが都市ごとに密度の高いネットワークを築いていくと、全体ではクレイグスリストの物件の方が多くても、ある都市ではエアビーの方が多いという状況が生まれる。全体の規模よりもネットワークの密度が重要ということは、本書で繰り返し説明してきた重要な点だ。一度特定分野の企業がアトミックネットワークを形成し、どんどん規模を拡大していくと、ネットワーク効果を継続的に享受できるようになる。これは特に最初の市場で効力が大きい。

どのアトミックネットワークから始めるかが重要だ。クレイグスリストの中古品の売買市場をアンバンドルするのがいいのか、それともギグワークやデートマッチングの方がいいのか。部屋の貸し出しはスタート地点として適切だった。市場によってネットワーク効果の得やすさは違う。

エアビーのユーザーの価値と取引単価は高い。それは旅行に近い市場だからだ。旅行業界では1回で数千ドル単位の取引が発生する。経済的な価値が高ければ、エアビーはネットワークの経済効果によって素早く規模を拡大できる。掲載物件が増えるごとにコンバージョン率の上昇、ユニットエコノミクスの改善、ネットワークの総収益が増加する。平均受注額が高いということは、収益を投資に回せるということでもある。

今度はスナップチャットの例を見てみよう。スナップチャットの写真中心のメッセージ機能は、最初はSNSの1機能としか見られていなかった。フェイスブックやツイッター、マイスペースなどでも写真は共有されている。しかし、写真中心のコミュニケーションに特化することは、最も利用頻度が高く、何度も使いたくなる用途を大手SNSからもぎ取るのと同じだった。新規ユーザーが加わり、ユーザー間のやりとりが活発になるほど、サービスから離れづらくなる。初期のスナップチャットではアクティブユーザーひとりあたり1日10～20枚の写真を送信していた。他のSNSより桁違いに多い。

ドロップボックスのフォルダの共有機能はバイラルで広まり、新規ユーザー獲得に弾みがついた。もちろん、共有フォルダの機能自体はウィンドウズを含む多くの製品で提供されていた。ドロップボックスはシェアすることで価値が増し、製品から離れづらく、最終的にうまく収益化できる用途をもぎ取ったのである。

これらの製品は、複数のネットワーク効果を活用することで右肩上がりに成長した。いずれもすでに成功しネットワーク効果を発揮している企業と対峙しながらも、自社サービスを大きくできたのである。適切な市場を選べば、スタートアップはアトミックネットワークを素早く形成し、ネットワーク効果によって規模を拡大できるのだ。

ネットワーク全体を乗り換える

「チェリーピッキング」が既存企業にとって恐ろしいのは、製品の利便性を高めるために獲得していたユーザーの一角を丸ごと奪われる可能性があるからだ。

結局のところ、どれもソフトウェアである。競合もまた、便利なツールを提供する他社のネットワークで自社製品を広めることだってできる。エアビーはまさにそれを実践した。クレイグスリストの1カテゴリーだった部屋の貸し借りを独立した製品にしただけでなく、クレイグスリストを通じて広めたのである。その方法はこうだ。初期のエアビーでは、ホストが物件を掲載すると、同時にクレイグスリストにも物件の詳細と写真、それから「予約やお問い合わせはこちらまで」というリンクを投稿し、クレイグスリストのユーザーをエアビーに誘導していた。クレイグスリストのAPIを経由せず、エアビーがプラットフォームを分析して作成したボットを使う機能だった。賢いアイデアである。

私がこの事例をもとに「グロースハッカーは新しいマーケティング担当役員」というブログ記事を書いたのは2012年のことだ。この頃にはクレイグスリストはエアビーのボットを無効化したが、すでに数カ月間は動作していた。その間にエアビーはアトミックネットワークを成立させていたのである。

SNSでも同じようなことが起きている。フェイスブック、リンクイン、スカイプといった製品は、ホットメールやヤフーメールなどのメールクライアントから連絡先を読み込むことで成長した。フェイスブックが買収したオクタゼンのような連絡先をスクレイピングするツールを活用してユーザーを獲得したり、知り合いを提案したりしていたのだ。当時、SNSはメールの直接的な脅威になるとは考えられていなかった。SNSの多くは大学生や社会人のネットワークに焦点を当てたもので、メッセージのやりとりがあると言ってもニッチな領域内での話だった。メールプロバイダーがことの重要さを認識し、アクセスを遮断するまで数年がかかっている。

既存企業はネットワークの一部を奪われると2つの面で大きな痛手を受ける。ひとつは、アンチネットワーク効果が起こり、失ったネットワークを取り戻すのが難しくなることだ。もうひとつは市場シェアの低下は競合との戦いで非常に不利になる点だ。これは資金調達の難易度が上がることに直結する。

まずアンチネットワーク効果が起こると、別のネットワークにユーザーを奪われて「コールドスタート問題」が再発し、ネットワークの修復が困難になる。たとえば、シアトルで短期の部屋貸し出しの掲載がクレイグスリストからエアビーに移り始めたとする。掲載物件がある程度流出すると、クレイグスリストはアンチネットワーク効果によって市場の流動性を失い、活動がゼロになる可能性が高くなる。クレイグスリストが市場を取り戻すにはコールドスタート問題を再び攻略しなければならない。しかも今度はエアビーという競合と張り合う必要がある。エアビーはユーザーへのインセンティブの提供や製品機能の充実といった手を打ってくるだろう。

もうひとつ、市場シェアの低下によって競争が不利になる点も説明したい。市場シェアは投資家が注目する指標であり、ウーバーでも重視していた。主要市場で競合のシェアが減少し、自社のシェアは拡大していると示せれば、資金を集めやすくなる。シェアに最も影響するのは競合との直接対決だ。ある市場で2社のシェアがちょうど半々だったとしよう。一方が新機能を実装して受注率が20％増えたら市場シェアは55対45に変わるかもしれない。しかし、その20％が競合から奪い取ったものなら、市場シェアは60対40となるだろう。ウーバーではこうした勝利が事業に好循環をもたらしていた。市場シェアの拡大で資金を調達しやすくなれば、それだけ市場を刺激するマーケティング施策を実行でき、さらにシェアを拡大できるのだ。

プラットフォーム依存にはリスクもある

もちろん、チェリーピッキングにもリスクがある。エアビーアンドビーはクレイグスリストからの「チェリーピッキング」の成功例となったが、これがうまくいったのは、エアビーが部屋の貸し借りのためのサイトとして確立できたからである。チェリーピッキングをする新製品は、最終的に特定のニーズを満たす独立したサービスとして、規模を拡大しなければならない。

クレイグスリストに掲載物件を同時投稿することは初期のエアビーにとってユーザーを獲得する重要な手段だったが、すぐに役割を終えた。ユーザーがエアビーのモバイルアプリやウェブサイトを直接訪れるようになったからだ。エアビーはクレイグスリストのネットワークとは別に独自のユーザー獲得効果、エンゲージメント効果、経済効果を獲得したのである。

プラットフォームへの依存は適切に対応しないと悲惨な結果を招く。既存ネットワークと関係が深すぎると、流通、エンゲージメント、ビジネスモデルに依存しすぎて、そのネットワークの1機能になってしまうのだ。

エアビーがクレイグスリストの掲載物件を管理するツールと思われ、他の機能を備えたサイトを別につくらなかったら、クレイグスリストの利便性を高めるだけの存在となっていただろう。その場合、エアビーが大きくなりすぎたり、クレイグスリストに不要と判断されたりすれば存続が危うくなる。人気の出た機能がコピーされることもよくある。マイクロソフトは1990年代にオフィスやインターネットエクスプローラーでそうしていた。あるいは、機能に必要なＡＰＩの提供をやめてしまうかもしれない。ツイッターやフェイスブックは過去にＡＰＩを停止しており、彼らに依存しすぎた製品は一夜にして無価値となったのだ。

とはいえチェリーピッキングは、ネットワークの根底にある非対称性を利用した非常に強力な戦略である。スタートアップは競争する領域を決め、その一点に集中し、アトミックネットワークを構築できる。大規模サービスはネットワークの全領域を隅々まで守ることは難しい。これが、特に消費者市場では完璧な「勝者総取り」とはならない理由である。最大手のネットワークは多様なネットワークの大部分を手に入れることはできるが、チェリーピッキングを中核戦略とするスタートアップの参入を完全に防ぐことはできないのだ。

Big Bang Failures — Google+

32

ビッグバン型の立ち上げは失敗しやすい

グーグルプラスの事例

大手プレーヤーはその規模と知名度で競合を素早く制圧しようと、新製品を大々的に発表し、ユーザー獲得を目指すことが多い。特にスタートアップと競合する場合にこの戦略は魅力的に見える。ネットワーク製品特有の非対称性を味方につけているように感じるからだ。しかしこの方法は、ネットワーク製品では失敗することが多い。失敗は型にはまったように同じである。

ビッグバン型の立ち上げとは、そもそもこういうものだ。2007年1月、黒のタートルネックを着たスティーブ・ジョブズはサンフランシスコのモスコーニセンターに集まった数千人の観衆の前で新製品「iPhone」をお披露目した。メール、SMS、ウェブブラウザなどの機能を搭載し、やがて何百万台もの携帯電話を置き換えることになる製品だった。ジョブズの発表は多くのメディアに取り上げられ、ものすごい反響があった。

これが広報活動の通常のやり方と思うかもしれない。この方法でネットワーク製品を立ち上げようとする企業は多い。記者会見ができない場合でも、従来のメディアやＳＮＳ、広告を駆使して立ち上げを広く周知しようとするのだ。重要なパートナー企業に新製品を猛プッシュしたり、メールマーケティングを大規模に展開したり、自社サイトの目立つ場所で新製品を告知したりする。目的はどれも同じだ。製品を派手に盛り上げ、できるだけ多くの人の目に触れるようにして大量の新規ユーザーや顧客を惹きつけることである。メディア、インフルエンサー、パートナー企業への働きかけを通じて盛り上げれば重要なユーザー層に届き、ネットワークが形成され、そこから製品を成長させられると考えているのだ。

ビッグバン型の立ち上げは流通や大規模な開発、営業、マーケティングの体制が整っている大企業が新製品を発売するときに取りがちな戦略である。しかし、直感に反するかもしれないが、ネットワーク製品ではよい戦略ではない。ネットワークのつくり方を間違っているのだ。というのも、製品を派手に告知しても、自律的に成長できるネットワークをつくれないからである。これを理解していない企業の未来は暗い。

グーグルプラスのアンチネットワーク効果

２０１１年６月に開催された「Ｗｅｂ２・０サミット」で、世界でも有数のテクノロジー企業のカリスマ経営者が新製品を発表した。当時、グーグルの副社長を務めていたビィック・ガンドトラはＳＮＳの未来について語り、新しいＳＮＳ「グーグルプラス」を発表したのである。グーグルにとっては、ＩＰＯを間近に控えたフェイスブックに対抗する野心的な計画だった。そして大企業がよくやるように、ユーザーを集めるために主力製品で新製品を猛烈に宣伝した。グーグルの検索サイトにグーグルプラスのリンクを掲載し、ユーチューブやグーグルフォトなどもグーグルプラスと連携させる。その結果、数字上の成果は素晴らしかった。立ち上げから数カ月で９０００万人以上のユーザーを獲得したのである。けれども、問題はグーグルプラスのネットワークは非常に弱く、ユーザーが製品を使っていなかったことだ。新規ユーザーの多くは友人の紹介で参加したのではなく、報道を見て製品を試そうとやってきた人たちだった。そのため離脱率が非常に高かった。それでも初めは驚異的なトラフィックで埋め合わせができた。製品が機能していなくても、ユーザー数だけは増え続けたのである。

ネットワークが機能していない製品では新規ユーザーは定着しないし、他のユーザーを引き込んでくれることもない。グーグルの経営陣はグーグルプラスのユーザー数の多さを強調するが、中身はまるでゴーストタウンだと、ウォール・ストリート・ジャーナル紙のアミール・エフラティ記者は評していた。

グーグルプラスは6月のサービス開始以来９０００万人が登録し、SNS市場の有力なサービスになったとグーグルCEOのラリー・ペイジは語っていた。しかし、この数字はグーグルプラスで実際に起きていることを覆い隠すものだ。

大型IPOを控えるライバルのフェイスブックと比べると、グーグルプラスの実態はゴーストタウンである。調査会社コムスコアの最新データによると、グーグルプラスは登録者数こそ多いものの、製品は使われていない。コムスコアのデータにはモバイル利用率はなかったが、PC経由でグーグルプラスを利用しているユーザーの9月の月間平均利用時間は約3分程度。一方、同期間のフェイスブックユーザーの月間平均利用時間は6～7時間だった。[86]

グーグルプラスの運命は参入戦略を決めた時点ですでに決まっていた。自律的な小さなアトミックネットワークの構築ではなく、「虚栄の評価基準」を追い求めた時点で失敗する運命だったのだ。グーグルプラスのピーク時は3億人のアクティブユーザーがいたという。数字だけ見れば成功しているかのようだった。しかし、ネットワーク効果にはネットワークの規模だけでなく質も重要である。そしてやがて弱いネットワークと離脱率の高さを隠せなくなった。グーグルはその後何年か誰も使っていないグーグルプラスを運用した。しかし、２０１９年についに終了する。

グーグルプラスの失敗は、立ち上げ戦略だけが原因ではない。製品に実装する機能でも判断を誤っていた。グーグルプラスのようなコンテンツプラットフォームで重要なのは、一般ユーザーを惹きつけるコンテンツをつくるクリエイターをいかに呼び込むかだ。しかし、グーグルプラスの機能に目を引くものはなかった。グーグルが強調していた「投稿をシェアする友人グループを設定できる機能」は、理論上はとてもよいものに見えた。だが、グループの設定に手間がかかる上、参加者の少ない友人グループ内ではコメントや「いいね！」も少ない。また、グーグルプラスはフェイスブックやツイッターと同じく、写真やリンクをシェアする機能を主軸に置いたサービスだった。クリエイターにとっては目新しくなく、製品体験も他より並外れてよくはなかったのである。ハードサイドのユーザーを獲得できなければ、他のプラットフォームと差別化できる固有のコンテンツを集められない。

では、グーグルプラスが失敗した領域でフェイスブックと競合し、成功した事例を見てみよう。スナップチャットはまず、高校生の間で広まった。一定時間が過ぎると消える写真の共有機能は、これまでネット上に投稿されなかった新しいコンテンツを掘り起こすことに成功する。コミュニケーション目的の気軽に撮ったありのままの写真という特有のコンテンツだ。デイリーアクティブユーザーが1万人に満たなかった初期の段階でスナップチャットのユーザーは、1日あたり10枚の写真を投稿していた。他の類似サービスと比べると格段に多く、ハードサイドのユーザーをしっかりと捉えていた。

ツイッチ、インスタグラム、ティックトックもクリエイターにコンテンツをつくる新たなツールやメディアを提供するという点でイノベーションを起こした製品である。

ビッグバン型で立ち上げたネットワークは脆い

ビッグバン型の立ち上げの問題点は2つある。ひとつは広告では理想的なネットワークはつくりづらいことだ。メディア掲載、記者会見、広告はうまくやれば多くのユーザーを獲得できる。だが、対象ユーザーを絞りきれないことが多い。広報活動ではさまざまなユーザーが集まるが、製品を使い始めてもユーザーの周りにネットワークができなければすぐに離脱してしまうのである。

もうひとつの問題は、製品に適切な機能、特にシェアや招待、コラボレーション機能といったバイラル成長を促進する機能の改善に時間がかかることだ。ボトムアップでユーザーを獲得し、バイラル成長が始まると、ネットワークが広がっても継続的にその効果を享受できる。だが、ビッグバン型の立ち上げではどのようにユーザーが増えているかがわかりづらい。ユーザー数に関するデータにはノイズが多く、どこから流入しているか把握しづらくなるのだ。ユーザーが増えていても、バイラルによるものではないかもしれない。データを注意深く追わない限り、ネットワークが適切に成長しているか、そして何を改善すればバイラル成長を促せるかが見極めづらくなるのである。

ミーアキャットの法則に加え、本書で説明してきたコールドスタート問題を考えると、ビッグバン型の立ち上げによってできたネットワークが脆(もろ)い理由は明らかだ。活動していない大勢のユーザーがいるネットワークよりも、数は少なくとも活発にサービスを利用しているユーザーのアトミックネットワークの方がつながりは強い。ネットワーク製品の価値は他のユーザーの存在にかかっているのだ。初期段階では合計のユーザー数は気にしない方がいい。代わりに注目したいのはトラクションの質で、これはネットワーク内の個々のユーザーの視点に立たないと見えてこないものだ。製品を使い始めたユーザーは、すでに利用している知り合いが多いほど価値を感じるだろうか？　合計のユーザー数はこの際無視して問題ない。特に新製品の立ち上げ直後のユーザー数は気にしても仕方がないのである。

エリック・リースが著書『リーン・スタートアップ』（日経BP）で説明しているように、そうした数値は「虚栄の評価基準」だ。ユーザー数が増えると気分がいい。だが、ユーザー同士の交流がなく離脱率が高ければ、1億人のユーザーがいても意味がないのである。

ボトムアップでつながりが密で活発な交流のあるネットワークをつくる方がよほど重要だ。大学のキャンパスやサンフランシスコのハイテク企業、あるいはゲーマーや個人事業主のコミュニティなど、新製品は特定のユーザー層から発展することが多い。最近成功しているテック製品はどれもこのパターンで成長している。最初のコミュニティに根づいてから他のコミュニティに広まるのだ。開発者は招待やシェア機能などを適宜調整しながら、製品の価値を磨ける。そして新製品が口コミで広まるようになると、新規ユーザーは知り合いの少なくともひとりがその製品を利用している状態になる。するとやがて新製品は社会現象となり、メインストリームに受け入れられる。そうなればネットワークをさらに拡張するトップダウン型の施策はいつでも実行できるようになる。

ビッグバン型の立ち上げの多くが失敗しているのに、なぜアップルは成功したのだろうか。それは、

iPhoneが基本的にはネットワークがなくても実用性の高い高品質な製品だったからである。iPhoneでメールやSMSのような既存のネットワークを利用できたが、その程度だ。アップルの「ゲームセンター」や「iTunes Ping」といったソーシャル機能の取り組みはあまりうまくいっていない。アップルが提供する最もネットワーク製品に近いものはアプリストアだ。だが、これもスティーブ・ジョブズの当初のスマートフォンの展開計画には含まれていなかったのである。[87]

ともあれ、あなたの会社はアップルではない。アップルのような製品を提供していないなら、アップルの戦略を真似ても仕方がないのだ。

小さな市場のパラドックス

大企業は巨大市場を狙える。だから、小さなアトミックネットワークをつくり、それをネットワーク効果で広げていくというやり方は遠回りに思える。最初のネットワークは注目に値しない小さな市場のように見えることも多い。

一方でスタートアップは小さく始め、そこから成長できる。イーベイ、フェイスブック、ウーバー、エアビーアンドビー、ティックトックなど業界最大手のネットワーク製品はどれも小さなアトミックネットワークから始まった。最初のネットワークはそれぞれコレクター、大学生、金持ち向けのリムジン運転手、宿泊と朝食を提供するホスト、口パクミュージックビデオの演者で構成されていた。どれも小規模でニッチな市場だ。どれも大きくなるようには感じられない。

しかし、ここにパラドックスがある。強力なネットワーク効果を得るには、小さなアトミックネットワークの形成から始めなければならないのだ。そして最初のネットワークに隣接する次のネットワークを獲得していく。ネットワーク製品はこの方法で成長する他ないのである。

イーベイは当初、コレクターアイテムを売買するユーザーのアトミックネットワークを形成していた。VCのベッセマー・ベンチャーパートナーズのデビッド・コーワンによるイーベイへの批評は、この頃の世間のイーベイに対する認識を代弁している。

「切手にコイン、コミックだって？　冗談だろう」とデビッド・コーワンは思った。「考えるまでもない、パスだ」[88]

ユニオンスクエアベンチャーズのベンチャーキャピタリストで、スタートアップ業界で尊敬されているフレッド・ウィルソンも最初はエアビーアンドビーの可能性に気づけなかった。当時のエアビーはエアマットレスと朝食の提供という、最安の宿泊形態に注力していて、そこから上流に広まるようには思えなかったのだ。

当時、エアビーはアパートの床に置いたエアマットレスを貸し出すマーケットプレイスだった。サービス名もそれを表している。運営チームは他の宿泊形態に広げることを想定していたものの、あまり進んでいなかった。

「リビングに置いたエアマットレスが次のホテルになる」という考えをうまく飲み込めず、われわれが積極的に投資を検討することはなかった。他の投資家が、われわれが会った優秀なチームの面々と会い資金を提供した。その後は誰もが知るところである。エアビーは「宿泊先のイーベイ」を目指し順調に発展している。いずれ10億ドル規模の会社になることは間違いないだろう。[89]

このようにネットワーク製品を拡大させようとするスタートアップの可能性を見誤ることはよくある。運営チームが当初の主力ユーザーと隣接するネットワークを獲得し、ネットワーク効果を強化する施策に猛然と取り組んでいるなら、最初の市場だけに留まることはない。エアマットレスの貸し出しサービスがホテル業界全体を変革するようになるのだ。

ビッグバン型の立ち上げの誘惑

大企業の置かれている状況が、ビッグバン型の立ち上げの動機になる。新規事業には社内からさまざまなプレッシャーがかかる。だからこそユーザーを一気に獲得し、製品を転換点まで持っていこうとする。「何千万ドル（あるいは何十億ドル）もの収益を出す事業があるのに、この新規事業に着手する理由は？」「なぜ当社がこの事業をやるべきなのか」「500の学校／顧客／都市を獲得するリソースがあるのに、なぜ5つしか目指さないのか」。どれも的確な質問のように見える。だが、どれもビッグバン型の立ち上げへと向かわせる圧力にもなる。

大企業にとってはサービスを立ち上げ、学校や法人顧客をひとつ獲得したところで何の足しにもならないように思える。すでに数十億ドルもの収益を上げる製品がある場合、素早く成果を上げなければ新製品に当てるリソースを獲得できないかもしれない。だから新規事業の担当者は野心的な目標を掲げざるをえない。開発者や資金を確保するには、派手に立ち上げて成果を出すことが一番手っ取り早いのだ。

CEOが新規事業に関与することもある。だが、トップの圧力は新規事業にさらなるプレッシャーをかける。CEOは時間を有効に使おうと新規事業に深入りし、その成功が「最重要事項」と社員を鼓舞する。グーグルプラスもそうだった。

一方、スタートアップは小さな目標から始められる。ティンダーが初めて南カリフォルニア大学で数百人の学生にアプリを使ってもらえたとき、チームは大喜びした。ゼロ以上の数字は何でも大成功なのだ。他大学でも広まると、さらに大きな成功を収めたように感じる。そうして1校ずつネットワークを拡大していったのである。

ネットワークの初期の取り組みは泥臭いものが多い。社員は細かい作業にあたらなければならない。さらにネットワークを築くために投資したり、招待制などの機能を実装したり、問題解決のためにマンパワーを使ったりする。このような手法は戦略性に欠け、再現性がないように見えるので、大企業は魅力を感じない。けれども、これこそスタートアップが非対称的な状況を味方につける方法なのだ。

33 ハードサイドのユーザー獲得競争

ウーバーの事例

Competing over the Hard Side — Uber

ネットワーク効果を単純化した古い議論では、市場は勝者総取りで、大きい方のネットワークが勝つ。メトカーフの法則に従うと、規模の大きいネットワークほど価値が高い。つまり、規模の大きい製品ほどサービス拡大に投資する余裕があり、やがて市場を支配できるというわけだ。

しかし、現実は違う。欧州でのウィムドゥ対エアビーアンドビーの戦いでも、ウーバー対ディディやリフト、オラ、カリームといった世界各国の競合との戦いでも、マイクロソフトのブラウザ、OS、オフィスの戦いでもそうなっていない。大規模なネットワーク製品はより小さいプレイヤーとの競争で死力を尽くしても、負けることがある。SNSのマイスペース、職場向けチャットツールのヒップチャット、イーベイによるペイパルの類似製品はどうなったか。どれもその分野で最大規模を誇ったものの敗れている。勝利した製品は市場に最初に参入した製品でもなければ、その分野を発明した製品でもない。それでも大きな競合を打ち負かしたのである。

ネットワーク効果が強力だと言うなら、なぜ大規模なネットワークは破れるのだろう。そしてスタートアップに対抗するためには何ができるのか。

北米チャンピオンシップシリーズ

この謎を紐解くヒントは、ウーバーが世界各地で繰り広げた戦いにある。本書の序章で、ウーバーの「作戦司令室」での戦略会議の様子を紹介した。何時間にも及ぶ会議で、各地の現地部隊が取るべき戦略を決める。「北米チャンピオンシップシリーズ」にはオペレーション部門、製品部門、財務部門など幅広い部門の管理職が参加していた。会議の開始時刻は変則的だった。夜10時に始まることもあれば、週末に開かれることもあった。各地での競争を有利に進める戦略を立て、参加者の疑問がすべて解消されるまで話し合いは続いた。

「北米チャンピオンシップシリーズ」以外にも中国、インド、中南米などの主要地域では、「Black Gold China」「Black Gold India」などと呼ばれる会議を開催している。当初、これらの会議は「SLOG（つらい仕事）」という謎めいた名前で呼ばれていた。言葉通り、競合にとってウーバーとの競争を厄介で大変なものにするための会議だった（とはいえ、途中から「Supplying Long-Term Operation Growth：長期的なオペレーションの成長促進」の略語という体になっている）。

これらの作戦会議はサイドカー、ハイロ、フライホイールなど、ベンチャーキャピタルから出資を受けた強力な競合を徹底的に追い詰め、完全勝利する作戦を練る上で重要な役割を果たした。

ウーバーの攻勢は激しく、あらゆる施策を同時進行で実施する。何千人もいる開発部門は新機能を次々と開発し、オペレーション部門は乗客とドライバーの利用率を高めるインセンティブ施策に何十億ドルも費やした。競合はこれに対抗しなければネットワークが崩壊してしまう。わずか数週間で崩壊することもあった。ウーバーとの競争がどんなものだったか、サイドカーの共同創業者であるジャハン・カンナはこう話している。

一方的で残酷な戦いだった。最後はウーバーにすっかり追い込まれてしまったよ。サイドカーは多くの市場に進出しすぎて、乗客やドライバーを維持できなくなっていた。だから、ウーバーは乗客とドライバーにインセンティブを支給しているのに、われわれはやめるという苦渋の選択をせざるをえなかった。その瞬間からインセンティブなしで事業を回さなければならなくなった。インセンティブを止めてからユーザーの活動がゼロになるまで6週間しかかからなかった。インセンティブがすべてを動かしていて、競争に不可欠なものになっていたんだ。[90]

厳しい攻撃に晒されたのはサイドカーだけではない。最終的にライドシェア市場で2番手となったリフトとも、ウーバーは激しい戦いを繰り広げている。競争は超ローカル、それも1ユーザーの獲得をめぐって起きることが多かった。サンフランシスコで初期のウーバーは、リフトの運転手の引き抜きを狙っていた。リフトのドライバーが多く集まる場所を検討したところ、カスタマーサポートのためにリフト本社を訪れている人が多いことにウーバーは気づく。そこで看板を積んだ宣伝車でリフト本社の周辺を走行するキャンペーンを実施したのだ。リフトが初期に使用していたピンクの口ひげのロゴにちなんで「ひげを剃ろう」というメッセージを掲げていた。ウーバーで運転しようという誘い文句だった。リフトは、ウーバーのドライバー向けに「数字以上の存在になろう」という看板を掲げた宣伝車を走らせ対抗した。

「NACS」と「Black Gold」は名称こそ違うものの、どちらも各都市の主要な指標とマーケットシェアを示すダッシュボードを軸に戦略を立てている点は同じである。ウーバーの意思決定はこのダッシュボードの数字が土台にある。この数字を見ると、興味深い事実が浮かび上がる。米国やラテンアメリカなどの広域地域のウーバーのシェアは75％になっている。だが、詳細を見るとシェアが100％に近い都市が数カ所あり、残りはシェア50％以下の都市ばかりなのだ。大規模ネットワークの実態はネットワークの集合体であり、それぞれの強度は違うのである。

新製品を展開するスタートアップは競争する領域を選べるのに対し、大きなネットワーク製品は小さいプレイヤーから守るべき領域が必然的に大きくなる。ウーバーの米国事業の場合、サンフランシスコ、ロサンゼルス、サンディエゴ、オースティンをはじめ複数の都市でリフトは特に強い競合だった。ニューヨークなどではウーバーはゴリアテのようだったが、西海岸のいくつかの都市ではシェアは小さく、そこでは状況を変えるために打てる施策も少なかったのである。

エアビーアンドビーやペイパルといった製品は、グローバルネットワーク効果で世界中の人をひとつのネットワークに集約している。少なくともネットワークはかなり広範囲に広がっていると言えるだろう。これに対し、ウーバーのネットワークは都市ごとに分かれている。ニューヨーク市場を制しても、それがサンフランシスコ市場の獲得に役立つわけではなかったのだ。つまり、同規模のプレイヤーが複数存在する都市での競争は塹壕（ざんごう）戦のようになり、ウーバーは熾烈（しれつ）な戦いに身を投じたのである。

競争力に直結する要素を見つける

2つのネットワークが競合するときには、ユーザーを一方から他方に移す要素が存在する。ライドシェア市場で最も注目すべきはハードサイドのユーザー、ドライバーだ。ドライバーが多いほど運賃を下げられる。すると、価格に敏感な利用頻度の高い乗客を引き寄せられる。乗客が増えれば、ドライバーは効率的に稼げる。ここに好循環が生まれる。ドライバーを競合から引き抜けるのならなおよい。ドライバーが増えれば運賃を下げられるが、奪われた方は運賃を高くせざるをえなくなるのだ。

ウーバーの競争戦略の要は、紹介や働きぶりに対する報酬といった金銭的なインセンティブによる施策と機能改善を同時に進め、ユーザー獲得、エンゲージメント、経済効果を高めることだった。

機能改善でドライバーを惹きつけるのはわかりやすい。乗客を乗せ、目的地に送り届けるまでのアプリの使い勝手がよければ、また使いたくなる。テック業界では普遍的な競争戦略だ。しかし、それ以上にウーバーはドライバー向けのインセンティブに注力していた。なぜインセンティブなのか。それはドライバーがウーバーを利用する最大の目的が金を稼ぐことだからだ。アプリで稼げれば、サービスから離れづらくなる。

とはいえ、闇雲にインセンティブを提供していたわけではない。インセンティブで主に狙っていたのは、複数のライドシェアアプリで仕事を請け負っている「デュアルアプリドライバー」と呼ばれるユーザーである。彼らにウーバーを選んでもらおうと、特別なインセンティブを提供していたというわけだ。ウーバーで配車依頼を受けている間は他社の依頼は受けられないのである。

具体的な施策としては、デュアルアプリドライバーを特定してタグ付けする。社員がウーバーのクルマに乗ったときに他社サービスでも運転しているかとドライバーに聞き、アプリの専用機能でタグを付けていた。こうした人力作業以外では、ドライバー特有の行動をもとに特定していた。競合の仕事を受けたドライバーはウーバーアプリを停止状態にし、しばらくすると再開する。アプリの使い方を注視して該当ユーザーを探したのだ。またアンドロイドのアプリには、ウーバーとリフトのアプリを同時に使っているユーザーを識別できるAPIがある。やがてこうした行動データを機械学習モデルで解析し、デュアルアプリユーザーをある程度絞り込めるようになった。ものすごく正確に特定する必要はない。

タグを付けたら、デュアルアプリドライバーに行動を変えてもらうためにインセンティブを提供する。

インセンティブは、ウーバーでなるべく仕事を受けてもらい、離れづらくすることを意図して設計している。たとえば、「○件の依頼を受けると○ドル獲得（DxGy施策）」では、週に50件の依頼を受けると100ドルの追加報酬が得られ、10件、25件、50件、100件と受注件数が増えるごとに、報酬も25ドル、50ドル、100ドル、200ドルと増える。もうひとつの施策は「サージ料金保証」だ。たとえば20件受注すると、それ以降の報酬は1・5倍になる。

さまざまなインセンティブを用意し、都市チームは新しいものを都度試していたが、どれも目標は同じ。ウーバーで50回、100回と依頼を受けるドライバーは、競合の仕事を引き受けにくくなる。ドライバーは週の初めに各社のインセンティブ額を比べてどこで仕事を受けるかを選び、高額な報酬の獲得を目指すのだ。

インセンティブ戦略のピーク時にウーバーは、競争の激しい市場、私がいた頃は中国市場と一部の米国市場で週におよそ5000万ドルもの費用を使っていた。海外市場での競争はさらにウーバーを強くした。中国市場ではさらに個別のドライバーに特化した対応が必要だったのだ。週ごとのインセンティブに加え、時には1日ごとのインセンティブの仕組みも用意した。中国市場で培ったシステムや知識はすべて米国での競争にも活かされているのである。

タグ付けやターゲティング、インセンティブの設計、製品体験の改良といったウーバーの競争戦略はライドシェア特有のものだ。とはいえ、戦略の大枠は幅広い分野の製品で応用できるだろう。獲得が難しいハードサイドのユーザーに焦点を当て、競争を有利にする施策を見極めるのだ。SNSや動画プラットフォームなら、コンテンツクリエーターに特別なインセンティブを与えたり、コンテンツをより多くのユーザーに届ける機能を提供したりすることが理に適うかもしれない。法人向け製品なら、企業向けの特別な機能や価格設定を検討できる。

どんな分野でも最終目標は同じだ。価値ある最重要ユーザーを競合から引き抜き、優位に立つことである。

競争に必要な情報を収集せよ

競争に本腰を入れるには、市場の全プレイヤーの状況を把握するための測定項目を決め、データを収集する必要がある。データがあれば製品チームはその推移を見ながら施策の仮説検証ができるのだ。競合を追い詰め、勝利するための目標を設定しよう。

ウーバーのNACSチームは、各都市の市場シェアとその推移を追うために投資していた。収集した数字を見て、競合に遅れを取っている都市チームは迅速に対抗策を講じる。目標は1カ月後でも1週間後でもなく、1日でも早くその市場でシェアを逆転すること。これがNACSとBlack Gold

のミーティングの主旨で、そのために都市や地域ごとのネットワークの定量的な指標をもとに戦略を立てていた。その週のウーバーの利用者数と競合の推定利用者数、市場シェア、運賃が「サージプライス」になった割合（ドライバーの数が不足していることを示す）をはじめ、さまざまな数字を検討する。ある都市の競合の数字が前週比で大きく伸びていたのに対し、自社は横ばいかマイナスだった場合、会議メンバーから厳しい質問が飛び交った。会議には必ず各地域の統括責任者が出席していて、状況をスライドで説明していた。

社内の重要な意思決定は各指標を見て判断する。だからこそ、NACSのダッシュボードの数字を取得するのにウーバーは莫大な費用をかけていた。社内のデータだけでなく、外部のデータも参照している。たとえば、大手カード会社が匿名化し整えたクレジットカードの購買情報やメールの分析調査会社のデータなどだ。何百万人ものメール、具体的にはメールに含まれる領収書のデータから、特定の地域や交通手段別の市場シェアを推定できた。これはクレジットカード利用にもとづく「視聴率」のようなものだ。数百万人という小規模なサンプルから、より広範な市場のシェアを類推する。ウーバーはデータを細かく分析することで、都市ごと、あるいは都市内の特定の目的地についての知見も得ていた。

さらにウーバーは一時期、「カウンターインテリジェンス部門（COIN）」と呼ぶチームを設置している。この部門は主に中国市場で、競合のAPIを分析・スクレイピングし、データを取得していた。たとえばAPIに市内のさまざまな住所を入力し、各地域の平均到着予定時刻を収集することで、自社と競合の乗客の待ち時間を比較するのだ。数十人のデータサイエンティストが在籍する「グローバルインテリジェンス」という部門もある。この部門はさまざまな方法で取得したデータを機械学習モデルで解析し、ウーバーが独自に持つ現場のデータと照らし合わせ、より正確な測定値を算出していた。

ウーバーの手法はどのネットワーク製品でも役に立つわけではない。重要なのは、競合と真っ向勝負する製品は市場シェア、アクティブユーザー数、エンゲージメントなどの推移を追い、効果的な改善施策を突き止めることだ。

マーケットプレイスのスタートアップなら、どの売り手がどの製品をどの地域で販売しているか調査するのが有効だろう。SNSならクリエイターが自社製品でコンテンツをもっと投稿したくなる施策を考えよう。ビデオ会議ツールならユーザーが仕事で使っているカレンダー情報を参照し、自社製品と競合製品の利用時間の推移を調べるといいかもしれない。こうした取り組みは、製品部門が実施した施策と結果を結びつけ、ベストプラクティスの発見に役立つだろう。

ハードサイドのユーザー獲得競争

ウーバーのNACSの取り組みから、この戦略の利点と限界がわかる。ウーバーの戦略の基本的な部分は機能していた。ダッシュボードの正確な数値にもとづいて、金銭的なインセンティブや機能改善など、ハードサイドのユーザーを効果的に獲得する施策を打てたのだ。

ウーバーの競争戦略は長い間うまくいっていたが、後年失速している。ウーバーはサイドカー、ハイロ、フライホイールといった小規模な競合を体系的な戦略で打ち負かした。競合の資金調達の発表と、推定されるインセンティブへの支出額から、競合の残高と資金が底をつく期間を見積もっていた。そして競合の資金が少なくなったタイミングで、インセンティブ施策や機能改善を実施することで相手にプレッシャーをかけ、事業の成長を阻んだのだ。競合の資金力が弱まるとドライバーはウーバーに移り、需要と供給のバランスが崩れ、やがて運賃は高騰する。

これはウーバーが市場最大のプレイヤーである場合は、とても有効な戦法だった。ウーバーの幹部がよく言っていたように「大きい方が効率的」なのだ。

しかし、多くの時間と労力をかけてもうまくいかないこともある。ウーバーはいくつか重要な勝利を手にしたものの、米国では競合のリフトとドアダッシュもＩＰＯに成功し、時価総額が数百億ドル規模になった。海外での戦績も芳しくない。中国と東南アジアで奮闘したが、結果的には現地の競合、ディディとグラブに敗れ、撤退した。これらの敗退から、ウーバーの戦略の弱点について何が学べるだろう。

ウーバーの競争原理はネットワークの経済効果にもとづいている。つまり、ある都市で最大のプレイヤーになると、ドライバーのインセンティブ施策が効率的になるということだ。どのライドシェアアプリもドライバーに時給30ドルを保証している場合、市場で最大のネットワークのドライバーは1時間に2回の依頼を受注できるのに対し、競合は1回しか受注できない。規模が大きいプレイヤーほど受注ごとの収支が釣り合いやすい。これが数百万回と積み上がると、やがて小さな会社は市場から撤退せざるをえなくなる。

しかし、ある市場で競合のシェアが半々に近い状態、さらには競合の方が大きい場合はどうだろう。中国市場で2つの会社が合併してできたディディ・クアディはウーバーよりも規模が大きかった。ネットワークの経済効果はさほど発揮されず、事業の効率性は競合と同程度か、低くなる。この場合、小さいプレイヤーは他の方法で差別化しなければならないが、「水道のような移動のインフラ」を目指す利便性が最重要の分野でこれは難しい。また、多くのドライバーが両製品から仕事を受けていると、消費者はますます2つの製品の違いを感じにくくなる。

ドアダッシュは別の形で経済効果を発揮して成功を収めた。ウーバーイーツはまず都市部で展開し、ウーバーのドライバーを料理の配送員に転向させている。一方、ドアダッシュは郊外や競争の少ない市場で事業を始めた。まずそうした市場で事業を確立し、強い経済効果を発揮してから隣接する都市部に参入したのだ。そこで初めてポストメイツ、ウーバーイーツ、キャビアをはじめとする競合と直接戦っている。ドアダッシュは郊外で築いたネットワークと、選りすぐった飲食店や価格面での工夫で、競合がいる市場でもスタートダッシュに成功し、脱出速度に到達したのである。

ライドシェアは勝者総取りの市場であると信じられてきたが、実際はネットワークごとに競争している。ウーバーのネットワークは総じて見ると、競合より大きかったかもしれない。だが、サンフランシスコやロサンゼルスといった都市での市場シェアはリフトと互角だった。お互いに同程度の質と規模のネットワークだったため、引き離せなかったのである。

ネットワーク効果をこのように捉えると、大きなネットワークが小さなネットワークに完全に打ち勝つのが難しい理由がわかる。フェイスブック対スナップチャットだろうと、ズーム対他の動画会議ツールだろうと、どの分野の製品でもこれは変わらないのだ。

34 バンドル戦略 マイクロソフトの事例

Bundling — Microsoft

大規模なネットワークが手強いのは、規模による高いネットワーク効果があるだけでなく、新しい分野や市場に進出する力が強いからである。既存のネットワークを駆使すれば、少なくとも理論的には新市場でもコールドスタート問題を素早く解決し、製品に人を惹きつけられるのだ。

新製品を既存の製品とまとめて定額で提供することを「バンドル戦略」と呼ぶ。フリーミアムモデルの職場向けアプリや広告モデルの消費者向けSNSが普及した現在、この戦略は多様な機能を備えたスーパーアプリの提供、あるいは単にユーザーへのアップセル、クロスセルと捉えられている。ウーバーでも乗客にウーバーイーツを紹介する「R2E（Rider to Eater）」という施策を実施していた。

バンドル戦略は、テック業界の過去の大規模な競争でも使われている。特にマイクロソフトはこの戦略を多用していた。1990年代後半のブラウザ戦争で、マイクロソフトはネットスケープに勝つため、ウィンドウズにインターネットエクスプローラーを標準アプリとして搭載したことがよく知られている。

何十年もの間、マイクロソフトはシリコンバレーの企業にとって最も苛烈で恐ろしい競合だった。同社はネットワーク効果をフル活用することで、競合（何千人もの従業員を抱える老舗のワードパーフェクト、ロータス、アシュトンテイト、スタック、ノベル、ネットスケープ、AOL、サンを含む）に対して優勢を保ったと評論家は批評した。

バンドル戦略にはうまくいく時とそうでない時がある。過去の事例を振り返ってみよう。マイクロソフトに十数年勤め、最も重要な製品開発の指揮を執ったブラッド・シルバーバーグに話を聞いた。彼は大成功した「ウィンドウズ95」が5000万ドルから35億ドル規模の事業に成長するまでの過程と、初期バージョンのインターネットエクスプローラーの立ち上げを間近で見てきた。私が設立したスタートアップでは、シルバーバーグに役員を務めてもらった。長年に渡る私のメンターなのだ。シルバーバーグにはビデオ通話で取材した。現在彼はほぼ引退しており、ワイオミング州のジャクソンホールで家族と静かに暮らしている。だが、1980年代から90年代のマイクロソフトに勤めた彼には、バンドル戦略についてほかの誰よりも深い知見がある。意外なことに、彼はバンドル戦略の効果には懐疑的だった。

バンドル戦略は、世間が思うような特効薬ではない。そんなに簡単なら、インターネットエクスプローラー（IE）はウィンドウズにバンドルしたバージョン1・0の時点で勝てたはずだ。実際はそうじゃない。この方法でIE1・0のシェアは3％か4％にしかならなかった。性能が足りなかったんだ。マイクロソフトが検索に参入しようと開発したビングも同じだ。OSのすべて、つまりIEだけでなく、MSNをはじめマイクロソフトが無理やり押し込めるところにはすべて、ビングの検索エンジンを導入していた。しかし、失敗している。製品がよくなきゃダメだ。流通の優位性だけでは勝てない。[91]

バンドル戦略で製品を試すユーザーを集められても、製品体験がよくなければ定着しない。バンドル戦略がどんなものかを説明するのは簡単だが、うまく使いこなすのは難しい。既存のネットワークで新製品をどう提供すれば成功できるのか。大手企業の失敗から何が学べるだろうか。大手テック企業は毎年さまざまな新規事業を立ち上げているが、その多くは軌道に乗らない。バンドル戦略はどのような場合に失敗し、どのような場合に成功するのだろうか。

重要なのはキラープロダクト

マイクロソフトオフィスもテック業界でよく知られているバンドル戦略の事例だ。この事例については、アンドリーセン・ホロウィッツの同僚であるスティーブン・シノフスキーに話を聞いた。彼はマイクロソフトに数十年務め、オフィス製品の6つの大型リリースに関わった。

マイクロソフトの文書作成ソフトと表計算ソフト（ワードとエクセル）の初期バージョンはもともとDOS向けにつくられたものだ。当時の操作方法は現在私たちが慣れ親しんでいるメニューやマウス、ウィンドウを使ったものではなく、キーボードによるテキスト入力が主体だった。なぜ、これらのアプリケーションはすぐに成功しなかったのか、シノフスキーはこう説明している。

文書作成や表計算の分野でマイクロソフトは負けていた。アシュトンテイトやロータス、ワードパーフェクトをはじめ、優れた製品がたくさんあった。マイクロソフトの製品は2位か3位で、上位の製品に引き離されていたんだ。

マイクロソフトの初期のアプリケーションはDOS向けにつくられたものだ。だから、グラフィカルインターフェースではなくテキスト入力が主体で、とにかく使いづらかった。オフィスのバンドル戦略を成功させるにはワード、エクセル、パワーポイントがそれぞれ製品として突出している必要があった。流通と組み合わせられるのは、それからだった。[92]

マイクロソフトが提供するビジネス用アプリに転機が訪れたのは、1980年代半ばである。パソコンの主流がテキスト入力主体のDOSアプリから、グラフィカルユーザーインターフェースに移行し始めたのだ。ドロップダウンメニューからアイコン、ツールバー、マウスといった新たな操作方法に対応するため、アプリを刷新する必要があった。ここで市場に入り込む隙が生まれたのである。競合が対応にもたついている間に、マイクロソフトはアプリをゼロからつくり直し、ワードとエクセルは競合を一気に追い抜いた。マーケティング戦略も的確だった。各製品を「オフィス」としてまとめて売り出すと、たちまち市場を支配したのである。

マイクロソフトはアプリ連携に焦点を当てていた。たとえば、エクセルで作成した表をワードの文書に埋め込むといったことだ。「Object Linking and Embedding：OLE」（アプリケーション間でデータを共有する技術）と呼ばれる機能でオフィスはより強力な製品になった。

結局、製品が重要ということだ。バンドル戦略は製品の流通面では有利だが、それだけである。インターネットの時代にも同じことが繰り返されている。ツイッターはユーザーにライブ配信プラットフォーム、ペリスコープを使うよう誘導し、グーグルはユーザーにグーグルミートを押しつけたが、いずれも定着しなかった。バンドル戦略が成功するのは、製品自体が優れている場合だけなのである。

バンドル戦略は古くから使われている。マクドナルドがハッピーミールを発売したのは１９７０年代のことだ。ケーブルテレビ会社は創業以来、定額料金で利用できるチャンネルの数をどんどん増やしている。成功したバンドル戦略には、市場を変革する象徴的な製品が必ず含まれているのだ。

機能だけでなく、既存のネットワークで勝負する

既存製品と新製品をまとめて提供するバンドル戦略はどれも似通っている。ブラウザ戦争の時代、マイクロソフトはインターネットエクスプローラーをウィンドウズに標準搭載し、リンクをクリックすると開くデフォルトのブラウザにした。モバイルアプリ、動画配信、フィンテック、職場向けツールが主流となった現代のバンドル方法はこれとは違う。ワードやエクセル、パワーポイントをインストールするフロッピーディスクにまとめて提供するのではなく、ユーザーを既存製品から新製品へと誘導したり、ＡＰＩを統合したりするようになったのだ。たとえば、既存製品の目立つ場所に新製品の広告を掲載するようなことだ。ユーザーの気を引くためにホーム画面上で大々的に告知をしたり、モバイルアプリの下部にリンク、ボタン、タブを追加したりする。ユーザーにメールやプッシュ通知を送ることもある。こうした施策を見慣れているはずだ。ウーバーが乗客にウーバーイーツを、ドロップボックスがユーザー

に新規事業の「ペーパー」を、グーグルがビデオ会議製品を紹介するなど、大手テック企業は既存製品で新製品を頻繁に告知している。

こうした施策は新規ユーザーの獲得には役立つが、アトミックネットワークが形成されない限り、コールドスタート問題は解決できない。既存企業が新たなネットワーク効果をつくる力は意外と強くない。理由は、エンゲージメント効果、ユーザー獲得効果、経済効果について考えてみるとよくわかる。既存製品のユーザーに新製品をクロスセルすれば新規ユーザーを獲得できるが、実際に製品を使っているクリティカルマスのユーザーがいない限り、エンゲージメント効果と経済効果は発揮されないのである。グーグルプラスの事例は、ユーザーがたくさん流入してもユーザー同士がつながっていなければアトミックネットワークはできないことを示している。重要なのは、複数の接点で既存製品と新製品を連携させ、既存製品の大規模ネットワークを活用して三種のネットワーク効果をすべて加速させることなのだ。

フェイスブックは長年にわたり、これを効果的かつ大規模に実践している。たとえば、インスタグラムを見てみよう。初期のインスタグラムはフェイスブックでも写真を簡単にシェアできるようにして、フェイスブックのネットワーク効果を享受した。新規ユーザーの獲得だけでなく、「いいね！」やコメントを両サービスに反映させることでエンゲージメントを高めるバイラルループを生み出したのである。また、フェイスブックのアカウントでインスタグラムに登録できるようにしたことで登録が簡単になり、さらに友人ともつながりやすくなった。フェイスブックの既存のソーシャルグラフを活用することでネットワークの結びつきを強化できたのである。

インスタグラムでグロース責任者を務めたバンガリー・カバは、親会社のフェイスブックのネットワークで成長した手法についてこう説明している。

ユーザーがリアルの友人とつながり、投稿を見てもらうことが、ユーザーの長期利用を促進する上で最も重要な要素だと気づいてから、フェイスブックのソーシャルグラフの活用に力を入れている。フェイスブックのソーシャルグラフには連絡先だけでなく、何年にもわたる友人と交流したデータが豊富にある。その情報をもとに知り合いを提案するアプリの機能を大幅に向上させることができた。これでユーザーが定着し、リテンションが改善した。それまではセレブやインフルエンサーをユーザーにフォローしてもらうことが最もリテンションを高める方法だと考えていたが、友人とのつながりの方がよほど大事だった。インフルエンサーがフォローを返したり、新規ユーザーのコンテンツに反応したりすることはほとんどないからね。でも友達なら反応してくれる。だからユーザーはアプリに戻ってくるんだ。フェイスブックのネットワークなくしてこうした機能はつくれなかった。

インスタグラムは新規ユーザーの獲得だけでなく、フェイスブックの巨大なネットワークの力を借りて、強力で密度の高いネットワークを構築したのである。おかげでインスタグラムにも強力なネットワーク効果が生まれた。インスタグラムはバンドル戦略に成功した好例であり、ネットワーク製品が新たなネットワーク製品を提供する際の優位性を示している。

目標は、機能や製品面だけで競争するのではなく、競争上有利な「ネットワークの強み」を活かすことである。つまり、既存の大きなネットワークを活用し、ユーザー獲得効果、エンゲージメント効果、経済効果を引き出すということだ。

マイクロソフトの話に戻そう。マイクロソフトの強力な競争力は単に機能の量によるものではない。開発者、顧客、ＰＣメーカーなど、エコシステム全体を巻き込むことで競争力を増幅していた。そしてこのエコシステムで最も重要だったのが、開発者である。

ハードサイドを囲い込む

この時代のマイクロソフトは機能面だけでなく、ネットワーク、特にネットワークのハードサイドである開発者の力を生かして戦っていた。ウィンドウズのエコシステムに開発者を惹きつけ、維持するために多大な労力を費やした。たとえば、開発ツールの提供やプラットフォームの安定性に投資し、時には顧客の不利益になるほど開発者を優先した施策を実施したのだ。

マイクロソフトはオペレーティングシステムの提供を始めてまもない頃から開発者ツールを提供している。最初の開発者ツールはＧＷ‐ＢＡＳＩＣとＱＢａｓｉｃだった。どちらもテキスト入力が主体のＤＯＳ向けアプリをつくるツールだ。次に提供したＶｉｓｕａｌ Ｂａｓｉｃ（ＶＢ）とＶｉｓｕａｌ Ｓｔｕｄｉｏではグラフィカルインターフェースに対応したアプリをつくれた。こうした開発者ツールが重要だった理由は、アプリの使われ方と関係している。元マイクロソフトのシルバーバーグはこう説明している。

ＶＢは、ウィンドウズの急成長の鍵だった。多くの企業、特に中小企業は日々の仕事にさまざまなプログラムを使っている。複雑なプログラムではないが、仕事に欠かせないものだ。ＶＢはこのプログラムの開発を楽にした。ＶＢを使えば、プログラミング経験がそれほどなくても自分たちでプログラムを用意できる。

またプログラムを販売する会社や顧客のためにプログラムを書く小さなコンサルティング企業も誕生した。この包括的なエコシステムがウィンドウズの成長を促進したのだ。そしてこのエコシステムはウィンドウズ特有のもので、ＯＳ／２やＭａｃには存在しない。エコシステムのメリットを享受するにはここに参加するほかないのだ。また、ＶＢはプログラムの経験が少ない人も開発者に変えたのである。

ＶＢなら、無数にあるニッチな用途、特に会社での日々の作業を自動化できる。マイクロソフトの初期の幹部は、「ＶＢが1本売れるごとに、ウィンドウズが10本売れる」と発言していた。また、完成したアプリはずっと使えることが重要だと考え、ウィンドウズは後方互換性の対応を続けている。つまり、新しいバージョンのウィンドウズでも古いアプリを使えるようにしたのだ。

一方、アップルの戦略を見てみよう。ＡｐｐｌｅⅡやＩＢＭ ＰＣのような第一世代のコンピュータは、主にキーボードの矢印キーやファンクションキーを使って操作した。アップルはこの第一世代からマウスとグラフィカルユーザーインターフェースで操作するマッキントッシュに移行する際に、互換性を意図的になくしている。キーボードから矢印キーを取り除き、ＡｐｐｌｅⅡのプログラムを実行できなくしたのだ。開発者には最初から新しいインターフェースに適したアプリをつくってもらいたいという意図があってのことだった。

マイクロソフトの戦略は逆で、今でも20年、30年前のアプリを最新のウィンドウズで動かせる。つまりOSが新しくなるたびに、ウィンドウズで動かせるアプリケーションの総数が増えるわけで、マイクロソフトのネットワーク効果に有利に働く。OSが新しくなっても開発者にアプリ更新の手間をかけさせないために、マイクロソフトは既存の古いアプリが先々まで使えるOSをつくったのである。こうして開発者を囲い込んだマイクロソフトは、開発者のエコシステムの力を借りて競争に臨めたのだ。

ネットワークを駆使したマイクロソフトのウェブ戦略

ネットスケープが1994年に世界初のブラウザを発表したとき、マイクロソフトのブラッド・シルバーバーグと彼のチームは心底感銘を受けたという。当時についてシルバーバーグはこう熱弁していた。「ウェブがコンピュータの次の展開なのは明らかだった。マッキントッシュやウィンドウズのグラフィカルユーザーインターフェースが世界を変えたように、ウェブも同じように世界を変えるとわかった」

ネットスケープ・ナビゲーターはすぐに更新され、JavaScript、Cookie、Javaに対応した。こうして私たちの知る、情報量の多いウェブの土台ができ上がったのである。

ウェブブラウザが、デスクトップコンピュータ上で重要な競争の場になることは明らかだった。マイクロソフトにとってこれは問題だった。対抗するにも当時のマイクロソフトにはブラウザがなかったのだ。そこで同社は急いでブラウザを開発し、市場の感触を確かめるために「インターネットエクスプローラー（IE）1・0」をリリースする。しかし、すぐに壁に突き当たる。無料で使えて、ウィンドウズのあらゆる部分にバンドルしたものの、製品の性能がよくなかったのだ。「IEは、ネットスケープのダウンロードのために一度だけ使うもの」と消費者に言われるほどだった。IEの初期バージョンのシェアはわずか数％だった。

マイクロソフトはネットスケープに匹敵するブラウザの開発に投資すると同時に、開発者を巻き込む施策を始める。その施策とは、あらゆるアプリにウェブを簡単に組み込み、どの製品にもブラウザ機能を持たせることだった。これでたとえば、メールクライアントの開発者はライブラリをいくつか追加するだけで、ウェブの画像を含むＨＴＭＬメールを簡単に開けるようになる。ゲーム開発者なら、ゲーム内でインターネット上の掲示板や「よくある質問」のページを表示できるようになる。ブラウザで閲覧する方法だけでなく、すべてのウィンドウズアプリからインターネットを利用できるようにしたのだ。シルバーバーグはこの戦略の意図をこう説明している。

当時、マイクロソフトはＡＯＬと激しい競争を繰り広げていた。ＡＯＬはＭＳＮを抱えるマイクロソフトと提携するつもりはなかった。ＭＳＮはコンテンツ、コミュニティ、インターネットをまとめて提供し、ＡＯＬと直接競合する製品だったから、マイクロソフトも提携したくなかった。でもそれらの事情はいったん脇へ置き、ＩＥをＡＯＬ製品に組み込んでもらえるよう手を尽くしたんだ。これが功を奏し、ＡＯＬはホワイトラベルのブラウザ（ＡＯＬのブランドでありながらＩＥのコードで動く）を顧客に提供する。米国の各家庭に郵送するＣＤに入れてもらえることになった。

ＡＯＬやウィンドウズアプリからの利用でＩＥのシェアは拡大した。当時の目標は市場を制することではなく、シェアを５％未満から増やすことだった。すべてのウェブ開発者がＩＥでサイトの動作確認をしなければならないと思わせるほど、製品を広く普及させようとしていたのである。ウェブ開発者が

IEとネットスケープ・ナビゲーターの共通規格を軸にアプリを開発するようになると、ネットスケープが独自に開発者を集め、ネットワークを構築するのはかなり難しくなる。

この後どうなったかはご存じだろう。マイクロソフトは巨大なエコシステムと莫大なリソースを投入して最終的にネットスケープに匹敵する有力な製品をつくり上げた。もちろんウィンドウズにも標準搭載している。10年後のIEのシェアは90％近くになった。

マイクロソフトはブラウザ、表計算、文書作成のアプリを発明したわけではない。それでも、やがてそれらの領域を支配する企業になったのである。

バンドル戦略にも欠点がある

バンドル戦略は機能する。少なくとも、最初にユーザーを集めるのが難しい製品や新機能にユーザーを送り込める。ただし、バンドル戦略は無敵のように思われているが、欠点もある。バンドル戦略を活用した過去の事例を見れば、企業にとってよい面も悪い面もあることがわかる。マイクロソフトは常にセキュリティ問題や不安定さ、やぼったいインターフェースの問題に悩まされてきた。元をたどれば開発者のニーズと、後方互換性を求める企業ユーザーに焦点を当てすぎていたことが原因である。

消費者向けモバイルアプリの場合、スナップチャットのストーリーやティックトックなどの人気アプリに対抗して類似する新機能を加えると、デザインが煩雑になる。ユーザーに新機能を知ってもらうには新しいタブを追加したり、ポップアップやプッシュ通知を表示したりしなければならないだろう。初期ユーザーの流入には貢献するかもしれないが、製品体験を悪化させることにもなりかねない。

マイクロソフトの場合、後年バンドル戦略は機能しなくなった。独占禁止法違反の調査を受けてから、同社はＰＣ用ＯＳ市場では支配力を維持できたものの、他の多くの市場では他社に抜かれている。そして世界はＰＣからモバイルの時代へと移行した。この時もマイクロソフトはネットワーク効果をつくろうとした。ハードウェアメーカーから、ライセンス料を受け取るかわりにウィンドウズモバイルのＯＳを提供する。そこを土台にハードウェアメーカー、アプリ開発者、消費者のエコシステムをつくろうとしたが、うまくいかなかった。ハードウェアメーカーの多くがグーグルが無償提供するモバイルＯＳ「アンドロイド」を採用したことが原因のひとつである。そしてグーグルのネットワーク効果が作用するようになった。グーグルが無償でＯＳを提供できたのは、検索と広告収入でエコシステムを収益化できるビジネスモデルのおかげだ。

ブラウザ市場でもマイクロソフトはグーグルクロームにシェアを奪われている。オフィスについては、そのシェアを奪おうと大小さまざまなスタートアップが立ち上がっている状態だ。職場向けのチャットソフトではオフィスに「チームズ」を追加するというバンドル戦略を取ったが、スラックに完全勝利したとは言えない。

マイクロソフトにとってバンドル戦略は必勝の手段ではなかった。他の企業にとっても必勝の手段にはなりえないだろう。グーグルもグーグルプラスをグーグルマップやＧｍａｉｌなどあらゆる製品に組み込んだが、何億人ものアクティブユーザーを獲得しながらもユーザーは定着しなかった。

これらの事例から、バンドル戦略は必ずしも効果的ではないことがわかる。ウーバーもライドシェアアプリでウーバーイーツを宣伝しているが、料理の宅配領域ではドアダッシュに遅れをとっている。バンドル戦略は業界の大手が望むほど、特効薬となる戦略ではないのだ。

最後に

ネットワーク効果の未来

2018年終盤、ウーバーはCEOと経営陣を刷新し、収益性を重視する新しい企業文化を打ち出した。「ウーバー2・0」での優先事項を反映するため「作戦司令室」という名称を「和平談話室」に変えている。それだけではない。交通業界を刷新しようと起業家精神にあふれ猛進していたスタートアップは、気づけば2万5000人もの従業員を抱える大企業になり、主要市場の多くで収益の伸びが鈍化していた。競争が最も激しかった時代に前線にいた数百人の初期メンバーは会社を去り、新しい会社を興したり、投資家になったりした。数年の休養を取る人もいた。たっぷりの日差しとヨット、税制優遇制度のあるマイアミが人気の滞在先である。

会社を辞めてから1年が経っても、私はメッセージアプリやイベント、フェイスブックのグループを通じて多くの同僚と連絡を取っていた。激動の旅を共にした仲間たちとはいまだに親交が続いている。IPOの前年も同僚たちと集まり、共に過ごした忙しい日々のことを話したり、近況を聞いたりしていた（ウーバーの上場は2019年）。

その年の10月、心が浮き立つメールが届いた。何千人ものウーバー卒業生を集めた同窓会を複数回に渡って開催するというのだ。ウーバーらしく世界各地で開催する。シドニー、シンガポール、ニューデリー、ドバイ、アムステルダム、ロンドン、ニューヨーク、メキシコシティ、そしてもちろんサンフランシスコが開催地だ。企画してくれたのはウィリアム・バーンズとジョシュア・モーラー。2人はウーバーの初期のオペレーション担当役員で、それぞれロサンゼルスとニューヨークのオフィス経営を担い、会社のあらゆる仕事に携わっていた。ウーバーを去ってからは卒業生向けにこうしたイベントを度々企画してくれていた。

サンフランシスコではノースビーチ地区にある「モンロー」というレストランで開かれた。「1920年代の古きよきハリウッドをアールデコ調にアレンジしたラウンジ」というコンセプトの店だ。パーティは最高に盛り上がった。もちろん私も参加している。夕方から夜にかけて次々とやってきた旧友たちと再会し、ウーバーのすさまじい興隆と激動の日々について語り合った。そしてイベントが始まって1時間ほどが経った頃、音楽が止まり、簡単なアナウンスが流れた。トラビス・カラニック、ウーバーの共同創業者で前CEOが到着したという。カラニックがマイクを握ると、会場は静まり返った。

このクルーが成し遂げたことを誇らしく思う。ここでみんなとまた会えて、一緒にいられるのがうれしい。感無量だ。

それぞれが今取り組んでいることを聞けるのもワクワクする。新しいことに情熱を注げるのは最高だ。こうしたイベントはもっと頻繁にやるべきだね。みんなでまた集まるんだ。もうコミュニティなのだから。同じものはもう二度とつくれないんだ。

私は今新しい会社をつくろうとしているし、きっとここにいる多くの人もそうなのだろう。自分の夢を追いかけてほしい。大きな夢を描き、でかいことを成し遂げるんだ。

今日は本当に楽しい。この時間がずっと続けばいいのにと思う。[93]

トラビスは最後にもう一度、仲間たちを称え、笑顔で部屋を見渡し、マイクを返した。

ウーバー卒業生はテック業界に散っている。そこから数十社の新しいスタートアップが誕生した。スクーターやレンタルキッチン、レンタカー、決済、データインフラ、大麻、家具のサービスなど、分野はさまざまだ。卒業生の中には新進気鋭のスタートアップの幹部になった人や、私のように次のウーバーやドロップボックス、スラックに投資するためにベンチャーキャピタリストになった人もいる。

これこそシリコンバレーの循環である。熱量の高い小さなスタートアップがやがて大きくなって動きが鈍くなると、起業家精神あふれる人たちは蓄えたノウハウや資金、エネルギーを次のスタートアップへと注ぎ込むのだ。ユーチューブ、インスタグラム、リンクトイン、ワッツアップ、セールスフォースなどの企業はいずれもペイパル、グーグル、ヤフー、オラクルの卒業生が設立した会社だ。ウーバーの卒業生も同じである。新市場でサービスを立ち上げ、成長を加速する大胆な戦略を打ち出し、ライバルとの激しい競争に役立つネットワーク効果について学んだことを新天地で広めている。

ウーバーの成長を後押ししたネットワーク効果は、テック業界の多くの製品に応用できる。そしてテクノロジーが世界を変えつつある現在、ネットワーク効果は製品カテゴリー、地域、業界を越えて重要な存在になっているのだ。

もちろんこの知見を持つのはウーバーの卒業生だけではない。過去10年間、テック業界はあらゆる分野で信じられないほどのイノベーションを起こしてきた。ウェブブラウザ、スマートフォン、動画、コミュニケーションなどでネットワーク製品はソフトウェアの概念を根底から覆したのだ。さらにはｅコマース、求人情報サイト、トラック輸送などのように、オンラインのソフトウェアと、オフラインでの膨大な物流業務を組み合わせたネットワーク製品が業界をつくり変えている。

暗号資産は今、最も重要な新興技術だろう。暗号資産の根底にはネットワークがある。ビットコインは従来の通貨に代わる選択肢を生み出したが、私は暗号資産がソフトウェアのあらゆる面に組み込まれることに可能性を感じている。ゲーム、SNS、マーケットプレイスをはじめ多くの製品が再定義されるだろう。そうなればすべてのソフトウェア開発者は開発段階でネットワーク効果をどう活用するかを考えなければいけなくなる。

そこで私は電話やクレジットカード、クーポンといった過去の事例から、メッセージアプリ、マーケットプレイス、コラボレーションツール、SNSなどの最新事例までを取り上げつつ、ネットワーク効果とは何かを体系的にまとめようと考えたのである。これからやってくる、あらゆる製品がネットワーク効果によって再定義される時代にきっと役立つはずだ。

ウーバーの元社員がこの変化を主導しているわけではない。本書で取り上げたスラック、ドロップボックス、ツイッチ、マイクロソフト、ズーム、エアビーアンドビー、ペイパルなどに勤め、バイラルグロースの威力を知り、新市場での立ち上げやエンゲージメントの向上など、ネットワーク効果がもたらす優位性を学んだ人たちが主導しているのだ。

彼らが、業界全体を大きく変える次世代のスタートアップに、ネットワーク効果の知見を引き継いでいるのである。

謝辞

この本を書くまでの私の執筆経験といえば、不定期に発行するニュースレターと気が向いたときに投稿するツイートくらいだった。このプロジェクトはそれとはまるで違った。調査に数カ月、執筆に何年もかけ、猛烈な編集作業が必要だった。「近所を走ってくるよ」と出かけたら、いつのまにかウルトラマラソンに参加していたような感覚である。しかし、このプロジェクトを通じて、取材相手やテック業界の思想家から、部分的に完成した原稿を査読してくれた人まで、信じられないほど多くの出会いがあった。この場を借りて、彼らに感謝を伝えたい。

最初に私の師であり生涯の友人であるビル・ゴスマンにお礼を申し上げたい。彼とは私が大学生のときに訪れたシアトルのインターン先で知り合った。彼と交わした会話と、仕事を始めて最初の数年間で教わったことが私のキャリアの方向性を決定づけた。彼の忌憚のないアドバイスや指導がシリコンバレーで冒険を始めるきっかけとなったのだ。そしてこの本の誕生にもつながった。

アンドリーセン・ホロウィッツにいる友人や同僚にはいつも支えてもらっている。ハンヌ・ウィナースキは本書の企画と執筆に向かう私の背中を押してくれた。リー・ジンは初期の調査の大部分を主導し、取材にも度々参加してくれた。考えを深めるよき相談相手でもあった。オリビア・ムーアは最終稿に向かう過程で、誠実で細やかな指摘、疑問、課題を提供してくれた。ケイティ・ベインズとマルギット・ウェンマッハースは本の内容と、その伝え方を磨く上で知恵を貸してくれた。グレッグ・トゥルースデルはデザインを改善するのに長々とつきあってくれた。スコット・クポールとベン・ホロウィッツは、初めて本を執筆するための道のりを教えてくれ、道中も指導してくれた。またジェフ・ジョーダン、マーク・アンドリーセン、クリス・ディクソンとたくさん話す中で、考えを整理し本書の重要なコンセプトをまとめることができた。コニー・チャン、ジョナサン・ライ、ダーシー・クーリカンら、消費者サービス投資チームのみんなにも感謝している。私が夜間や週末に執筆に集中している間、仕事を肩代わりしてくれてありがとう。協力的で素晴らしいチームメンバーに恵まれた。

内容に磨きをかけるため、たくさんのレビュアーの力も借りた。特に、妹エイダと義弟のサチンは本書の査読に多くの時間を割き、たくさんのコメントをくれた。2人の知見と質問のおかげで本書がずっとよいものになった。「賢い妹に感謝!」と言わざるをえない!

親友であり相談相手であるババ・ムラルカは本書だけでなく、他にも多くのプロジェクトで手を貸してくれている。ありがとう。

ウーバー時代の同僚には現場目線でフィードバック(とより全般的なコメント)をもらった。クリス・ナクティス・タイラー、ジャハン・カーナ、イリヤ・アビゾフ、アレックス・ツァルネキ、シャーリン・マントリ、ゾラン・マルチノビック、ウィリアム・バーネス、ローガン・リンゼル、チャン・パーク、ベン・チアング、アーロン、シルドクロート、ジョシュ・モーラー、ブライアン・トールキン、アダム・グレニエル、ケニー・ダミカをはじめ、全員に感謝を。

また多くの方々が取材に協力してくれた。スティーブ・ハフマン、ショーン・ラッド、スティーブ・チェン、ジョナサン・バディーン、ケビン・リン、エメット・シアー、アンディ・ジョンズ、ジョナサン・アブラムス、ポール・デイビソン、ロハン・セス、マックス・レブチンらだ。全員、過去10年間で象徴的な製品の開発に関わった人たちだ。ドリュー・ヒューストン、スチュワート・バターフィールド、アリ・ライル、エリック・ユアン、リード・ホフマン、ブラッド・シルバーバーグ、スティーブン・シノフスキーにも多大なる感謝を。

また、アナンド・アイル、アレ・レスニック、マイク・ギャファリー、パトリック・モラン、ジョシュ・ウェイス、ジョナサン・ゴールデン、レニー・ラチスキー、ジム・シェインマン、ダリウス・コントラクター、クリス・ベイダー、ブライアン・キム、チェンリー・ワンとの会話も本書の執筆に欠かせなかった。誰もが時間を惜しまず色々と教えてくれ、考えを深める知見をくれた。本当にありがとう。

私がこのプロジェクトを始めるきっかけとなった執筆の先輩であるマイケル・オービッツ、セス・ゴーディン、エリック・リース、イラッド・ギル、ラミット・セッシらのアドバイスにも感謝している。あなた方と話したときに取ったメモは何度も読み返している。初めて本を書くときの心の支えだった。

最後に、ハーパー・ビジネスの並外れた編集者であるホリス・ハイムバウチと彼女のチームに盛大な賛辞を送りたい。ハイムバウチの指導とフィードバックは、初めての出版という曲がりくねった道を何年もかけて進み、完成に漕ぎつけるまでになくてはならないものだった。著作権エージェントゲルナート・カンパニーのクリス・パリス＝ラムにも感謝している。私の大量の素人質問にも答えてくれ、重要な場面ではすぐに駆けつけ、手を貸してくれて本当にありがとう。

原注

ここまで読んでくれてありがとう！

[1] ウーバー・テクノロジーズ、2019年4月11日申請の「FORM S-1」、米国証券取引委員会 https://www.sec.gov/Archives/edgar/data/1543151/000119312519103850/d647752ds1.htm#toc

[2] AT&T、1901年3月26日付「1900年12月31日締めの年次報告書」、Googleブックス

[3] ロバート・メトカーフ、「SNSのロングテールに再帰するメトカーフの法則」、2006年8月 https://vcmike.wordpress.com/2006/08/18/metcalfe-social-networks/

[4] ウォーダー・クライド・アリーとエディス・S・ボーウェン、「動物の集合体に関する研究：コロイド銀に対する金魚の集団防御作用」、科学誌「Journal of Experimental Zoology」、1932年2月

[5] M. キャサリン・デイビス、「揺れるイワシ油：1905年から1955年までのカリフォルニアのイワシ産業の興隆と衰退」、カリフォルニア大学バークレー校、2002年

[6] ナバル・ラビカント、ツイッターの投稿、2017年7月 https://twitter.com/naval/status/877467713811042304?lang=en

[7] リード・ホフマン、「大転換」、ポッドキャストの番組「マスター・オブ・スケール」2019年7月 https://mastersofscale.com/stewart-butterfield-the-big-pivot/

[8] スチュワート・バターフィールド、ビデオ通話での取材にて、2020年4月

[9] ウェブメディア「ファーストラウンドレビュー」、「ゼロから10億ドルへ、スラックの創業者が明かす斬新な立ち上げ戦略」、2015年2月 https://review.firstround.com/From-0-to-1B-Slacks-Founder-Shares-Their-Epic-Launch-Strategy

[10] エリック・ユアン、著者との取材にて、サンノゼ、2020年2月

[11] ジョナサン・ゴールデン、ブログ投稿「エアビーアンドビーを100倍にするまでに学んだこと」、ミディアム、2017年8月 https://medium.com/@jgolden/lessons-learned-scaling-airbnb-100x-b862364fb3a7

[12] クリス・ナクティス・タイラー、ビデオ通話での取材にて、2019年1月

[13] ウィリアム・バーンズ、ビデオ通話での取材にて、2019年1月

[14] アレックス・ランペル、ブログ投稿「フレズノの住民全員に提供された最初のクレジットカードの舞台裏」、2019年9月 https://a16z.com/2019/09/18/history-of-the-credit-card/

[15] ジョセフ・ノセラ、「アメリカ金融革命の群像」(野村総合研究所情報リソース部)(1997/6/1)、原題：A Piece of the Action: How the Middle Class Joined the Money Class (New York: Simon & Schuster, 1994)

[16] クリス・ディクソン、ブログ投稿「次のビッグになる製品は最初はおもちゃに見える」、2010年1月 https://cdixon.org/2010/01/03/the-next-big-thing-will-start-out-looking-like-a-toy

[17] ウィキペディア、「ウィキペディア：規模の企画」、2021年5月参照 https://en.wikipedia.org/wiki/Wikipedia:Size_comparisons

[18] CBSニュース、「ウィキペディアの3分の1を書いた男」、2019年1月 https://www.cbsnews.com/news/meet-the-man-behind-a-third-of-whats-on-wikipedia/

[19] ブラッドリー・ホロウィッツ、ブログ投稿「クリエイター、シンセサイザー、コンシューマー」、2006年2月 https://web.archive.org/web/20210225130843/ https://blog.elatable.com/2006/02/creators-synthesizers-and-consumers.html

[20] エバン・シュピーゲル、「DLDカンファレンス」登壇時の発言、2020年1月、ドイツ

[21] ショーン・ラッド、ビデオ通話での取材にて、2019年3月

[22] ジャハン・カンナ、著者との取材にて、サンフランシスコ、2018年12月

[23] エリック・ユアン、著者との取材にて、サンノゼ、2020年2月

[24] ロハン・セスとポール・デイビソン、メールでの取材にて、2021年2月

[25] ババ・ムラルカ、メールでの取材にて、2021年3月

[26] マーク・アンドリーセン、ブログ投稿「唯一大事なこと」、2007年6月 https://pmarchive.com/guide_to_startups_part4.html

[27] ショーン・ラッド、ビデオ通話での取材にて、2019年3月

[28] ジョナサン・バディーン、ビデオ通話での取材にて、2019年4月

[29] ビアンカ・ボスカーシ、記事「大学でティンガーを流行らせている大学生のひとり」、ハフィントンポスト、2013年7月 https://www.huffpost.com/entry/tinder-app-college-kids_n_3530585

[30] リード・ホフマン、ビデオ通話での取材にて、2020年12月

[31] リー・ホウワー、「リンクトインが立ち上げ当初にユーザーを惹きつけた方法とは?」、クォーラ、2010年8月 https://www.quora.com/How-did-LinkedIn-product-get-its-initial-traction/answer/Lee-Hower?comment_id=69849&comment_type=2

[32] ハリー、マクラケン、「Gmailの誕生秘話:10年前のローンチ時にグーグル社内で起きていたこと」、タイム誌、2014年4月 https://time.com/43263/gmail-10th-anniversary/

[33] リビー・プラマー、「ヒプスタマティック:レンズの向こう側」、ポケットリント、2010年11月 https://www.pocket-lint.com/cameras/news/lomography/106994-hipstamatic-iphone-app-android-interview

[34] M. G. シーグラー、「アップルの今年のアプリアワード:ヒプスタマティック、Plants vs. Zombies、フリップボード、オスモス」、テッククランチ、2010年12月 https://techcrunch.com/2010/12/09/apple-top-apps-2010/

[35] ジェームズ・エストリン、「戦争を伝えるために適したツール」、ニューヨーク・タイムズ、2010年11月

[36] ケビン・シストロム、「インスタグラムはどのようにして生まれた?」、クォーラ、2011年1月 https://www.quora.com/What-is-the-genesis-of-Instagram/answer/Kevin-Systrom

[37] ジョシュ・コンスタイン、「インスタグラムの月間ユーザーが10億人達成 —— 昨年9月時点では8億人」、テッククランチ、2018年6月 https://techcrunch.com/2018/06/20/instagram-1-billion-users/

[38] ロバート・J・ムーア、「調査結果:インスタグラムに週に13万人が参加している」、テッククランチ、2011年3月 https://techcrunch.com/2011/03/10/instagram-adding-130000-users-per-week/

[39] シャッターストック、「インスタグラムで最も人気のフィルターからユーザーについてわかること」、2018年3月 https://www.shutterstock.com/blog/instagram-filters-user-study
[40] クリス・ディクソン、「ツールで誘って、ネットワークで引き留める」、ブログ投稿、2015年1月 https://cdixon.org/2015/01/31/come-for-the-tool-stay-for-the-network
[41] クロード・ホプキンス、『広告でいちばん大切なこと』(翔泳社)
[42] スティーブ・ハフマン、著者との取材にて、サンフランシスコ、2020年3月
[43] ジョナサン・ゴールデン、「エアビーアンドビーを100倍にする間に学んだこと」、ミディアム、2017年8月 https://medium.com/@jgolden/lessons-learned-scaling-airbnb-100x-b862364fb3a7
[44] レニー・ラチスキー、「現在急成長中の法人向けサービスがどうやって最初の10件の顧客を獲得した方法」、サブスタック、2020年7月 https://www.lennysnewsletter.com/p/how-todays-fastest-growing-b2b-businesses
[45] ポール・グレアム、「スケールしないことをやれ」、paulgraham.comの投稿、2013年7月 http://paulgraham.com/ds.html
[46] ドロップボックス、2018年2月提出の証券登録届出書「Form S-1」https://www.sec.gov/Archives/edgar/data/1467623/000119312518055809/d451946ds1.htm
[47] ドリュー・ヒューストン、著者との取材にて、サンフランシスコ、2020年2月
[48] ケイド・メッツ、「ドロップボックスによるアマゾンのクラウド帝国からの大脱出」、ワイアード、2016年3月 https://www.wired.com/2016/03/epic-story-dropboxs-exodus-amazon-cloud-empire/
[49] ドリュー・ヒューストン、「ドロップボックスのデモ」、ユーチューブ動画、2008年9月 https://www.youtube.com/watch?v=7QmCUDHpNzE.
[50] サーラ・ペレズ、「ユーザーの約4人にひとりは、アプリを1回利用しただけで離脱している」、テッククランチ、2016年5月
[51] ダン・フロマー、「スマートフォンで使うアプリはだいたい3つだけ」、クォーツ、2015年9月 https://qz.com/508997/you-really-only-use-three-apps-on-your-phone/
[52] アーティフ・アワン、著者との取材にて、カリフォルニア州メンローパーク、2019年4月
[53] マックス・レブチン、メールでの取材にて、2021年4月
[54] デビッド・サックス、「シャープなスタートアップ：ペイパルがプロダクトマーケットフィットを見つけたとき」、ミディアム、2019年11月 https://medium.com/craft-ventures/the-sharp-startup-when-paypal-found-product-market-fit-5ba47ad35d0b
[55] K. V. ナガラハン、「ハンムラビ法典：経済面からの解釈」、International Journal of Business and Social Science 2, no. 8（2011年5月）：108
[56] ファリード・モサバット、ビデオ通話での取材にて、2020年5月
[57] マイク・ウェーナー、「eスポーツ配信サービスの意外な父親」、デイリー・ドット、2015年9月 https://web.archive.org/web/20201117135049/https://kernelmag.dailydot.com/issue-sections/features-issue-sections/14010/justin-tv-twitch-xarth/
[58] エメット・シアー、著者との取材にて、サンフランシスコ、2019年3月
[59] ケビン・リン、著者との取材にて、サンフランシスコ、2020年2月

[60] スティーブン・レヴィ、「フェイスブックの賛否両論を巻き起こした成長ツールの秘話」、ミディアム、2020年2月 https://marker.medium.com/the-untold-history-of-facebooks-most-controversial-growth-tool-2ea3bfeaaa66

[61] デビッド・ウレビィッチ、ビデオ通話での取材にて、2021年3月

[62] エリック・フェング、「ベンチャーキャピタル業界の舞台裏を数字で検証」、ミディアム、2018年9月 https://efeng.medium.com/a-stats-based-look-behind-the-venture-capital-curtain-91630b3239ae

[63] イリア・ストレブゼフとウィル・ゴルナール、「ベンチャーキャピタルが米国経済に与える影響」、スタンフォード大学経営大学院、2015年10月 https://www.gsb.stanford.edu/insights/how-much-does-venture-capital-drive-us-economy

[64] ニーラジ・アガーワル、「SaaSのたどる道」、テッククランチ、2015年2月 https://techcrunch.com/2015/02/01/the-saas-travel-adventure/

[65] ジェフ・ジョーダン、「成長のレシピ：ケーキの層を積み重ねるように収益を増やす」、a16z.com、2012年1月 https://a16z.com/2012/01/18/a-recipe-for-growth-adding-layers-to-the-cake-2/

[66] ジョシュ・コンスタイン、「流出したスナップチャットCEOのメモに書かれた9つの教訓」、テッククランチ、2018年10月、https://techcrunch.com/2018/10/04/chat-not-snap/

[67] バンガリー・カバ、著者との取材にて、カリフォルニア州メンローパーク、2019年12月

[68] フランク・ダンジェロ、「デジタル広告が生まれた日」、アドエイジ、2009年10月 https://adage.com/article/digitalnext/happy-birthday-digital-advertising/139964

[69] ハンナ・オレンスタイン、「21人のヴァインのインフルエンサーが集まり、一斉にプラットフォームを去った経緯」、2016年10月 https://www.seventeen.com/life/tech-social-media/news/a43519/21-vine-stars-formed-a-secret-coalition-and-quit-the-app/

[70] ウォルター・アイザックソン、『イノベーターズ1』(講談社)

[71] アダム・ダンジェロ、ビデオ通話での取材にて、2020年4月

[72] マイケル・ウェッシュ、「ユーチューブとユーザー：ウェブカムでの動画撮影におけるコンテキストの崩壊による自己認識の変化」、Explorations in Media Ecology、2009年

[73] ウジェーヌ=フランソワ・ヴィドック、『ヴィドック回想録』(作品社)

[74] レディット、連邦通信委員会での米国通信法第230条についてのレディットの供述書の内容、2020年9月1日 https://ecfsapi.fcc.gov/file/10902008029058/Reddit%20FCC%20Comment%20RM%2011862.pdf

[75] スティーブ・チェン、ビデオ通話での取材にて、2020年3月

[76] ユージン・ウェイ、「サービスとしてのステータス (StaaS)」、eugenewei.comの投稿、2019年2月 https://www.eugenewei.com/blog/2019/2/19/status-as-a-service

[77] アーテフ・アワン、著者との取材にて、カリフォルニア州メンローパーク、2019年4月

[78] ティックトック、「ティックトックが『おすすめ』フィードに表示する動画を選んでいる方法」、Tiktok.comの投稿、2020年6月 https://newsroom.tiktok.com/en-us/how-tiktok-recommends-videos-for-you

[79] リード・ホフマンとクリス・イェ、『ブリッツスケーリング』(日経BP)

[80] ロビン・ウォーターズ、「エアビーとウィムドゥによる1億3200万ドル規模の競争」、ザネクストウェブ、2012年3月 https://thenextweb.com/news/after-one-year-airbnb-rival-wimdu-is-big-how-big-132-million-a-year-big
[81] マイケル・シェーカー、著者との取材にて、サンフランシスコ、2020年1月
[82] ブライアン・チェスキー、「ブリッツスケーリング18：ブライアン・チェスキーに聞くエアビーの立ち上げ」、ユーチューブ動画、2015年11月 https://www.youtube.com/watch?v=W608u6sBFpo
[83] ジョナサン・ゴールデン、ビデオ通話での取材にて、2019年2月
[84] ウォーレン・バフェットとキャロル・ルーミス、「株式市場についてバフェット氏の話」、フォーチュン、1999年11月 https://archive.fortune.com/magazines/fortune/fortune_archive/1999/11/22/269071/index.htm
[85] アンドリュー・パーカー、「クレイグスリストの誕生」、タンブラー、2010年1月 https://thegongshow.tumblr.com/post/345941486/the-spawn-of-craigslist-like-most-vcs-that-focus
[86] アミール・エフラティ、「グーグルプラスの積み重なる負債」、ウォール・ストリート・ジャーナル、2012年2月 https://www.wsj.com/articles/SB10001424052970204653604577249341403742390
[87] 9to5Mac、2011年10月 https://9to5mac.com/2011/10/21/jobs-original-vision-for-the-iphone-no-third-party-native-apps/
[88] ベッセマー・ベンチャーパートナーズ、「アンチポートフォリオ：私たちが注目しなかった企業の成功を祝して」、2021年6月に閲覧 https://www.bvp.com/anti-portfolio/
[89] フレッド・ウィルソン、avc.comのブログ投稿「エアビーアンドビー」、2011年3月 https://avc.com/2011/03/airbnb/
[90] ジャハン・カンナ、著者との取材にて、サンフランシスコ、2018年12月
[91] ブラッド・シルバーバーグ、ビデオ通話での取材にて、2020年12月
[92] スティーブン・シノフスキー、ビデオ通話での取材にて、2020年11月
[93] トラビス・カラニック、ウーバー卒業生のための投資クラブイベント、サンフランシスコ、2018年11月

著者
アンドリュー・チェン
Andrew Chen

シリコンバレーのベンチャーキャピタル、アンドリーセン・ホロウィッツ（a16z）のゼネラルパートナーで、アーリーステージの消費者向けスタートアップに投資している。サブスタック、クラブハウス、Zリーグ、オールデイキッチン、スリーパー、マイベン、リフォージといった急成長中のスタートアップの取締役を務めている。以前はIPO前の高成長期のウーバーでライダー・グロースチームを率いていた。執筆しているブログは人気で、ワイアード誌、ウォール・ストリート・ジャーナル紙、ニューヨーク・タイムズ紙でも紹介されている。応用数学の理学士号を持ち、19歳でワシントン大学を卒業した。現在はサンフランシスコとロサンゼルスを行き来する生活を送っている。

訳者
大熊 希美
おおくま・のぞみ

翻訳家。東京都生まれ。カナダとオーストラリアに計12年間在住。上智大学総合人間科学部卒業後、金融業を経てスタートアップへ。テクノロジーメディアTechCrunch Japanの元編集ライター。訳書に『爆速成長マネジメント』『モダンエルダー』『KISS ジーン・シモンズのミー・インク』（共訳、日経BP）、『フェイスブック 不屈の未来戦略』『NEVER LOST AGAIN グーグルマップ誕生』（TAC出版）など。

ネットワーク・エフェクト

事業とプロダクトに欠かせない強力で重要なフレームワーク

2022年11月21日　第1版第1刷発行
2022年12月5日　第1版第2刷発行

著者　アンドリュー・チェン
訳者　大熊希美
発行者　村上広樹
発行　株式会社日経BP
発売　株式会社日経BPマーケティング
〒105-8308　東京都港区虎ノ門4-3-12
装幀　小口翔平＋畑中茜（tobufune）
編集　中川ヒロミ
制作　髙井愛
印刷・製本　図書印刷株式会社

ISBN 978-4-296-00125-5
Printed in Japan

本書籍に関するお問い合わせ、ご連絡は下記にて承ります。
https://nkbp.jp/booksQA